Misserfolg ist lediglich eine Gelegenheit, mit neuen Ansichten noch einmal anzufangen.

Henry Ford

Wege der Freiheit

my Pain your Gain

Elias Goldstern

Widmung

Für alle, die aus den Fehlern anderer lernen wollen.

Für alle, die Ihre geistlichen Begrenzungen sprengen wollen.

Für alle, die tiefere Hintergründe im Finanz- und Justizbereich suchen.

Für alle, die glauben, dass im Leben nichts unmöglich ist.

Für alle, die eine neue Hoffnung brauchen.

Für alle, die Panamá und Südamerika aus der Praxis erfahren wollen.

Für alle, die auf der Suche nach dem Sinn des Lebens sind.

Für alle, die an der geistlichen Wahrheit interessiert sind und sich nicht mit einer Religion zufrieden geben.

Für alle, die dringend eine umfangreiche Renovierung Ihres Lebens benötigen.

Für alle, die sich mit den tiefgreifenden Änderungen in Deutschland und Europa beschäftigen.

Bibliografische Information der Deutschen Nationalbibliothek:

Die Deutsche Nationalbibliothek verzeichnet diese Publikation in der Deutschen Nationalbibliografie; detaillierte bibliografische Daten sind im Internet über http://dnb.de abrufbar.

© 2020 Elias Goldstern

Herstellung und Verlag:

BoD – Books on Demand, Norderstedt

ISBN: 9 783 750 482 180

Der Autor

Ein erfolgreicher Weg bei internationalen Firmen ermöglichte dem Autor ein wohlhabendes Leben in verschiedenen Ländern mit unterschiedlichen Kulturen – u. a. Dubai (V.A.E.), Südafrika, Argentinien und Panamá. Fehlentscheidungen führten den in Deutschland geborenen Autor in tiefgreifende Krisen, während Entschlossenheit und spirituelle Erkenntnisse einen Neuanfang ermöglichten – Wege der Freiheit.

Wege der Freiheit - my Pain your Gain

Inhalt

Wege der Freiheit - my Pain your Gain

Vorwort – Überraschung in Wien

Sommeranfang 2006: Ich verließ die Wohnung gemeinsam mit meiner damaligen Freundin, um mit der Straßenbahn in das Stadtzentrum von Wien zu fahren. Das Appartement lag in Döbling, ein schöner Wohnbezirk am Fuße der Weinberge des Wiener Waldes. Noch am frühen Morgen war ich in die nahe gelegenen Hügel gejoggt. Dort kündigte ein Warnsignal das drohende Unheil bereits an!

Eine Schlange versperrte den schmalen Pfad, der am höchsten Punkt meiner Laufstrecke einen herrlichen Blick auf Wien bot. Ich betrachtete das unheimliche, bunt schimmernde Lebewesen, das regungslos in der wärmenden Morgensonne lag. Die Schlange schien sich noch in der Aufwärmphase zu befinden. Ich warf einen kleinen Stein in ihre Richtung, in der Hoffnung, dass sie rasch im Dickicht verschwinden würde. Das war leider nicht der Fall. Nach kurzer Ratlosigkeit fasste ich mir ein Herz und sprang über sie hinweg. Nach einigen Metern tauchte ich wieder in die schattigen Hänge des Wiener Waldes ein. Jetzt begann der angenehme Teil meiner Laufstrecke. Bis auf zwei oder drei leichte Anstiege ging es nur noch bergab. Leider sollte sich dieser Abwärtstrend auch noch in meiner Lebenssituation fortsetzen.

Nach insgesamt eineinhalb Stunden erreichte ich erschöpft, jedoch ganz zufrieden mit der vollbrachten Aktivität, meine Wohnung. Ich stärkte mich mit einem deftigen Mittagessen ohne zu ahnen, dass es für längere Zeit die letzte wirklich wohl schmeckende Mahlzeit sein würde. Gegen 14 Uhr machte ich mich mit meiner Freundin gut gelaunt auf den Weg zur nicht weit entfernten Straßenbahnhaltestelle. Der Tag zeigte sich von seiner besten Seite und ließ mit sommerlichen Temperaturen den langen, strengen Winter vergessen.

Wir waren kaum hundert Meter gegangen, als uns ein Mann mit sportlicher Kleidung den Weg versperrte. Mit energischer Stimme verkündete er: „Kriminalpolizei Wien! Sie sind festgenommen!" Dabei hielt er mir seine Dienstmarke entgegen. Sofort legte er mir Handschellen an und durchsuchte meine Hosentaschen, in denen sich etwas Bargeld und die Wohnungsschlüssel befanden. Diese Gegenstände nahm er gleich zu sich.

Wir befanden uns auf einem schmalen Gehweg zwischen einer Hausmauer und einem geparkten VW-Bus, aus dem mittlerweile die Kollegin des Kriminalbeamten ausgestiegen war. Sie sprach mit meiner völlig fassungslosen Freundin, deren Augen sich bereits mit Tränen füllten. Auch ich war völlig geschockt und niedergeschlagen. Nicht einen Augenblick lang dachte ich daran, die Flucht zu ergreifen.

Eine Szene wie diese kannte ich, wenn überhaupt, dann nur aus dem Fernsehprogramm. Doch jetzt war es traurige Wirklichkeit. Die Beamtin schloss die Tür des Fahrzeugs. Sie ging mit uns und ihrem Kollegen zu unserer Wohnung, deren Lage sie bereits seit längerer Zeit ausgekundschaftet hatten, wie ich später erfahren sollte. Ich fühlte mich gedanklich vollkommen leer, als ich mit den äußerst unbequemen Handschellen und in Begleitung der Polizei den Rückweg zum Appartement antrat. In der Wohnung wurde mir von dem Beamten sofort der schriftliche Haft- und Hausdurchsuchungsbefehl präsentiert. Gleich danach beschlagnahmte er mein Notebook und praktisch alle Unterlagen, die sich in meinem Schreibtisch befanden. Die Beamtin, die mit meiner schluchzenden und zitternden Freundin am Esstisch saß, verständigte mit ihrem Mobiltelefon weitere Polizeikollegen. Die beiden Herren, ebenfalls in Zivilkleidung, trafen nach ungefähr einer Viertelstunde ein.

Das Schlimmste in der schrecklichen Situation war für mich der Anblick meiner traurigen Freundin. Ihre Welt war wohl vollständig zusammengebrochen. Ich riet ihr, die Wohnung zu verlassen, um ihre vorher bereits geplanten Termine in der Innenstadt wahrzunehmen. Doch dazu war sie nicht zu bewegen. Ich fragte die Polizistin, ob ich das bei der Festnahme beschlagnahmte Bargeld, ungefähr 300 Euro, meiner Freundin geben dürfte. Sie antwortete mir, dass ich das Geld im Gefängnis sicherlich besser gebrauchen könnte. Nie wäre ich darauf gekommen, dass man in einer Haftanstalt Geld verwenden kann. Ich stimmte dem Vorschlag der Beamtin zu, die sich damit auf jeden Fall besser auskennen musste.

Die beiden telefonisch verständigten Polizisten trafen ein. Sie sollten mich ins Gefängnis bringen. Sie rieten mir, schnell eine Tasche mit Kleidung zu packen, da mein Aufenthalt im Untersuchungsgefängnis wohl einige Zeit in Anspruch nehmen würde. Meine Bewegungsfreiheit war durch die Handschellen ziemlich stark eingeschränkt, deshalb bat ich meine Freundin, ein paar Sachen in eine Sporttasche zu geben. Sie bestückte meinen Kulturbeutel mit Parfüm, elektrischen Rasierapparat und packte meine Badehose ein, gerade so, als würde ich auf eine vergnügliche Urlaubsreise gehen. Nach wenigen Minuten war die Tasche fertig, und ich musste sie mit meinen durch die Handschellen verbundenen Hände aufnehmen. Die beiden Polizisten führten mich zu ihrem Dienstfahrzeug, ein alter ziviler Mercedes. Meine Freundin blieb mit der Beamtin und deren Kollegen in der Wohnung. Das erschreckende Ereignis war für mich bereits gedanklich das Ende unserer eineinhalbjährigen Beziehung. Wie ich später erfuhr, verhörten sie die beiden

Kriminalbeamten bis gegen 22 Uhr, außerdem durchsuchten sie die gesamte Wohnung.

Ich nahm auf dem Rücksitz des Fahrzeuges Platz. Wir fuhren ungefähr 20 Minuten durch eine mir unbekannte Gegend von Wien. Tausend Gedanken gingen mir durch den Kopf. Die gesamte Situation kam mir wie mein eigenes Begräbnis vor. Das Gefühlschaos ließ keine Fluchtgedanken zu. Dadurch prägte ich mir die Wegstrecke nicht ein und leider auch nicht die unmittelbare Umgebung des Gefängnisses. Es war gegen 15 Uhr als wir an diesem schicksalhaften Donnerstagnachmittag dort ankamen. Die Polizisten führten mich in das Gebäude. Ein Beamter nahm mir meine Tasche ab und protokollierte die übergebenen Sachen. Den Gürtel meiner Hose musste ich ebenfalls abgeben, um einen Selbstmordversuch zu vermeiden. Die Schnürsenkel meiner Schuhe vergaß man zu entfernen. Anschließend befreite man mich endlich von den Fesseln aus Stahl, den einschneidenden Handschellen.

Eine in der Nähe befindliche schwere Eisentür wurde geöffnet. Ich betrat die übel riechende, enge Zelle. Sofort verriegelte der Beamte hinter mir die Tür. Solch einen schlimmen Raum hatte ich vorher nur auf einer Museumstour gesehen, als ich das legendäre Gefängnis "Alcatraz" besichtigte. Es befindet sich auf einer Insel vor San Francisco, in den Vereinigten Staaten von Amerika. Nicht im Traum hatte ich jemals daran gedacht im Gefängnis zu landen. Der strenge Geruch kam vom Urin, der am geteerten Boden stand. Ein Holzpodest mit einer dreckigen Plastikmatte war der einzige Gegenstand in dem Verlies. Ein winziges, vergittertes Fenster befand sich unerreichbar in Deckenhöhe. Das Licht kam von einer grellen Neonröhre, die meinen Augen wenig Freude bereitete. Neben der Tür befand sich ein unscheinbarer Klingelknopf. Darunter war sinngemäß folgender Wortlaut hingekritzelt: Nicht drücken, sonst sind die Beamten sehr verärgert. Es drohen Prügel!

Die gesamten Wände waren mit zahlreichen Sprüchen und Zahlen verschmiert. Deprimiert setzte ich mich auf das Holzpodest. „Wie wird es jetzt wohl weitergehen?", fragte ich mich seufzend. Ich dachte, dass ich in der stinkenden, kleinen Zelle bis zum Abschluss der Untersuchungen bleiben müsste – ein grauenhafter Gedanke! „Die Nachforschungen könnten tatsächlich eine Weile in Anspruch nehmen, da meine letzten Wohnorte in Dubai, Panamá-City und Johannesburg, Anlass zu zahlreichen Spekulationen geben würden", reimte ich mir zusammen. Es galt, neue Ansichten und Gedanken zu erhalten, um nicht jetzt schon zu resignieren!

Wege der Freiheit -   my Pain your Gain

1. Kapitel

Panamá - Schweiz

Ein Jahr zuvor: Meine Lebensgefährtin und ich saßen in einem angenehmen Wiener Kaffeehaus. Unsere Melange, eine gute österreichische Kaffeespezialität, wurde von einem Apfelstrudel begleitet. Die Atmosphäre war entspannt und wir widmeten uns den zahlreichen Tageszeitungen, die aus verschiedenen Ländern stammten. Ein guter Service, der die erhöhten Kaffee- und Kuchenpreise rechtfertigte.

Ein Artikel über die BAWAG-Bank weckte mein besonderes Interesse. Die österreichische Gewerkschaftsbank hatte doch, sage und schreibe, einen Kredit über 350 Millionen Euro für eine nordamerikanische Firma namens Refco in den USA genehmigt, und sogleich das Geld auf deren Konto überwiesen. Obendrein war das Ganze noch in einer eiligen Wochenendaktion erfolgt. Wir alle wissen, wie lange es dauert, bis man einen kleinen Kredit genehmigt bekommt. Und nun hatte diese Bank auf die Schnelle einen Kredit beschlossen, der, sollte er nicht zurückbezahlt werden, die Bank vor existenzielle Probleme stellen würde. Man kann sich vorstellen, welche Zeit es in Anspruch nehmen würde, eine Summe in dieser Größenordnung über Gebühren und Zinsgeschäfte wieder hereinzuholen. Das roch von weitem nach Betrug!

Und so bestätigte es sich auch sehr bald. Die enorme Summe war überwiesen worden, als der Empfänger, die Firma Refco, bereits pleite war. Doch man konnte das Geld nicht mehr zurückholen. Wie ein abgeschossener Pfeil nicht mehr zum Bogen zurückkehrt, so ist auch ein Überweisungsbetrag verloren, wenn er erst einmal beim Empfänger gut geschrieben ist. Doch wie sagt man so schön: „Geld ist nie weg. Es hat nur ein anderer!" Ja, das traf jetzt auch in diesem Fall zu. Wer hatte jetzt das Geld? Wer war Refco, die Firma, die so reich beschenkt worden war?

Refco war ein nordamerikanischer Broker, Makler. Zudem war die Gewerkschaftsbank in abenteuerliche Spekulationsgeschäfte in der Karibik verwickelt, deren enorme Verluste über Jahre hinweg verschleiert wurden. Die Vermutung lag nahe, dass es eine der BAWAG-Bank nahe stehende Verbindung war, die die Gelder der Bank in verschiedene graue Verbindungen umleitete. Wie sonst sollte jemand auf die Idee kommen, einen Eilkredit in dieser Höhe, praktisch ohne Prüfung, zu genehmigen?

Es stellte sich sehr schnell heraus, dass der Sohn eines ehemaligen BAWAG-Generaldirektors in die dubiosen Geschäfte verwickelt war. Die Gelder wurden über verschiedene Finanzinstitute und Firmen in der Karibik verteilt und warteten auf Ihre neuen Besitzer – von der Bank in die eigene Tasche! Das war schon ein sehr dreister Coup, einerseits die enorme Summe, und andererseits auch noch die Gewerkschaftsbeiträge abzuräumen. Das kennt man sonst nur in Zentral- und Südamerika, oder von Diktatoren, die ihre Familien auf Kosten des Volkes großzügig bereichern. Selbstverständlich blieb auch hier die Politik nicht ganz außen vor. Dar damalige österreichische Finanzminister saß im Aufsichtsrat der Bank. Doch sicherlich waren seine Augen in der Zeit bereits von den Swarovski-Edelsteinen geblendet, die sich in Form einer günstigen Heirat näherten. So war angeblich bei den gründlichen Prüfungen nie etwas aufgefallen.

Meine Augen wurden auch geblendet. Jedoch nicht durch funkelnde Steine, sondern durch den Zeitungsartikel über die BAWAG-Affaire. Sofort erinnerte ich mich an meine guten Zeiten in der Finanz- und Investmentbranche. Zahlreiche Luxusreisen mit den besten Hotels und Restaurants in den USA, Irland, der Schweiz und Österreich, aber auch in Deutschland, bereicherten mein Leben. Viel Geld wurde verdient, doch auch viel verloren. Oftmals hatte es ein anderer, der es nicht, wie versprochen, für mich vermehrte, sondern es einfach behielt. Ja, das soll vorkommen, denn nicht alle Freunde bleiben Freunde, wenn es um Geld geht.

So hatte ich in der Finanzbranche noch einige Rechnungen offen. Zudem erinnerte ich mich an meine Arbeit in einer deutschen Großbank. Bei einem Wertpapierseminar wurde ganz deutlich gesagt, dass es nicht in erster Linie darum geht, dass der Kunde gute Erträge mit seinen Anlagen erwirtschaftet, sondern dass die Bank möglichst hohe Gewinne erzielt. „Wir kaufen Geld billig ein und verleihen es so teuer wie möglich. Im Einkauf liegt der Segen!" Klare Worte! Die Anlageformen, bei denen es relativ wenig Zinsen gibt, sollten möglichst bestehen bleiben, oder verlängert werden, z. B. das klassische Sparbuch und Festgelder im 30, 60 und 90 Tagesbereich. Das ist die Basis für den günstigen Geldankauf. Dagegen waren und sind im Zinsgeschäft die Kontoüberziehungen die besten Einnahmebringer für die Bank. Hohe Schuldzinsen sorgen dabei für gute Erträge, selbst in Zeiten niedrigster Zinsen.

Auch wurden wir im Seminar angewiesen, die angelegten Kundengelder möglichst häufig umzuschichten, da die Bank Einnahmen aus Gebühren benötigt. Ein konstantes Liegenbleiben des Geldes in einer Anlageform, z.B. Aktie oder Fonds, bringt für das Finanzinstitut wenig Ertrag. Wechselt man dagegen häufig hin und her, ergeben sich ständig neue Gebühren zu Gunsten der Bank. Natürlich schmälert das den Gewinn des Kunden.

Nicht umsonst sagt man: „Hin und her macht Tasche leer!" Doch es geht, wie bereits angesprochen, um den Gewinn der Bank und nicht in erster Linie um den Kunden.

Diese Geschäftspolitik und die Heuchelei zwischen Mitarbeitern und Führungskräften enttäuschten mich sehr. Bald zog ich meine Konsequenzen. Als ich mein Fernstudium im Finanzbereich erfolgreich abgeschlossen hatte, wechselte ich in den Bereich der betrieblichen Altersversorgung, der durch neue steuerliche Gegebenheiten einen hohen Beratungsbedarf zur Folge hatte.

In Wien häuften sich nun die Artikel über die vom Untergang bedrohte BAWAG-Bank. Die Kunden bildeten lange Schlangen vor dem Finanzinstitut, um ihr Geld noch schnell abzuheben. Der Finanzminister stellte sich mit Leuten aus der Bank für ein Foto und für besänftigende Worte gegenüber den verärgerten Kunden zur Verfügung. Bald fahndete man nach dem inzwischen verschwundenen Vorstandsvorsitzenden. Doch das Kind war bereits in den Brunnen gefallen. Der Staat musste die Bank vor dem Konkurs retten. Einmal mehr wurden Steuergelder verschwendet, um das Versagen von hoch bezahlten Managern und ihrer Betrügereien auszubügeln.

Mein schwelender Ärger und meine offenen Rechnungen in der Finanzbranche entzündeten die Idee, der Bank eine kleine Lektion zu erteilen und ihnen zu beweisen, dass sie gar nicht so schlau sind. Hinzu kam auch die Versuchung, damit schnelles Geld zu erwerben. Die Zeitungslektüre mit ständig neuen abenteuerlichen Berichten über die Gewerkschaftsbank, nährte beständig meine verwerfliche Idee. „Wie könnte ich diese nun endlich in die Praxis umsetzen?", war die entscheidende Frage.

Meine jahrelangen Erfahrungen in der Finanzbranche halfen mir, eine Lösung zu finden. Ich wollte sie mit ihren eigenen Waffen schlagen. Sie hatten einen sehr großen Kredit genehmigt, um sich zu bereichern. So würde ich ebenfalls ein Darlehen beantragen, um ihnen zu beweisen, dass auch eine Bank nicht unverwundbar ist. Allerdings war das natürlich nicht annähernd in der gigantischen Höhe möglich, wie es für die Firma Refco geschehen ist. Dafür muss man schon in der vordersten Reihe sitzen. Was ich nicht tat. Auf jeden Fall mussten erst einmal Einnahmen her, möglichst aus Gehaltszahlungen, um Vertrauen bei den Bankern zu schaffen. „Doch wie sollte ich das in die Wege leiten?"

Zur Zeit lebte ich noch von den Geldreserven, die mir mein Firmenverkauf, und vor allem die Wohnsitzauflösung in Dubai (Vereinigte Arabische Emirate) beschert hatten. Der Verkauf meines Bootes und anderer Dinge erbrachten die erforderlichen US-Dollar. Die umfangreichen, rund um die Uhr ausgeführten Baumaßnahmen in dem Scheichtum, hatten mich im Jahre 2004 zum Verlassen der Wüstenregion veranlasst. Diese grenzten schon an Verrücktheit, wie ein Schneepark inmitten eines riesigen Shopping-Centers. Man kann sich vorstellen, welche Klimaanlagen dafür notwendig sind. Denn im Sommer nähert sich die Temperatur in der dortigen Wüste der 50 Grad-Celsius-Marke.

Ich zog nach Panamá um. Dort befand sich am Panamá-Kanal die zweitgrößte Freihandelszone der Welt, nach Hongkong. Zudem ist Panamá keine Wüstenregion, sondern dicht bewachsen. Ausgiebiger Regen im tropischen Klima sorgt für herrlichen Pflanzenwuchs mit besten Früchten, wie Mangos, Bananen und Ananas. Panamá ist vielen in erster Linie durch seinen Kanal ein Begriff, eine der wichtigsten Verkehrsverbindungen der Welt. Doch auch die zahlreichen Banken und Offshore-Firmen zogen zahlreiche internationale Besucher an. Das sorgte später durch die sogenannten Panamá-Papers für große Schlagzeilen in der internationalen Presse, die mancher Politiker nicht gerne las. Offensichtlich musste ich nun wieder nach Panamá-City fliegen, um meine Idee in die Tat umzusetzen.

Ein lange Reise, die sich aus mehreren Flügen zusammensetzte, brachte mich in die Hauptstadt der Republik Panamá, Panamá-City. Beim Verlassen des Flughafens erwartete mich Hitze, verstärkt durch die übliche, sehr hohe Luftfeuchtigkeit. Ein Taxi brachte mich in die Innenstadt. Mein auserwähltes Hotel lag an der Küste, unweit eines bekannten Shopping-Centers. Die günstige Lage sollte es ermöglichen, die erforderlichen Wege zu Fuß zu bestreiten, da der Straßenverkehr meist in Bewegungslosigkeit verharrte. Mein geräumiges Zimmer in einem der oberen Stockwerke bot eine gute Aussicht über den Pazifik in Richtung Altstadt, die in einiger Entfernung ins Meer ragte. Man hatte dort begonnen, die baufälligen Häuser zu sanieren. Die ersten schönen Restaurants waren entstanden und kündigten einen Neubeginn des sehr schwierigen, armen Wohnviertels an. Ich räumte meinen Koffer aus und erledigte nach einer wohltuenden Dusche die ersten Wege. Eine Woche hatte ich zur Abwicklung aller Formalitäten vorgesehen.

Als erstes stattete ich dem Mieter meiner Eigentumswohnung einen Besuch ab. Ich hatte ihn bereits per E-Mail über meine Ankunft informiert. Er war einige Mieten im Rückstand. So wollte ich meinen Aufenthalt hier in Zentralamerika auch nutzen, um diese Angelegenheit zu regeln. Doch ging es in erster Linie um die Gründung einer Offshore-Gesellschaft, die als Arbeitgeber Gehaltszahlungen für mich tätigen sollte. Das wiederum sollte die Grundlage für Kreditgespräche mit der auserwählten BAWAG-Bank werden, die sich sicherlich über einen Neukunden freuen würde. Viele Kunden hatten ihr Geld abgehoben und ihre Konten aufgelöst. Das Vertrauen in die krisengeschüttelte Bank war zerbrochen.

Ich machte mich auf den Weg ins Bankenviertel. Unweit davon lag meine bereits verkaufte Wohnung. Ich war gespannt, wie ihr Zustand sein würde. Benny öffnete die untere Hauseingangstür. Mit dem Lift fuhr ich in den fünften Stock. Es begrüßten mich sein Sohn Juan, Alicia, seine Ehefrau, und schließlich Benny, das Familienoberhaupt. Erfreulicherweise war das Appartement im guten Zustand. Der große Teakholztisch, den ich mit den anderen Möbeln und Gegenstände aus meinem Büro in Dubai auf ein Schiff verfrachten ließ, leistete auch hier gute Dienste. Wir nahmen Platz und freuten uns, trotz des ernsten Gesprächsthemas, über unser Wiedersehen. Juan übersetzte meine Ausführungen vom Englischen ins Spanische. Das war sehr hilfreich, da meine kleinen Spanischkenntnisse durch den Aufenthalt in Südafrika und Europa praktisch vergessen waren. Irgendwie hatte ich die kolumbianische Familie von Anfang an in mein Herz geschlossen. Der dickliche Benny strahlte eine angenehme Ruhe aus, während seine hochgewachsene, schlanke Ehefrau stets elegant gekleidet war und vor allem immer positiv wirkte. Sie servierte uns guten Kaffee aus Kolumbien, das nicht nur für Kokain bekannt ist, sondern auch als dritt größter Kaffeeproduzent der Welt eine bedeutende Rolle spielt.

Ich schnitt nun das unangenehme Thema der ausstehenden Mietzahlungen an. Benny war darauf gut vorbereitet und hatte auch schon entsprechende Unterlagen vorbereitet. Er erklärte die Mietschulden mit noch ausstehenden Geldeingängen für seine bereits abgewickelten Geschäfte. Er wartete angeblich selbst seit einiger Zeit auf ausstehende Gelder für seine umfangreichen Geschäftstätigkeiten, wie er mit zahlreichen Unterlagen und Dokumenten darlegte. Juan versuchte mir die spanischen Schriftstücke durch seine Übersetzung zu erklären. Es ging um Immobiliengeschäfte in verschiedenen Ländern. Ich wusste von meinem Besuch in Kolumbien bei Andi, dem zweiten Sohn von Benny und Alicia, dass Benny früher als Architekt ein erfolgreicher Geschäftsmann in den USA war. Jetzt schien er wieder an frühere Erfolge anzuknüpfen. So schlug er mir sogar den Kauf meiner Wohnung vor. Das nahm ich erfreut zur Kenntnis, da ich damit das Problem einer inzwischen weit entfernten und schwierig zu verwaltenden Mietwohnung los werden würde. Ich versprach Benny, mir Gedanken über einen realistischen Preis zu machen. Wir vereinbarten einen neuen Gesprächstermin für den nächsten Tag.

Ich suchte die Anwaltskanzlei auf, die ich bei meinem ersten Aufenthalt in Panamá bereits kennengelernt hatte. Sie waren auf die Gründung von Offshore-Gesellschaften spezialisiert und erledigten die Formalitäten bei den Behörden zügig. Zudem war mit den zuständigen Personen eine Verständigung in englischer Sprache möglich. Das erleichterte die Sache erheblich. Nach einer kurzen Wartezeit konnte ich das Anliegen einer zu gründenden Gesellschaft vortragen. Es gab dabei verschiedene Kostenmodelle und Gesellschaftsformen. Die Anwälte waren natürlich in erster Linie an laufenden Einnahmen interessiert, die durch eine Firmenadresse bei der Kanzlei zum Tragen kommen würden. Eine dort gegründete Gesellschaft oder Stiftung ist in Panamá steuerpflichtig. Der Betrag ist einmal im Jahr fällig und die Höhe der Steuerzahlung ist pauschal festgelegt. Sie erhöht sich jedes Jahr. Damals betrug die jährliche Steuer um die 300 US-Dollar. Bei über 500.000 registrierten Gesellschaften kommt damit für das kleine Land eine nette Summe zusammen.

Der Anwalt benötigte von mir den gewünschten Namen der Gesellschaft, der aus drei oder vier Buchstaben bestehen sollte. Darüber hatte ich mir bereits Gedanken gemacht. Ich nannte ihm die Buchstabenreihe OPEC. Das erinnert an die bekannte Erdöl-Organisation mit Sitz in Wien. Das war auch der Sinn der Sache. Der Anwalt akzeptierte die Benennung der Gesellschaft und erläuterte die weitere Vorgehensweise. Mein Teil bestand in der Bezahlung der Rechnung, die um die 1.000 US-$ betragen würde. Das beinhaltete die gesamten Eintragungskosten bei der entsprechenden Behörde und die Dienstleistungen der Kanzlei, die die Verträge ausfertigen und bestätigen musste. Zudem wickelte sie auch die Steuerzahlung und den Postverkehr ab. Die gesamten Formalitäten sollten innerhalb weniger Tage erledigt sein. Ich erhielt meinen Reisepass zurück und machte mich zufrieden auf den Rückweg zum Hotel.

Dort angekommen, widmete ich mich den Unterlagen von Benny bezüglich seiner Geschäfte. Ich konnte in den auf Spanisch verfassten Schriftstücken wenig Brauchbares erkennen. Einzig und allein fielen mir die hohen Beträge auf, um die es dabei ging. Es waren ausschließlich Projekte mit Werten von mehreren Millionen US-Dollar. Wie weit das realistisch war und tatsächlich zu Einnahmen für Benny führen sollte, war ohne eine genaue Untersuchung der Dinge vor Ort nicht einschätzbar. Dafür fehlte mir die Zeit. Außerdem waren die Projekte fast alle in anderen Ländern angesiedelt. Dennoch vertraute ich auf Benny. Dafür war auch unser freundschaftliches Verhältnis ausschlaggebend, das sich in der Zeit der Wohnungsübergabe entwickelt hatte. Als er meine Wohnung bereits mietete und nutzte, konnte ich noch ein paar Tage darin im Gästezimmer verbringen. Das war nicht gerade selbstverständlich.

Zudem treffen wir Entscheidungen meist gefühlsmäßig anstatt mit nüchterner Betrachtung von Fakten und Tatsachen. Deshalb sagt man in der Finanzbranche: „Trennen Sie Ihre Finanzen von Ihren Gefühlen, sonst trennen Sie Ihre Gefühle von Ihren Finanzen." Die Zeit würde beweisen, ob sich das bewahrheiten sollte.

Am nächsten Tag avisierte ich Benny meine Bereitschaft die Wohnung an ihn mit den gesamten Möbeln und Gegenständen zu verkaufen. Wir einigten uns auf einen Kaufpreis von 65.000 US-Dollar, da die Wohnung nicht sehr groß und auch schon einige Jahre alt war. Zusätzlich sollte er die ausstehenden und alle weiterhin anfallenden Mieten bis zur vollständigen Kaufpreisbegleichung zahlen.

Wir vereinbarten einen Termin bei dem Rechtsanwalt, den ich bereits für die Gründung der Offshore-Gesellschaft in Anspruch nahm. Ich war erleichtert, dass nun diese Last von mir genommen werden sollte.

Ich nutzte den Rest des Vormittags, um bei den Banken Auskünfte über eine mögliche Kontoeröffnung im Namen der in Gründung befindlichen Offshore-Gesellschaft zu erhalten. Das erwies sich als unerwartet schwierig. Es zeichnete sich sehr schnell ab, dass eine Kontoeröffnung nur in Verbindung mit einer sehr hohen Einzahlungssumme akzeptiert werden würde. Man sprach dabei von Erstanlagen ab einer Million Euro oder US-Dollar. Das lag weit über meinen finanziellen Verhältnissen. Enttäuscht beendete ich meine Bemühungen eine geeignete Bank zu finden. Obwohl Panamá-City den Ruf der Zentral- und Südamerikanischen Schweiz hatte, war weder die Beratungs-qualität noch der Service mit den schweizerischen Bankern vergleichbar. Allein die hohe Anzahl der Finanzinstitute und die enormen Summen, die dort investiert sind, rechtfertigen den

Vergleich mit der Schweiz. Ja, der Weg in die Schweiz blieb mir nun nicht erspart! Denn unbedingt brauchte ich ein Girokonto im Namen der OPEC Inc., wie die neue Firma nun benannt war, um die geplanten "Gehaltszahlungen" auf mein noch zu eröffnendes Konto bei der BAWAG-Bank zu tätigen. Inc. ist dabei die Abkürzung für incorporated, ein Begriff für US-amerikanische Firmen, die rechtmäßig eingetragen sind.

Jetzt war der Stein ins Rollen gekommen und die Sache musste nun auch vollständig zu Ende geführt werden. Noch vor dem Wochenende erhielt ich die umfangreichen Dokumente der Offshore-Gesellschaft, die Bestätigung der Steuerzahlung und natürlich die Rechnung der Anwaltskanzlei, die ich sofort begleichen musste. Zudem war auch der Wohnungskaufvertrag für Benny ausgefertigt. Der enthielt eine Generalvollmacht für seinen Sohn, um alles weitere abzuwickeln. Damit hatte ich als Sicherheit nur noch den unterschriebenen Kaufvertrag. Dennoch freute ich mich, dass auch diese Sache abgeschlossen war. Zufrieden trat ich mit den gesamten Dokumenten meine Rückreise nach Wien an.

Eine Fahrt nach Zürich diente zur Kontoeröffnung im Namen der neu gegründeten Offshore-Firma. Die schweizerischen Banker prüften meine mitgebrachten Originalunterlagen und händigten mir die Kontonummer für die OPEC Inc. aus. Selbstverständlich fragten sie nach dem Ursprung der zu erwartenden Geldeingänge. Gegen eine damals geringe Einzahlung, unter 500 Euro, wurde das Konto aktiviert. Heute ist das für ausländische Staatsbürger nicht mehr so einfach. Als ich im Jahre 2016 in der Schweiz war, wurde von Kunden, die keinen Wohnsitz in der Schweiz haben, eine Mindesteinzahlung von einer Million Euro oder US-Dollar verlangt. Dabei hatte ich mehrere Banken besucht. Es ist also nun auch dort wie in Panamá. Eventuell gibt es noch Banken, die eine Ausnahme machen. Ich habe diese allerdings nicht entdeckt.

Nach der erfolgreichen Kontoeröffnung in Zürich im Namen der Offshore-Gesellschaft eröffnete ich ein Gehaltskonto bei der krisengeschüttelten BAWAG-Bank auf meinen Namen. Als Arbeitgeber gab ich die OPEC Inc. an, die eine Verbindung mit der wohl bekannten Organisation in Wien vermuten ließ. Anschließend veranlasste ich per FAX an die schweizerische Bank eine Überweisung von etwas über 10.000 Euro auf das neue BAWAG-Konto. Der Verwendungszweck lautete: Gehalt. Zuvor hatte ich Geld auf das Konto der Offshore-Gesellschaft transferiert. Nach drei Gehaltseingängen gewährte mir die BAWAG-Bank einen Kontoüberziehungskredit in der Höhe von 20.000 Euro und gab mir zusätzlich mehrere Kreditkarten. Ich ließ ein paar Tage verstreichen und hob dann die Summe vom Konto ab, die den gewährten Überziehungskredit in voller Höhe ausschöpfte. Zudem nutzte ich die Kreditkarten für verschiedene Einkäufe und Bargeldauszahlungen.

Im Vergleich zu dem Kredit, den die BAWAG-Bank für die Brokerfirma Refco genehmigt hatte, war die Summe natürlich lächerlich. So dachte ich, dass der Kontoüberziehungskredit, den ich, wie geplant, bislang nicht zurückzahlte, keine großen Aktivitäten der Bank mit sich bringen würde. Doch weit gefehlt! Die Bank schaltete die Polizei ein und erstattete Anzeige wegen Kreditbetrug und Geldwäsche. Bald darauf fiel mir meine Racheaktion auf die eigenen Füße! Ich wurde auf den Straßen von Wien verhaftet. Es begann für mich die schlimmste Zeit meines Lebens, die Untersuchungshaft im streng gesicherten Gefängnis von Wien-Josefstadt.

Mit den Ausführungen können Sie nachvollziehen, warum die sogenannten Panamá-Papers weltweit für großes Aufsehen gesorgt hatten und es immer noch tun. Denn was ich im kleinen Rahmen vollzogen habe, funktioniert selbstverständlich bei hohen Summen, ohne Kreditbedarf, noch viel reibungsloser. Denn die Banken verdienen an großen Geldbeträgen wesentlich mehr, und sie setzen damit alle Hebel für eine unbürokratische Abwicklung in Bewegung. Regierungs- und Militärflugzeuge werden am Zoll meist nicht kontrolliert, oder erfasst. Die Geldscheine werden vom Flugzeug aus direkt zur Bank gefahren. Dort erwartet die wohlhabenden Kunden eine angenehme Betreuung, auch wenn die Gelder oftmals aus Regierungskassen illegal entnommen wurden. Hohe Summen von Drogen- und Mafiabossen werden auf die Konten bereits vorbereiteter Offshore-Gesellschaften einbezahlt. Höchst selten wird ein Strafverfahren eingeleitet. Bei Politikern ist das praktisch ausgeschlossen.

So häufen sich Millionen- und Milliardenbeträge im Namen von Offshore-Gesellschaften auf Konten in Panamá, der Karibik, in der Schweiz und an sonstigen, relativ geschützten Steueroasen. Viele dieser Gelder stammen aus illegalen Geschäften, aus Raubzügen, aber auch hin und wieder aus legalen Quellen.

Wege der Freiheit - my Pain your Gain

2. Kapitel

Die Entscheidung

Allmählich kam ich ein wenig zur Ruhe. Ich begann nun meine Gedanken zu ordnen. Dennoch fühlte ich mich wie ein gefährliches Raubtier, das man zum Schutze der Bevölkerung in einen Käfig sperren musste. Dabei hatte ich doch niemals jemanden körperliche Gewalt angetan, sieht man von den Fouls bei verschiedenen Ballsportarten ab.

Ein enormer Freiheitsdrang breitete sich in mir aus. Ich konnte nicht verstehen, dass man mich ohne jegliche Vorwarnung weggesperrt hatte. Und ich wollte es nicht akzeptieren! Verzweifelt blickte ich auf das winzige, nicht erreichbare, vergitterte Fenster. Bei allem Optimismus war leicht zu erkennen, dass es nicht das Tor zur ersehnten Freiheit war. Mittlerweile erwachte auch wieder mein natürlicher Bewegungsdrang aus dem Schockzustand.

Mein Leben war geprägt von zahlreichen sportlichen Aktivitäten. In meiner Zeit auf dem Gymnasium beteiligte ich mich an zahlreichen Schulmannschaften. Als Ziel hatte ich mir ein Studium für die Lehrfächer Englisch und Sport gesteckt. Jedoch war bei meinem Abiturzeugnis ein Schreiben des Kultusministeriums beigefügt, das aufgrund einer Lehrerschwemme davon abriet, für ein Lehramt zu studieren. Ich folgte dem Rat und schlug den Weg einer finanzwirtschaftlichen Ausbildung ein. Doch begleiten mich bis heute sportliche Aktivitäten, die einen wichtigen Beitrag zu meiner Gesundheit und Fitness leisten.

So begann ich mit einem Kopfstand auf der speckigen Matte meiner Zelle, die Situation aus einer neuen Perspektive zu betrachten. Die Übung führte zunächst einmal zu wahnwitzigen Vorstellungen.

In den vergangenen Jahren hatte ich mich mit umfangreicher Literatur der sogenannten "Neuen Ära" beschäftigt. Darin wird Gott als positive Energie dargestellt, mit der so ziemlich alles möglich ist. Man könnte, beispielsweise durch Meditation, Joga und anderen Praktiken, Energie aufnehmen und diese für sich nutzen. Es sollte dadurch ein spezieller Körperzustand erreicht werden und man könnte dann Gegenstände oder Situationen gedanklich materialisieren, bzw. herbeiführen. Damit würde der Mensch zum Schöpfer werden und könnte sich als kleiner "Gott" fühlen.

Der Wunsch wurde bereits Adam und Eva zum Verhängnis. Das Böse, in Form einer Schlange, überzeugte Eva davon, vom verbotenen Baum der Erkenntnis von Gut und Böse zu essen. Sie würde damit wie Gott werden, gaukelte ihr die listige Schlange vor. Daraufhin pflückte Eva die Frucht vom verbotenen Baum und aß sie. Das führte zu weit reichenden Konsequenzen, auch für Adam, dem sie die verhängnisvolle Frucht gab.

Auch Personen in der jüngeren Geschichte fielen dem Wunsch, Schöpfer zu sein, zum Opfer und endeten im Größenwahn. So beschäftigte sich ebenfalls Adolf Hitler, der selbst ernannte "GröFAZ" (Größter Führer aller Zeiten) mit dieser Materie. Gemeinsam mit seinen führenden Nazi-Kollegen praktizierte er verschwörerische Rituale, dessen Theorien er angeblich einem Geheimbund, der sogenannten Thule-Gesellschaft, entnommen hatte. Damit führte er viele Millionen Menschen in Leid, Ver-derben und in den Tod.

Selbstverständlich ist es möglich und wichtig, dass wir durch positive Gedanken und Sprache positive Dinge in unser Leben bringen. Denn negative Ausdrucksweisen und Gedanken führen uns durch eine Negativspirale mehr und mehr in eine Frustration, oder gar in eine Depression hinein. Allerdings sind wir keine kleinen Götter und werden es auch niemals sein. Wir bleiben Menschen, mit beiden Beinen auf der Erde, die jedoch Zugang haben zu ihrem Schöpfer und zu dessen positiver Energie, die auch oft als Licht bezeichnet wird.

Eines der "Gott-als-Energie-Bücher" beschrieb Mönche, die durch Wände gehen konnten. Das erscheint auf den ersten Blick ziemlich zweifelhaft und utopisch. Betrachtet man jedoch den physikalischen Aufbau von Gegenständen genauer, am besten durch ein sehr starkes Mikroskop, kann man durchaus in Versuchung geraten, das Phänomen zu testen. Die Abstände innerhalb von Atomen, aus denen u. a. Gegenstände bestehen, sind relativ groß. So kam mir der Gedanke, dass sich die Atome meines Körpers durchaus durch die Abstände der Atome in der dicken Zellenwand mogeln könnten, um damit in der Freiheit zu landen. Zudem hatte ich genügend Zeit, die Sache auszuprobieren. Und Alternativen gab es momentan keine!

Die praktische Vorgehensweise des verrückt anmutenden Weges in die Freiheit war mir nicht ganz klar. Etwas zögerlich trat ich an die Wand mit dem winzigen Fenster, das vermutlich in den Innenhof des Polizeigebäudes führte. Ich konzentrierte meine Gedanken auf die großen atomaren Abstände innerhalb der Mauer. Dann versuchte ich gedanklich meine Atome durch die Mauer hindurch zu bewegen. Es tat sich nichts, absolut nichts! Ich blieb mit allen meinen Atomen innerhalb der zermürbenden Zelle. Einige werden jetzt denken: „Logisch, dass der Schwachsinn nicht funktionieren konnte." Andere wiederum werden der Meinung sein, dass mir der nötige Glaube an das Gelingen fehlte. Wie auch immer, der erste Fluchtversuch war gescheitert.

Inzwischen meldete sich meine Blase und bat dringend um Erleichterung. Im Gegensatz zu den vorherigen Insassen, wollte ich nicht den Fußboden als Toilette benutzen. Also blieb mir nichts anderes übrig, als den Klingelknopf mit der warnenden Aufschrift: "Es drohen Prügel!", zu benutzen. Nach ein paar Minuten öffnete ein Polizeibeamter die schwere Eisentür. Er fragte kurz angebunden, was ich wolle. „Meine Freiheit zurück!", schoss es mir sofort durch den Kopf. Doch das lag sicher nicht im Ermessen des Bediensteten. So antwortete ich, dass ich das WC aufsuchen müsste. Er willigte ein und begleitete mich die wenigen Schritte zur entsprechenden Örtlichkeit. Er blieb vor der Toilette stehen, während ein anderer Beamter eiligst die Tür neben dem WC absperrte. Im Hintergrund hörte ich die Geräusche eines Fernsehapparates. Es lief die Übertragung eines Spiels der Fußballweltmeisterschaft, die gerade in Deutschland stattfand. Die Beamten ließen sich das Großereignis nicht entgehen, auch wenn die österreichische Nationalmannschaft die Qualifikation für das Turnier wieder einmal nicht geschafft hatte.

Um die gedrückte Stimmung ein wenig aufzulockern, fragte ich den Polizisten auf dem Rückweg zur Zelle, welches Spiel gerade übertragen wird. Er gab mir bereitwillig Auskunft. Nachdem ich noch einen Becher mit Wasser erhalten hatte, wurde die Zellentür wieder verriegelt.

Sofort beschäftigten sich meine Gedanken mit der Tür, die der Beamte so eilig verschlossen hatte. „Ist sie der Weg in die Freiheit?" Es musste einen Grund gehabt haben, warum der Bedienstete sie gleich absperrte, als er mich erblickte. Ich nahm mir vor, beim nächsten WC-Besuch alles genau zu beobachten, zum Beispiel, ob die Beamten Waffen tragen, welche Personen ich erblicken kann, gibt es Fenster ohne Gitter, usw.

Zudem werden immer Fehler gemacht. Das ist menschlich und lässt sich bestimmt auch im strengen Polizeialltag nicht ganz vermeiden. „Warum soll mir nicht ein kleiner Fehler zur Hilfe kommen?", fragte ich mich und freute mich über meine ersten optimistischen Gedanken. Allerdings wurden die in dem Verlies schnell wieder zunichte gemacht.

Ich setzte mich auf die alte, schäbige Plastikmatte und wunderte mich, wie schnell sich doch das Leben ändern kann. Am Vormittag joggte ich noch froh gelaunt in den Weinbergen und freute mich, dass jetzt endlich der warme, sonnige Sommer begonnen hatte. Genau einen Tag lang konnte ich ihn genießen. Jetzt saß ich bei Neonlicht in dem winzigen Bunker und wusste nicht, wie es weitergehen würde.

Nach drei Wintern in Folge, war meine Vorfreude auf den Sommer besonders groß gewesen. Die beiden Winter in Europa waren lang und streng. Dagegen war der dazwischen gelegene Winter in Johannesburg relativ mild und ein halbes Jahr lang ohne jeglichen Niederschlag gewesen. Herbst und Frühling kennt man in Südafrika nicht. Dorthin wollte ich im Oktober wieder zurückgehen. Allerdings nicht mehr nach Johannesburg, sondern an die wunderschöne Ostküste. „Was soll jetzt aus diesen Plänen werden?" Zweifellos waren sie in weite Ferne gerückt. Nun war das Wichtigste: Der schnelle Weg in die Freiheit. Bereits nach wenigen Stunden in der Zelle wurde mir bewusst, wie lebenswichtig und unersetzlich die Freiheit für den Menschen ist. Viele Dinge weiß man leider erst so richtig zu schätzen, wenn man sie nicht mehr hat. Irgendwie hoffte ich darauf, dass einfach die Tür aufgehen würde und man mir mitteilte, dass alles nur ein großer Irrtum war.

Meine Blase meldete sich erneut und ich drückte den Klingelknopf. Diese Mal musste ich länger warten, bis der

Beamte die Tür entriegelte. Mürrisch fragte er, was ich schon wieder wolle. Dabei waren inzwischen ein paar Stunden vergangen. Er konnte sich also nicht über zu viel Arbeit beklagen. Allerdings wurde er offensichtlich bei der noch andauernden Fußballübertragung gestört.

Ich nutzte die Gelegenheit um zu fragen, wie die ganze Angelegenheit weitergehen würde. Er antwortete, dass ich auf das Eintreffen des Kommissars warten müsste, der mich dann verhören würde. Weitere Auskünfte gab er nicht. Er begleitete mich zum WC und erstaunlicherweise war die Tür, die beim ersten Mal schnell verschlossen wurde, jetzt einen Spalt breit geöffnet. In dem kurzen Moment beim Eintreten in die Toilette konnte ich einen Raum mit zwei an Schreibtischen sitzenden Beamten erkennen. Sie waren mit Pistolen bewaffnet. Ein großes Fenster war weit geöffnet und nicht vergittert. „Ist es der mögliche Weg in die Freiheit?", fragte ich mich wieder. Die Stimme des Beamten drängte mich zur Eile und riss mich aus meinen Gedanken. Ich betrachtete ihn genauer und stellte fest, dass er keine Waffe trug. Schnell gingen wir den kurzen Weg zum Verlies zurück. Der Beamte verriegelte die Zellentür hinter mir.

Meine Gedanken kreisten um das offene Fenster. Soweit ich mich erinnern konnte, führte es auf die Gebäudeseite, an der ich bei meiner Einlieferung angekommen war. Damit war es ein möglicher Weg in die Freiheit. Leider hatte ich mir nicht gemerkt, wo die Straße hinführt und in welchem Stadtteil ich mich befand. Das wäre an den Straßenschildern zu erkennen gewesen, die ebenfalls die Nummer des jeweiligen Stadtbezirkes ausweisen. Doch in dieser Zeit hatte ich noch nicht an eine Flucht gedacht. Jetzt könnte ich die Informationen gut gebrauchen. „Wie hoch liegt das Fenster?", begannen meine planenden Gedanken. Bei einem möglichen Sprung ins Ungewisse wollte ich nicht verletzt auf dem Gehweg liegen bleiben. Bei der Ankunft waren wir nur ein paar Stufen hinaufgegangen. Damit konnte die Entfernung hinunter zur Straße höchstens zwei Meter betragen. „Das ist durchaus zu bewältigen!", dachte ich. „Und dann müsste ich nur noch laufen! Der Überraschungseffekt würde für einen kleinen Vorsprung sorgen." Gerade die Sprintstrecken gehörten während meiner Schulzeit zu meinen Stärken, während ich die letzten Jahre nur noch Langstrecken lief. Ich hatte zwar keine Laufschuhe an, doch immerhin leichtes, sportliches Schuhwerk. Das sollte gegenüber den schwer erscheinenden Schuhen der Polizisten vorteilhaft sein.

Eine Frage bereitete mir jedoch erheblichen Kummer: „Würden die Beamten von ihren Schusswaffen Gebrauch machen?" Da es sich bei mir um die Untersuchungen von Bankverbindungen und Dokumenten handelte, ging ich nicht davon aus. Doch sicherlich kann man nie genau sagen, wie einzelne Personen in Notsituationen reagieren. „Wie wird es weitergehen, wenn mir der Sprung aus dem Fenster gelingt? Soll ich versuchen, eine möglichst große Distanz zu laufen, oder wäre es klüger, mich schnell irgendwo zu verstecken, beispielsweise in einem Hauseingang, oder Restaurant?" – viele Fragen, jedoch keine passenden Antworten.

Ich ärgerte mich, dass ich mir die Strecke zum Gefängnis nicht gemerkt hatte. Außerdem fehlte mir jegliche Vorstellung von der unmittelbaren Umgebung des Gebäudes. Mir war als wäre ich nach dem Abführen aus meiner Wohnung erst wieder in dem Gefängnis aufgewacht. Die gesamte Fahrstrecke fehlte meinem Erinnerungsvermögen.

Herannahende Schrittgeräusche rissen mich aus meinen aufregenden Planungen. Die Tür wurde aufgeschlossen. Ein Beamter reichte mir eine Art Abendessen mit dem Kommentar, dass es fast nicht zu genießen sei. Damit hatte er leider Recht! Es handelte sich um eine Fertigmahlzeit, Reis mit einer undefinierbaren Beilage, die das Militär hin und wieder auf ihren Manövern verwendet hatte. Ich aß ein paar Bissen. Schließlich hatte ich in meiner Bundeswehrzeit gelernt, dass man nicht wegen des Genusses isst, sondern nur zum Überleben - genau darum ging es momentan, vor allem psychisch! Meine neue Lebenssituation, mit einem ungewissen Ende, zerrte erheblich an meinen Nerven. Der Begriff "Gefängnis" war mir nur aus dem "Monopoly-Spiel" bekannt. Zog man die entsprechende Spielkarte, oder landete man auf dem Feld des Gefängnisses, musste man eine Runde aussetzen. Es bestand auch die Möglichkeit, sich sofort frei zu kaufen. Damit durfte man sofort wieder weiterspielen. „Wie lange werde ich wohl aussetzen, oder besser gesagt, aussitzen müssen? Bestünde die Möglichkeit sich frei zu kaufen, sprich eine Kaution zu zahlen, bis die Untersuchungen abgeschlossen sind?", auch auf diese Fragen hatte ich momentan keine Antworten.

Doch vielleicht gab es schon bald einen schnellen Weg zum Weiterspielen – die Flucht. An dem kleinen Fenster konnte ich erkennen, dass es bereits dunkel war. Die Zeit für das Drücken des Klingelknopfes war erneut gekommen. Ich nahm mir wieder vor, alles genau zu beobachten, vor allem die Polizisten in dem Raum mit dem offenen Fenster. „Wird es überhaupt noch offen sein?", fragte ich mich. Die sommerliche Hitze, die selbst hinter den dicken Mauern des Gefängnisses spürbar war, stimmte mich diesbezüglich optimistisch.

Mit erhöhtem Pulsschlag klingelte ich. Ein anderer Beamter öffnete die Tür. Offensichtlich hatte ein Schichtwechsel stattgefunden. Er fragte mich nach meinem Anliegen. „Ein Gang zum WC!", war meine Antwort. Zu meiner Überraschung stand die Tür zu dem angrenzenden Raum weit offen. Ich konnte durch den Raum und durch das offene Fenster hinaus in die finstere Nacht blicken. Dort erkannte ich nur die Umrisse eines gegenüberliegenden Gebäudes. Die Tiefe zur Straße hinunter konnte ich nicht einschätzen. Der Polizist wartete nicht unmittelbar an der WC-Tür. Er hatte sich, den Schrittgeräuschen nach zu urteilen, ein paar Meter entfernt. „Soll ich jetzt einfach in den Nebenraum rennen und aus dem Fenster springen?"

Ich zögerte. Leider hatte ich nicht gesehen, ob sich Personen in dem Raum befanden. Es blieb nur eine kurze Zeit für Überlegungen. Einerseits war mein Freiheitsdrang sehr groß und ich wollte mich nicht einfach wegsperren lassen, andererseits wusste ich noch gar nicht, was man mir vorwarf und wie es weitergehen würde. Es siegten die Vernunft und die Angst vor dem Sprung ins Ungewisse.

Ich ging mit dem Beamten zurück zu meiner Zelle. Enttäuscht setzte ich mich auf die Plastikmatte. Erneut ärgerte ich mich über mich selbst. „Hatte ich eine große Chance verpasst?" Mein Ärger steigerte sich zur Wut. In entsprechenden Fernsehsendungen sieht alles so einfach aus. Ein schneller Sprung aus dem Fenster, ein kurzer Sprint und schon sind die überraschten Polizisten abgehängt. „Hätte es so funktionieren können, oder wäre es eine schmerzvolle Selbstüberschätzung gewesen? Würde sich eine weitere Gelegenheit zur Flucht bieten? Ist meine Festnahme nur ein Irrtum, ein Versehen, und ich werde sofort entlassen?" Diese Fragen kreisten in meinem Kopf, als plötzlich ein lautes Geräusch die schwere Eisentür entriegelte.

Ich erkannte den Kriminalbeamten wieder, der mich festgenommen hatte. Er legte mir erneut die einschneidenden Handschellen an. Anschließend führte er mich in den ersten Stock des Gebäudes. Dort saß seine Kollegin bereits an einem Schreibtisch. Er teilte mir mit, dass aufgrund der vorgerückten Stunde nur meine Personaldaten aufgenommen werden. Es war mittlerweile 23 Uhr. Das Verhör wurde auf den nächsten Morgen vertagt. Die Beamten waren bis jetzt in meiner Wohnung gewesen, um meine Freundin zu vernehmen. Ich wunderte mich, was sie wohl alles zu erzählen hatte, denn sie wusste absolut nichts über meine Bankverbindungen und Kontobewegungen.

Der Kommissar sagte mir, dass sie einen Nervenzusammenbruch erlitten hatte. Das stimmte mich sehr traurig. „Warum sollte sie leiden, wenn man etwas von mir wissen will?" Vielleicht wollte man mich damit auch nur einschüchtern. Nach ein paar Minuten war die Aufnahme der Daten erledigt. Der Beamte teilte mir mit, dass er gleich am nächsten Tag um sieben Uhr mit dem Verhör beginnen würde. Danach brachte er mich in die Zelle zurück.

Es begann meine erste Nacht in dem Verlies. „Wie viele Nächte und Tage werden folgen? Sicherlich hing das u. a. von meinen morgigen Aussagen ab." Ich machte mir darüber Gedanken und versuchte mögliche Fragen im Vorfeld zu erahnen. Trotz meiner Erschöpfung, die anscheinend dem psychischen Stress zuzuschreiben war, schlief ich sehr wenig.

Um 7:30 Uhr holte mich der Kommissar zum Verhör ab. Er beklagte sich über eine kurze Nacht. Mit Handschellen ging es in den ersten Stock. Sie schnitten äußerst unangenehm in meine Handgelenke ein. Ich bat den Beamten, sie ein wenig zu lockern. Das tat er glücklicherweise. Auf seinem Schreibtisch lagen Unterlagen und Visitenkarten, die er aus meiner Wohnung entnommen hatte. Auf einem Nebentisch erkannte ich mein Notebook. Der Kommissar reichte mir eine Tasse Kaffee. Das war mein Frühstück.

Das Verhör dauerte bis etwa 21 Uhr. Ursache für die lange Dauer waren die zahlreichen Fragen, die der Beamte zu den beschlagnahmten Unterlagen stellte. Belanglose Visitenkarten, die ich in Dubai und Panamá erhalten hatte, aktivierten die Phantasie des Kommissars. Auch einfache Rechnungen wurden mir vorgelegt und analysiert. Ich hatte schon Sorge, dass ich mich für meine gesamte Literatur, die u. a. einige politische Biografien und Bücher der "Neuen Ära" enthielt, rechtfertigen müsse. Doch das war erstaunlicherweise nicht der Fall. Gott sei Dank, sind die Bücher verschwunden. Ich weiß bis heute nicht, wo sie gelandet sind.

Schließlich legte er mir einen Schließfachschlüssel vor. Ungern beantwortete ich die Frage des Beamten über dessen Herkunft. Nicht etwa, weil sich illegale Dinge darin befanden, wie der Kommissar sofort vermutete, sondern weil alle meine mehr oder weniger wichtigen Unterlagen darin verschlossen waren. Das reichte von Führerscheinen verschiedener Länder, über Reisepass und Personalausweis, bis zu meinen gesamten Schul- und Arbeitszeugnissen. Die Währungen verschiedener Länder, in denen ich in den letzten zwei Jahren war, beliefen sich auf einen Gesamtwert von ungefähr 5.000 Euro. Das konnte erneut die Phantasie der Beamten zum Blühen bringen und zahlreiche Fragen auslösen. Als der Kommissar merkte, dass ich über den Schlüssel keine Auskunft geben wollte, drohte er sofort mit einer längeren Untersuchungshaft. Die wollte ich auf jeden Fall vermeiden. Also teilte ich ihm widerwillig die Bank mit, in der sich das Schließfach befand. Diese Methode wandte er mehrfach an, wenn ich mit meinen Antworten zögerte. Heute habe ich meine berechtigten Zweifel daran, dass meine umfangreichen Auskünfte während des Verhörs zu einer Verkürzung der Ermittlungen beigetragen haben.

Zahlreiche Tricks und Einschüchterungsmethoden, die auch Körperverletzungen nicht ausschließen, gehören zur alltäglichen Polizeiarbeit. Davon sind auch die angeblich hochentwickelten westlichen Länder nicht ausgeschlossen. Ich war froh, als das endlos erscheinende Verhör zu Ende war und ich, zurück in meiner Zelle, von den Handschellen befreit wurde.

Wenig später wurde das Verlies wieder entriegelt und man unterzog mich einer kurzen ärztlichen Untersuchung. Wie ich dabei erfuhr, muss diese innerhalb von 24 Stunden nach der Festnahme durchgeführt werden. Inzwischen waren bereits 32 Stunden vergangen. Das war für mich unbedeutend, da mein Gesundheitszustand sehr gut war. Allerdings zeigte es, dass die strengen Hüter des Gesetzes sich nicht immer an ihre eigenen Regeln und Gesetze halten. Die Erfahrung sollte ich noch öfter machen!

Ein Beamter teilte mir mit, dass ich auf jeden Fall noch vor Mitternacht in ein anderes Gefängnis gebracht werden würde. Damit war die Möglichkeit mit einem Sprung aus dem Fenster in die Freiheit zu gelangen, endgültig vergeben. Ich nahm mir vor, beim Transport in das andere Gefängnis genau auf die Wegstrecke zu achten.

Gegen 23 Uhr legte man mir wieder Handschellen an. Ich nahm meine Tasche entgegen, von der ich bislang keinen Gebrauch machen konnte. Anschließend führten mich zwei Beamte zu dem Fahrzeug, das im Innenhof bereit stand. Es war ein Spezialfahrzeug für den Gefangenentransport. Es hatte deshalb keine Fenster. Dadurch hatte ich keine Möglichkeit zu erkennen, in welcher Gegend sich mein neuer Aufenthaltsort befinden würde. Bei der Einlieferung wurde mir die Tasche erneut abgenommen. Ich musste in einer winzigen, völlig verrauchten Kammer eine ganze Weile warten. Das Rauchverbot in öffentlichen Gebäuden schien niemanden zu interessieren. Scheinbar waren Gefängnisse davon ausgeschlossen. Wie auch immer, für mich war es sehr unangenehm und belastend.

Ein Beamter führte mich in den dritten Stock. Dort sperrte er eine Zelle auf, die einen angenehmeren Eindruck machte, als das vorherige Verlies. In dem Raum befanden sich drei Stockbetten und immerhin ein WC. Ein Mann lag auf einem der Betten und rauchte. Als ich auf ihn zuging, brummte er schnell ein kurzes Begrüßungswort. Ich legte mich erschöpft auf eines der oberen Betten und konnte endlich ein paar Stunden schlafen.

Grelles Neonlicht weckte mich um 6 Uhr morgens. Es brach der dritte Tag seit meiner Festnahme an. Ich fragte mich, für was ich die Tasche mit Kleidung und Waschutensilien packen ließ. Bislang durfte ich immer noch keinen Gebrauch von ihr machen. Ich ging zum Fenster, das in dieser Zelle auf normaler Höhe angebracht war. Sehnsüchtig blickte ich in die momentan offensichtlich weit entfernte Freiheit. Ein Baugerüst reichte die drei Stockwerke hinauf zum Fenster. Sofort suchten meine Gedanken einen geeigneten Kletterweg hinunter in den Hinterhof des Gefängnisses. „Dann müsste ich nur noch das Eisentor überwinden, um der bereits jetzt schon zermürbenden Gefangenschaft zu entrinnen", so meine Schlussfolgerungen. Jedoch machten die massiven Gitterstäbe am Fensterrahmen den erspähten Fluchtweg zur Illusion. Das laute Entriegeln der Eisentür holte mich aus meinen Gedanken zurück in die sehr nüchterne Gefängniswelt. Eine Person, die von zwei Beamten begleitet wurde, reichte meinem schweigsamen Zellengenossen und mir ein Kaffee-ähnliches Getränk und ein paar Scheiben Brot. Das sollte das Frühstück sein. Mein Mitbewohner legte sich wieder wortlos auf sein Bett und rauchte seine Zigaretten. Ich war hungrig und aß ein wenig. Danach blickte ich wieder sehnsüchtig aus dem Fenster.

Erneut wurde die Tür aufgesperrt. Ein Beamter forderte mich auf, mitzukommen. Wir gingen in das Erdgeschoss. Dort wurden meine Personalien in den Computer eingegeben. Außerdem fotografierte man mich von allen Seiten. Zahlreiche Fingerabdrücke wurden gespeichert.

Der Beamte wunderte sich, dass ich keine Tätowierungen und Narben hatte. Das gehörte offenbar zum üblichen Erscheinungsbild der sonstigen Gäste. Anschließend wurde meine Größe gemessen und mein Gewicht festgestellt. Es war in der relativ kurzen Zeit seit meiner Verhaftung bereits um drei Kilogramm weniger, ohne dass ich in den Hungerstreik getreten war. Die Stresssituation und karge Mahlzeiten waren anscheinend die Ursachen für den unfreiwilligen Gewichtsverlust. Als die ganze Prozedur beendet war, führte man mich in einen kleinen, erneut stark verrauchten Warteraum.

Nach kurzer Zeit kam eine Person hinzu. Michi, wie er sich kurz vorstellte, hatte ungefähr mein Alter und war froh, in mir einen Gesprächspartner gefunden zu haben. Sofort erzählte er mir ausführlich die Umstände seiner Festnahme. Durch zahlreiche Delikte, u. a. Körperverletzung und Drogenbesitz, kannte er die Gefängnisszene sehr gut. Er informierte mich über den weiteren zu erwartenden Ablauf, der sich gemäß seinen Beschreibungen verwirklichte.

Nach einiger Zeit holte uns ein Beamter ab. Er brachte uns zum nah gelegenen Ausgang des Gebäudes. Dort warteten zwei bewaffnete Polizisten auf uns. Sie teilten uns mit, dass wir, bedingt durch eine große Baustelle, zu einem Fahrzeug außerhalb des Gefängnishofes gebracht werden müssten. Sie drohten, bei einem Fluchtversuch sofort zu schießen. Als wir nach wenigen Metern an der entsprechenden Stelle ankamen, blickte ich mich nach allen Seiten um. Doch Michi deutete mir an, dass die Drohung ernst gemeint war. Damit widerstand ich der waghalsigen Versuchung einfach wegzurennen.

Schnell stiegen wir in das erneut fensterlose Transportfahrtzeug, das uns in das Untersuchungsgefängnis Wien-Josefstadt brachte. „Würde es weitere bessere Möglichkeiten geben, der bereits jetzt sehr belastenden Situation zu entkommen?", fragte ich mich, während wir die Strecke zur neuen, von der Außenwelt abgeriegelten Zwangsunterkunft zurücklegten. Michi kannte selbstverständlich die Lage des Gebäudes ganz genau. Er war sich sicher, bald wieder frei zu sein. Dabei dachte er nicht an eine Flucht, sondern er hoffte, dass die von ihm bedrohte und angegriffene Person ihre Anzeige zurückziehen würde. So machte er einen optimistischen Eindruck und suchte weiterhin die Unterhaltung mit mir. Das lenkte mich zumindest ein wenig von meinen momentan frustrierenden Gedanken ab.

Doch ich hatte ja bereits die Entscheidung getroffen, diesen unerwarteten Freiheitsverlust nicht zu akzeptieren. So dürfen wir generell keine schwierigen Lebensumstände dauerhaft hinnehmen, denn es gibt immer eine Lösung! Doch wie sah diese jetzt aus?

Wege der Freiheit - my Pain your Gain

3. Kapitel

Schwierige Besuche - Korruption

Zwei Tage nach meiner Festnahme wurde ich in das streng bewachte Gefängnis im sechsten Bezirk der Innenstadt von Wien eingeliefert. Das Fahrzeug hielt im geschlossenen Eingangsbereich, der von zahlreichen Beamten gesichert war. An Flucht war hier nicht zu denken. Man brachte uns in das Gebäude. Ein Beamter protokollierte unsere mitgebrachten Sachen und verbuchte das Bargeld auf ein internes Konto. Anschließend durften wir duschen. Der Stress der Verhaftung, das dreckige Verlies, die Hitze und das belastende Verhör, alles hatte seine Spuren hinterlassen! Die wurden jetzt mit dem herrlich kühlen, reinigenden Wasser vorübergehend beseitigt. Ich konnte mich nicht erinnern, dass ich mich jemals so über eine Dusche gefreut habe. Danach nahmen wir Essgeschirr und Bettzeug entgegen. Ein Polizist führte uns durch zahlreiche abgeschlossene Stockwerke und Gänge. Schließlich öffnete er eine schwere Eisentür, die mich an die Tresortüren während meiner Banktätigkeit erinnerte. Nach dem Betreten der bedrückenden Räumlichkeit wurde die Tür hinter uns verriegelt.

Da standen wir nun etwas hilflos, die Neuankömmlinge, von den drei anwesenden Häftlingen streng gemustert. Auf einem Bett lag Harry, wie er seinen Namen kurz und trocken zur Kenntnis gab. Er war von Kopf bis Fuß tätowiert und machte auf mich einen sehr unsympathischen Eindruck. An einem kleinen Tisch saß Hans, ebenfalls österreichischer Staatsbürger. Der Dritte im Bunde kam aus einem der Balkanstaaten, die die Mehrheit der Gefangenen stellten.

Es war für mich kaum zu glauben, dass weniger als 10% der Häftlinge einheimische Staatsbürger waren. Unser Zellentrakt war mit durchschnittlich 75 Personen belegt. Darunter befanden sich lediglich sechs Österreicher. Zahlreiche Insassen kamen aus afrikanischen Staaten. Sie waren hauptsächlich, wie viele andere auch, im Drogenhandel tätig. Mit angeblich 1.200 Häftlingen war das Untersuchungsgefängnis, das für etwa 900 Personen vorgesehen war, stark überfüllt.

Michi und ich stellten uns kurz vor und gaben den Grund für unsere Festnahme an. Das war für die Anwesenden sehr wichtig. Schließlich wollte man ja wissen, ob sich mögliche Mörder, Sexualverbrecher, oder andere schwierige Personen in der neuen Zellengemeinschaft befanden. Harry meinte, dass er Deutsche, in Österreich "Piefkes" genannt, eigentlich nicht leiden kann. Ich verwies auf meine bayerische Herkunft, die eine enge historische Bindung zu Österreich knüpft. Das relativierte die Sache ein wenig.

Nach Beendigung der Vorstellungsrunde bezogen wir unsere Betten und richteten das Geschirr für die herannahende Essensausgabe her. Um 11:15 Uhr schloss ein Beamter die Tür auf. Der Wagen mit dem Mittag- und Abendessen rollte heran. Eilig füllten Mithäftlinge das Essen in Schüsseln, mit denen wir uns an die Tür gestellt hatten. Sofort danach verriegelte der Polizist die Zelle bis zum nächsten Tag. Es gab tatsächlich eine warme Mahlzeit. Nach den ersten beiden Fastentagen war das ein wahrer Lichtblick.

Am Nachmittag taute Harry ein wenig auf. Er berichtete von seinen Erfahrungen in verschiedenen Haftanstalten und bot mir, dem unbeliebten Piefke, sogar einen Kaffee an. Bedingt durch seinen sehr frühen Einstieg in die kriminelle Laufbahn, hatte er die Hälfte seiner gut 40 Lebensjahre in Gefängnissen verbracht.

Sein Spezialgebiet waren Einbrüche in Juweliergeschäfte und in kleine Gewerbebetriebe. Seit vielen Jahren war er drogenabhängig. Oftmals wusste er dadurch den genauen Ablauf seiner Straftaten gar nicht mehr. Das erleichterte die Arbeit der Polizei erheblich und führte zu regelmäßigen Festnahmen. Er war zweifelsfrei der Chef der Zelle und erfreulicherweise sorgte er für Disziplin und Sauberkeit. Jeden Tag wischte er die gesamte Stube und das kleine WC aus. Uns Neuankömmlingen erklärte er ausführlich die Verhaltensregeln. Die waren akzeptabel und in einer engen Zwangsgemeinschaft auf jeden Fall notwendig.

Hans hatte die 50 bereits überschritten. Er fühlte sich als echter Ganove und war stolz auf seine zahlreichen Straftaten, die angeblich vom unerlaubten Waffenbesitz bis zum Menschenhandel reichten. Darunter fällt das Anbahnen von Scheinehen, was zu seiner Festnahme vor ein paar Monaten geführt hatte. Seitdem saß er in Untersuchungshaft und wartete auf seinen Prozess. Das Schicksal teilten wir alle mit ihm. Es war die Nerven aufreibende Ungewissheit, ob und wann irgendetwas passieren würde.

Für mich hatte das Warten gerade erst begonnen. Diese Gedanken und die wenig optimistischen Prognosen meiner Leidensgenossen, dass ich mit mindestens einem halben Jahr für die Untersuchungen rechnen müsste, stimmten mich ziemlich deprimiert. Hans versuchte die Situation mit ein paar Witzen aufzuheitern. Er war der Entertainer der Zelle.

Der Mittvierziger aus den Balkanstaaten hatte erneut seine Ex-Ehefrau verprügelt und gedroht, den Kindern den Kopf abzuschneiden. Das für mich schwer verständliche, geistesgestörte Verhalten hatte zu seiner erneuten Festnahme geführt. Er war damit in der Gemeinschaft nicht gerade sehr beliebt.

Die Hauptbeschäftigung meiner Zellengenossen war das Rauchen. Verschiedene Tabaksorten wurden gemischt und mit Hilfe einer kleinen Apparatur zu Zigaretten geformt. Große Essschüsseln dienten als Aschenbecher. Für mich als Nichtraucher wurde der Aufenthalt in dem Untersuchungsgefängnis damit auch zur gesundheitlichen Belastungsprobe. In der engen Zelle war ich ständig von vier oder fünf Kettenrauchern umgeben, in den Gängen rauchte das Wachpersonal und in den winzigen Warteräumen rauchten bis zu 20 Häftlinge. Der Aufdruck auf den Tabakpackungen, die es im Gefängnis zu kaufen gab, dass das Rauchen auch das Leben der Menschen in direkter Umgebung gefährdet, wurde damit zum Hohn. Aus meiner begrenzten juristischen Sicht betrachtet, wurde damit ein noch nicht nachgewiesenes Delikt bereits in der Phase der Untersuchung mit Körperverletzung bestraft. Erstaunlich, dass das in einem angeblich zivilisierten Land, wie Österreich, möglich ist. Der Begriff Justizanstalt, der am Eingang des Gebäudes angebracht ist, erscheint dadurch sehr fragwürdig. Das war sicherlich ein weiterer Grund mir Gedanken über eine Flucht zu machen!

Harry war dabei auf jeden Fall ein geeigneter Ansprechpartner. Ich fragte ihn, ob ihm bei seinen vielen Gefängnisaufenthalten schon einmal eine Flucht gelungen sei. Er verneinte und meinte, dass ich daran in dem stark gesicherten Untersuchungsgefängnis keine Gedanken verschwenden sollte. Die Untersuchung von schwersten Verbrechen sorgt für umfangreiche Sicherheitsvorkehrungen. Ein Blick durch die massiven Gitterstäbe des Fensters unserer im vierten Stockwerk gelegenen Zelle bestätigte das. Auf der anderen Seite des Gefängnishofes, in dem sich eine Werkstatt befand, überragte eine mit Stacheldraht und Kameras versehene Mauer unser Gebäude. Sie war zweifelsfrei ein unüberwindbares Hindernis.

Harry berichtete aus seiner langen Zeit, die er hier in Wien-Josefstadt verbracht hatte, von zwei ihm bekannten Fluchtversuchen.

Einmal hatten hart gesottene Kriminelle, die aufgrund hoher zu erwartender Haftstrafen nichts zu verlieren hatten, während der Weihnachtsfeier den anwesenden Bischof als Geisel genommen. Sie drohten, diesen umzubringen und konnten damit ein Fluchtauto erzwingen. Als Waffe hatten sie vermutlich nur das stumpfe Messer aus dem Essgeschirr, das jedoch ausreicht einen Menschen zu töten. Das Fluchtauto wurde auf dem Weg zum Flughafen von der Polizei verfolgt. Ein hochrangiger Politiker überredete schließlich mit Zugeständnissen, angeblich eine erhebliche Verkürzung der Haftstrafen, die Täter zur Aufgabe ihrer spektakulären Aktion. Damit war der Bischof gerettet und die gewalttätige Flucht vorzeitig beendet. Solche Gewaltmaßnahmen, die andere Personen gefährden würden, zog ich nicht in Betracht. Das war nur etwas für Häftlinge, die im Umgang mit körperlicher Gewalt geübt waren, und die vor nichts zurückschreckten. Davon gab es hier einige.

Da war der zweite Fluchtversuch, von dem Harry erzählte, schon wesentlich interessanter. Ein Häftling konnte im April 2005, als Anwalt getarnt, das Gefängnis mit einem Komplizen ungehindert verlassen. Der Gefangene hatte sich für ein Gespräch mit einem Anwalt in den dafür vorgesehenen Räumlichkeiten der Justizanstalt getroffen. Jedoch war der Anwalt ein Komplize, der sich lediglich als Strafverteidiger ausgegeben hatte. Nach dem Termin verließen sie gemeinsam ungehindert das Gefängnis. Das Wachpersonal im Eingangsbereich des Gebäudes nahm an, dass es sich um zwei Rechtsanwälte handeln würde, und kontrollierte sie deshalb nicht. Allerdings wurde der als Geldfälscher-König bekannte Häftling ein knappes halbes Jahr später in Bulgarien erneut festgenommen. Jedoch zeigte diese intelligente Flucht, dass es keine 100-prozentige Abschirmung der Gefangenen gibt. Fehler sind menschlich, wie man so schön sagt. Damit hat jedes System seine Schwachpunkte, auch wenn die hier auf ein Minimum reduziert wurden.

Das war ein erster Lichtblick und stimmte mich optimistisch. Meine Zellengenossen machten mich darauf aufmerksam, dass der Trick heute selbstverständlich nicht mehr funktionieren würde. Sofort nach der Aktion hat man die kleinen Gesprächsräume, die für die Anwaltstermine vorgesehen waren, geändert. Dicke Glasscheiben trennen jetzt die Häftlinge von den Anwälten. Zusätzlich hatte man Kameras installiert, mit denen die anwesenden Personen überwacht werden. Außerdem wurde eine biometrische Gesichtskontrolle eingeführt. Alle eintretenden Personen, einschließlich Anwälte, wurden nun beim Betreten des Gebäudes damit erfasst und beim Verlassen der Justizanstalt kontrolliert. Diese Schwachstelle des Systems hatte man also sorgfältig beseitigt. Zudem verfügte ich nicht über einen befreundeten Anwalt als möglichen Fluchthelfer, oder über einen anderen Komplizen. Ich musste eine Lösung finden, bei der ich keine fremde Hilfe benötigen würde.

Meine Mithäftlinge schien das Thema nicht weiter zu interessieren. Sie hatten sich damit abgefunden, ihre Zeit abzusitzen. Für einzelne war es sogar eine Art Urlaub vom täglichen Kampf ums Überleben in der kriminellen Szene. Zahlreiche Gegner, speziell im Drogengeschäft, Verräter und die rastlose Polizei sorgen für ein nervenaufreibendes Leben. Davon war man hier ein wenig verschont, wenn man nicht gerade Streit mit den Zellengenossen hatte.

Unsere Zelle verfügte über einen kleinen Fernseher, den sich Hans gekauft hatte. Eine wöchentliche Bestellliste ermöglichte den Kauf zahlreicher Artikel, die von den wichtigen Zigaretten, über Lebensmittel, bis zum Fernsehgerät reichten. Voraussetzung war ein entsprechendes Guthaben auf dem im Gefängnis geführten Konto. Auf meinem Konto befand sich das Geld, das ich bei meiner Festnahme bei mir hatte. Personen außerhalb des Gefängnisses konnten mit Zahlscheinen Geld auf diese Konten überweisen. Die Produkte, die aufgrund der Monopolstellung des Lieferanten, zu weit überhöhten Preisen angeboten wurden, waren eine gute Einnahmequelle für die Haftanstalt und natürlich für den Lieferanten. Außer Zigaretten gab es keine Drogen zu kaufen. Allerdings war das Fernsehgerät in der Zelle eine Art Ersatzdroge und für mich eine zusätzliche Belastungsprobe.

Es erstaunte mich, wie viel Werbung und Schwachsinn im Laufe eines Tages gesendet wird. Ich bevorzuge lehrreiche Bücher, ausgewählte Filme und Dokumentationen, sowie in erster Linie ein aktives Leben, anstatt die Welt im "Manipulationskasten" an mir vorüberziehen zu lassen. Unterhaltsame Spielfilme, sowie interessante und informative Sendungen haben leider Seltenheitswert in einer offensichtlich überforderten Fernsehlandschaft, die den Werteverfall unserer Gesellschaft deutlich zeigt und zusätzlich beschleunigt. So ist es kein Wunder, dass sich durch das Internet große Veränderungen im Fernsehverhalten ergeben.

Jetzt bereiteten wir uns durch letzte Tipps auf die kommenden Fußballübertragungen vor. Seit dem Beginn der Weltmeisterschaft hatte ich noch kein Spiel gesehen. Doch nun, im eintönigen Gefängnisalltag, war ich froh um diese Ablenkung. Die Zellengenossen, die das Ergebnis des Spiels falsch getippt hatten, sollten dafür mit zahlreichen Liegestützen bezahlen. Diese Idee von Harry gefiel mir sehr gut.

In der Pause zwischen den Spielen wurden Fachthemen besprochen, z.B. wie man am schnellsten ein Auto aufbrechen und kurzschließen kann, oder wie man den Reinheitsgrad von Kokain ermittelt. Ich staunte nicht schlecht darüber, was meine Leidensgenossen so alles wussten. Die kriminelle Laufbahn, wie es so schön heißt, scheint tatsächlich ein echter Berufszweig zu sein. Heute verstehe ich, warum 99% der Häftlinge Stammgäste im Gefängnis sind. Die Justiz fördert durch den Zusammenschluss verschiedener Häftlinge die Ausbildung und die Kontaktaufnahme in dem Berufszweig. Ein System, das die Arbeit der Polizei und Justiz für immer zukunftssicher macht.

Hans äußerte, dass er morgen unbedingt im Gefängnishof spazieren gehen sollte, um Personen mit Waffenkenntnissen zu treffen. Ja, es werden zahlreiche neue Projekte geplant und entsprechende Kontakte geknüpft. Für die Profis ist es eine Art Weiterbildung, die im Gefängnis absolviert wird.

Am nächsten Morgen um 7:30 Uhr wurde die Tür für den täglichen, einstündigen Spaziergang entriegelt. Aus einem Dokumentarfilm über einen kolumbianischen Drogenboss hatte ich einen großzügigen Gefängnishof mit einem Fußballplatz in Erinnerung. Das weckte große Hoffnungen in mir, der belastenden Enge der Zelle, zumindest für eine kleine Weile, zu entrinnen. Zudem wollte ich die Möglichkeit nutzen, Schwachpunkte in der abgeriegelten Festung zu entdecken. Eines war bereits nach der kurzen Zeit klar, aus der Zelle zu Entrinnen war absolut unmöglich. Die Geschichten vom Durchfeilen der Gitterstäbe, oder das Graben eines Tunnels mit einem Löffel gehörten anscheinend der Vergangenheit an.

Aus unserem Zellentrakt, der durch Stahltüren von anderen Gebäudeteilen abgeriegelt war, versammelten sich ungefähr 40 Häftlinge für den Spaziergang. Das Wachpersonal schloss die Tür zum Treppenhaus auf. Die Gefangenen wurden abgezählt und hinunter in den Innenhof geführt. Dort erwartete mich eine große Enttäuschung. Der Hof war vollständig von vierstöckigen Gebäuden umgeben. Drei Seiten bildete das Gefängnis, die andere Seite war das Gerichtsgebäude, welches zusätzlich durch einen hohen Zaun gesichert wurde. In der Mitte befand sich ein Wachturm, der den Beamten den Blick in die vier durch Bretterwände abgeteilten Partiellen ermöglichte. Wir wurden auf zwei Partiellen verteilt, die eine Größe von jeweils 60 bis 80 Quadratmeter auswiesen. In dem abgeschirmten Mini-Hof drehte ich mich buchstäblich mit 20 anderen Häftlingen im Kreis. Mit einem Spaziergang war das beim besten Willen nicht vergleichbar. Die meisten Gefangenen standen an der Bretter-wand, rauchten - was sonst - und schrien Informationen an die Mithäftlinge, die durch die Fenstergitter der zahlreichen Zellen in den Hof blickten. Durch den hohen Anteil ausländischer Staatsbürger war kaum ein deutsches Wort zu hören. Ich hatte den Eindruck, in einem osteuropäischen Gefangenenlager zu sein.

Als ich die Enttäuschung einigermaßen verarbeitet hatte, zog die Seite des Gerichtsgebäudes meine Aufmerksamkeit auf sich. Die Fenster der beiden unteren Stockwerke des historischen Baus waren vergittert, während die darüber liegenden Etagen durch freie Fenster Zugang boten. „Ist das der Weg in die ersehnte Freiheit?", fragte ich mich. Allerdings schien der Weg bis zum Fenster zunächst völlig unbezwingbar zu sein. Ich wollte mir darüber weitere Gedanken machen und bei den folgenden Spaziergängen dazu genauere Beobachtungen anstellen. Schnell war die knappe Stunde in frischer Luft zu Ende. Ein Polizist sperrte die Tür der Holz- und Gitterwand auf. Gemeinsam mit den Häftlingen der anderen Partiellen wurden wir durch das Treppenhaus zu unserem Zellentrakt geführt.

Schwere Stahltüren sicherten den Weg dorthin. Leicht war zu erkennen, dass es hier sicherlich keine Fluchtmöglichkeit gab. Schnell wurde die Vollzähligkeit in den Zellen überprüft. Danach verriegelte man uns wieder.

Am späten Nachmittag brachte mich ein Beamter zu einem Untersuchungsrichter. Der sollte feststellen, ob eine weitere Inhaftierung gerechtfertigt sein würde. Meine Zellengenossen hatten mir vorher bereits erklärt, dass es sich dabei um eine reine Formsache handeln würde. Ich sollte mir deshalb keine Hoffnung auf eine Entlassung machen. Bei meinen vielen Reisen und internationalen Tätigkeiten würde die Untersuchungshaft sehr viel Zeit in Anspruch nehmen, führten sie weiter aus.

Der Richter, der durch eine dicke Glasscheibe in dem kleinen Besprechungszimmer von mir getrennt war, überprüfte meine Personalien. Danach bestätigte er mir mit einem Formular, dass eine weitere Inhaftierung völlig berechtigt sei. Das wurde mit drei Punkten begründet: Fluchtgefahr, Verdunkelungsgefahr, Tatbegehungsgefahr. Das war die vorgedruckte Standardbegründung, gültig für alle Untersuchungshäftlinge.

Nach wenigen Minuten holte mich ein Beamter ab und führte mich zurück in die Zelle. Wir benutzten einen Aufzug, um in den vierten Stock zu gelangen. Die gesamten Gänge wurden von Kameras überwacht und Stahltüren, die der Beamte aufsperrte, riegelten einzelne Bereiche des Gebäudes ab. Ich beobachtete die Ausrüstung des Bediensteten genauer. An seinem Gürtel waren Pfefferspray, Handschuhe und Handschellen befestigt. Eine Schusswaffe trug er nicht. Selbstverständlich war die Gefahr viel zu groß, dass Häftlinge sie ihm gewaltsam abnehmen würden, um sie gegen ihn zu verwenden. Als wir wieder in meinen Zellenbereich kamen, bestätigte der Polizist im Büro des Wachpersonals meine Rückkehr. Daraufhin brachte mich ein anderer Beamter zu meiner Zelle. Alle Wege der Gefangenen werden genau registriert und selbstverständlich vom Wachpersonal begleitet. Ich konnte dabei keinen Schwachpunkt für eine mögliche Flucht erkennen. „Wird sich das am kommenden Freitag ändern?", fragte ich mich.

Für diesen Tag wurde, als Alternative zum allmorgendlichen Gang in den winzigen Gefängnishof, der Besuch eines Gottesdienstes angeboten. Irgendwie hegte ich damit große Hoffnungen, einen Weg in die Freiheit zu finden. Ich meldete mich mit zwei weiteren Häftlingen für den Gottesdienst an. Fünf Beamte führten uns in den kirchlichen Raum, der sich im obersten Stockwerk der Haftanstalt befand. Sie setzten sich in die letzte Reihe und nahmen an der Messe teil. Damit waren wir sehr gut bewacht. Außerdem bot der hohe Raum, der nur im obersten Bereich über Fenster verfügte, absolut keine Fluchtmöglichkeit. Trotz der Enttäuschung genoss ich die kurze Zeit außerhalb der Zelle. Ich erfreute mich an den frischen Blumen und konnte ein paar Minuten dem zermürbenden Gefängnisalltag entfliehen. Die kommende Woche sollte Überraschungen bringen!

Ein Schreiben der Justiz kündigte den Besuch meiner Pflichtverteidigerin an. Der Name der Dame war meinen Zellengenossen durch ihren Ehemann ein Begriff. Den hatte mir Hans bereits als Staranwalt in Sachen Strafverteidigung empfohlen. Er war sein auserwählter Verteidiger, unter dessen Honorarforderungen er heftig stöhnte. Auch Harry kannte den Anwalt persönlich. Er bezeichnete ihn als geldgierigen Abzocker, der sich durch einen Rechtsfall, den er für eine namhafte Firma glücklich gewonnen hatte, mit Lorbeeren schmückte.

Die Zukunft sollte zeigen, wer von den beiden Recht hatte. Auf jeden Fall war es ein Hoffnungsschimmer für mich.

Nach ein paar Tagen war es so weit. Ein Beamter holte mich zum Gespräch mit meiner Pflichtverteidigerin ab. Gemeinsam mit anderen Häftlingen brachte er mich in das Erdgeschoss. Dort wurden wir in einem winzigen, völlig überfüllten Warteraum zusammengepfercht. Trotz der Hitze und des Rauchverbots qualmten auch hier die meisten Häftlinge. Die Luft war zum Schneiden und ich wurde wütend über die Gleichgültigkeit der Beamten. Ich stellte mich direkt an die Tür, um hin und wieder beim Öffnen einen frischen Luftzug zu erhalten. Nach über einer Stunde wurde ich endlich aufgerufen.

In der kleinen Besprechungskammer saß ein eleganter Herr hinter der dicken Scheibe. Er rauchte einen Zigarillo. Anscheinend war ich der einzige Nichtraucher in der gesamten Strafanstalt. Er stellte sich kurz als der Ehegatte meiner angekündigten Pflichtverteidigerin vor. Er teilte mir mit, dass seine Frau ein anderes Fachgebiet betreut, während er alle Strafsachen bearbeiten würde. Meine Ausführungen zu den Vorwürfen schienen ihn wenig zu interessieren. Unverblümt fragt er mich, wie es mit einer möglichen Honorarzahlung aussehen würde. Die Frage überraschte mich, da er doch mein Pflichtverteidiger war. Er ergänzte, dass er bei einer Bezahlung wesentlich mehr für mich tun könnte. Darüber hinausgehend würde auch die Möglichkeit bestehen, mit der Einzahlung einer Kaution die Haftanstalt schnell wieder zu verlassen. Das hörte sich sehr gut an! Ich schöpfte Hoffnung!

Ich entgegnete, dass ich dafür Geld von meinen Konten in der Schweiz verwenden könnte und fragte ihn nach der Höhe der Kaution. Er antwortete, dass ich mit 40.000 bis 50.000 Euro rechnen müsse. Die genaue Summe würde er mit der Untersuchungshaftrichterin aushandeln. Er fügte hinzu, dass die Justiz bereits die Sperre meiner Konten veranlasst hatte. Das machte meine Hoffnungen auf eine scheinbar greifbare Freiheit schnell wieder zunichte. Mit den Worten: „Ich solle mir darüber Gedanken machen!", reichte er mir zur Verabschiedung seine Hand durch eine schmale Öffnung der Glasscheibe. Danach wartete ich erneut eine Ewigkeit in einer verrauchten Kammer auf einen Beamten, der mich zurück in die Zelle brachte.

Dort warteten meine Leidensgenossen schon mit Spannung auf meine Berichterstattung. Harry meinte, dass eine Freilassung auf Kaution sehr selten erfolgen würde. Allerdings sei die damit erweckte Hoffnung ein sehr geschickter Schachzug des Anwalts, um zu erfahren, ob ich über das Geld für eine Honorarzahlung verfügen würde. Denn wenn ich die Kaution aufbringen würde, könnte ich natürlich auch ein Honorar an den Anwalt bezahlen. Das leuchtete mir ein! Damit bremste er meine diesbezüglichen Hoffnungen ein wenig. Hans schien etwas geknickt, dass ich den Anwalt, den er mir empfohlen hatte, und den er teuer bezahlen musste, als Pflichtverteidiger gestellt bekam.

Ein zweiter Besuch hatte sich angekündigt. Meine Freundin, für mich bereits meine Ex-Freundin, war von einer Sozialhelferin der Haftanstalt über meinen Aufenthaltsort informiert worden. Erneut brachte mich in dieser Woche ein Beamter in das Erdgeschoss. Es erwartete mich die gleiche ungesunde, Rauch intensive Warteprozedur wie bei meinem Anwaltstermin. Daran sollte sich auch in Zukunft nichts ändern, obwohl deutliche Zeichen für das bestehende Rauchverbot angebracht waren.

Ein Polizist rief mich in den Besucherraum. Dort saßen ungefähr zehn Häftlinge in einer Reihe vor einer gepanzerten Scheibe. Sie unterhielten sich per Telefon mit ihren Besuchern auf der anderen Seite. Ich nahm skeptisch den mir zugewiesenen Platz ein. Gegenüber saß bereits eine mir unbekannte Person, die das Gespräch mithören sollte. Der Mitarbeiter der Justiz machte mich darauf aufmerksam, dass ich nichts über meinen Fall erzählen dürfte, ansonsten müsse er das Gespräch sofort abschalten.

Meine Freundin näherte sich bedächtig der Glasscheibe. Ich war emotional sehr berührt, vor allem bezüglich der traurigen Umstände unseres Wiedersehens. Es waren ungefähr zwei Wochen seit meiner Festnahme vergangen. Die Gesprächszeit betrug 15 Minuten. Sie fragte mich, ob ich einen Anwalt benötigen würde. Ich verneinte mit dem Hinweis auf meine Pflichtverteidigung. Ich wollte sie weder mit den Kosten für einen Anwalt, noch mit dem zeitlichen Aufwand dafür belasten. Die kurze Zeit der schwierigen Unterhaltung war schnell um. Dafür hatte sie ein paar Stunden warten müssen. Ein Beamter forderte mich auf, die wenigen Schritte zum Warteraum zu gehen. Deprimierte setzte ich mich auf die Holzbank. Solche Begegnungen wollte ich ihr und mir in Zukunft ersparen.

Ich nahm mir vor, ihr einen Brief zur Beendigung unserer Beziehung zu schreiben. Als ich wieder in meine Zelle kam, setzte ich mein Vorhaben sofort in die Tat um. Hans machte mich darauf aufmerksam, dass ein Brief mindestens vier Wochen benötigen würde, um die Haftanstalt letztendlich zu verlassen. Die für die Postweiterleitung zuständigen Beamten lesen aus Neugier alle Briefe. Danach werden sie dem Gericht weitergeleitet. Dort wird die gesamte Post auf mögliche Hinweise zu den vorgeworfenen Delikten überprüft und kopiert. Erst danach verschickt man die Briefe, oder manche werden einfach vernichtet und verlassen somit niemals das Gefängnis. Letzteres trifft vor allem auf "unangenehme Post" für die Justizanstalt zu, wie zum Beispiel bei Beschwerden.

Als am nächsten Morgen die Tür geöffnet wurde, gab ich den Brief der zuständigen Person, ein Mithäftling, der für die administrativen Angelegenheiten unseres Zellentrakts zuständig war. Gleichzeitig brachte der Essenswagen das Frühstück. Es bestand lediglich aus Früchtetee und einer Kaffee-ähnlichen Brühe. Zu essen gab es leider nichts.

„Vielleicht handelt es sich dabei um Sparmaßnahmen der österreichischen Regierung, die jeden Euro zur Rettung ihrer maroden Gewerkschaftsbank benötigt", dachte ich ein wenig selbstironisch. Die Verflechtung mit Herren und Damen der Politik hätte weitere große Skandale aufdecken können, die man kurz vor den Wahlen nicht gebrauchen konnte. In einer meiner schlaflosen Nächte kam mir die Idee, über die Finanzwelt ein Buch zu schreiben. Deutlich sah ich das Design des Buches vor mir. Darin sollte auch dieser Finanzskandal umrissen werden.

Sofort am Morgen begann ich mit dem Zeichnen der Buchvorderseite. Die Schreibtätigkeit war nicht einfach, da der Fernseher ununterbrochen lief. Speziell die lautstarken Werbespots raubten mir die Konzentration. Die kleinen Tische belegten die rauchenden und Zigaretten drehenden Häftlinge. So konnte ich meine Arbeit nur auf dem Bett bewerkstelligen. Zudem machte mir der Rauch in der Zelle mehr und mehr zu schaffen. Zeitweise tränten mir die Augen.

Fünf Wochen waren seit meiner Verhaftung vergangen, als endlich meine Beschwerden über den belastenden Zustand erhört wurden. Der Leiter unseres Gefängnisblocks holte mich, sehr zur Überraschung meiner Mitbewohner, für ein kurzes Gespräch aus der Zelle. Er zeigte für meine Situation Verständnis und bot mir die sofortige Verlegung in eine Einzelzelle an. Aufgrund der Überfüllung des Gefängnisses wurden diese fast immer mit zwei Häftlingen belegt. Doch zunächst würde ich dort alleine sein, versprach mir die Führungskraft. Das klang sehr gut! Ich stimmte sofort zu.

Zurück in meiner Zelle berichtete ich von der Neuigkeit. Harry und Michi, die beiden begleiteten mich seit meiner Einlieferung, während die anderen durch neue, ständig wechselnde Insassen ersetzt wurden, rieten mir von der Verlegung ab. Die enge Zelle würde mich wahnsinnig machen. Außerdem bestünde die Gefahr, dass ich sehr schnell eine unangenehme Person hinzu bekommen würde. So lauteten ihre Argumente. Es freute mich, dass sie besorgt um mich waren; doch ich wollte auf jeden Fall die Chance auf eine Rauch freie Zeit ohne störenden Fernseher nutzen. Vielleicht konnte ich dort sogar eine Fluchtmöglichkeit entdecken!

Ich packte meine wenigen Sachen zusammen. Kurz danach holte mich ein Beamter ab und brachte mich in die winzige Zelle im gleichen Trakt. Nach einiger Putzarbeit war mein neues Zuhause im hygienisch sauberen Zustand. Der große räumliche Unterschied zur vorherigen Zelle, die teilweise mit acht Personen belegt war, machte mir tatsächlich erheblich zu schaffen. Das sollte sich in gelegentliche Zustände der Platzangst steigern. Ich öffnete das Fenster und blickte durch die doppelte Gitterreihe in den kleinen Gefängnishof, den ich von den morgendlichen Spaziergängen kannte. Damit konnte ich jetzt auch auf das Gerichtsgebäude blicken, deren obere, nicht vergitterten Fenster nach wie vor meine Fantasie anregten. Das Gebäude war mit Verzierungen und Mauervorsprüngen versehen, die eine Klettertour zu diesen Fenstern in den Bereich des Möglichen rückten. Fasziniert malte ich mir bereits den Weg aus. „Doch wie kann ich unbemerkt von den Beamten zu der Fassade gelangen?" Außerdem galt es noch den ungefähr zehn Meter hohen, am oberen Ende mit Stacheldraht gesicherten Zaun zu überwinden. Auf jeden Fall bot mir die neue Zelle die Möglichkeit, die Abläufe im Gefängnishof genau zu beobachten.

Die Rauch freie Luft tat gut, und außerdem ging es mit meinem Buchentwurf gut voran. Ohne Fernseher konnte ich mich wesentlich besser konzentrieren. Es störte lediglich das Geschrei der Häftlinge im Innenhof und aus den umliegenden Fenstern. Nur hin und wieder unterbrachen die Beamten im Wachturm den lautstarken Austausch von Informationen. Selbst nachts beschimpften sich die Gefangenen mit übelsten Ausdrücken durch die geöffneten Fenster. „Hoffentlich ergibt sich bald eine Möglichkeit dem Wahnsinn zu entrinnen!", flehte ich.

Ich studierte die Arbeit des Wachpersonals im Hof. Täglich, gegen 10:30 Uhr, verließ die letzte Runde der Spaziergänger den winzigen Platz unter freien Himmel. Es folgte die Pause für das Mittagessen bis ungefähr 12:30 Uhr. Auch die Beamten im Wachturm trugen keine Schusswaffen. Ab 14:30 Uhr war der Hof bis zum nächsten Morgen leer. Das gesamte Wachpersonal wurde am Nachmittag erheblich reduziert. Sämtliche Aktivitäten, z. B.: Termine mit Anwälten, Besuchern und Ärzten wurden, bis auf sehr wenige Ausnahmen, eingestellt. Die schweren, gut verriegelten Eisentüren sorgten für eine sichere Verwahrung der Gefangenen. Zusätzlich wurden die Gänge und Höfe mit Kameras überwacht. Im Eingangsbereich befand sich, wie Harry aus eigener Erfahrung wusste, ein schwer bewaffneter Bereitschaftsdienst. Bei Notfällen, wie zum Beispiel Raufereien in der Zelle, kann dieser mit einem Klingelknopf, der sich in jeder Zelle befand, gerufen werden. Harry hatte berichtet, dass er das einmal miterleben musste:

Die athletischen Herren in Kampfanzügen mit Schildern, Schlagstöcken und anderen Ausrüstungsgegenständen bestückt, hatten zunächst eine Tränengasbombe in die Zelle geworfen. Danach stürmten sie in die Zelle und sorgten mit harten Methoden für Ruhe. Anschließend wurden die Streithähne in sogenannte Bunkerzellen gebracht. Dort verbrachten sie einige Zeit in Einzelhaft, unter erschwerten Bedingungen.

Damit konnte ich mir ein Bild davon machen, was bei einer gescheiterten Flucht passieren würde. Allerdings war mein Freiheitsdrang mittlerweile so groß, dass ich bereit war, das Risiko einer ordentlichen Tracht Prügel durch die Sicherheitsbeamten auf mich zu nehmen. Die zu erwartende verschärfte Einzelhaft bereitete mir keine Sorge, da ich diese jetzt bereits hatte.

Jeweils am Wochenende wechselte die Zeit für unseren einstündigen Aufenthalt im Gefängnishof. Damit waren wir die Letzten, die vor dem Mittagessen ihre Runden drehten. Das ermöglichte mir die folgende Planung: „Ich würde am Ende des Spaziergangs einfach im Hof bleiben. Die Beamten würden aus dem Wachturm kommen, um die vier Partiellen zu öffnen. Dabei kontrollierten sie selten, ob auch wirklich alle Gefangenen die Partielle verlassen haben. Danach würden sie die Häftlinge zurück in den vierten Stock bringen, um sie wieder in ihren Zellen zu verriegeln. Das dauerte ein paar Minuten. Danach würden sie die Vollzähligkeit in den Zellen überprüfen. Ich könnte die Zeit bis dahin nutzen, um zum Fenster des Gerichtsgebäudes zu klettern. Zuerst müsste ich über die Holzwand der Partielle steigen. Die wäre bei einer Höhe von ungefähr 2,50 Metern überwindbar. Der hohe Zaun vor der Fassade war oben mit Stacheldraht gesichert, und damit nicht zu überklettern. Jedoch könnte ich sicherlich den Zaun vom Boden ein kleines Stück nach oben ziehen, um darunter auf die andere Seite zu schlüpfen. Dann waren es nur noch wenige Meter bis zum Gebäude. Im unteren Bereich des Zaunes war erstaunlicherweise keine zusätzliche Sicherung erkennbar. Anschließend würde ich über einen kleinen Gebäudevorsprung zum Fenster des erhöhten Erdgeschosses steigen. Über die massiven Gitterstäbe könnte ich zum Mauervorsprung im ersten Stock klettern. Dort würde ich erneut die eiserne Sicherung der Fenster als Hilfe nutzen, um zum zweiten Stock zu gelangen. Auch der verfügt über einen kleinen Vorsprung, an dem ich mich nach oben ziehen könnte. Damit wären die ersten nicht vergitterten Fenster des Gerichtsgebäudes erreicht. Durch die sommerliche Hitze stand oftmals eines der Fenster offen. Falls nicht, müsste ich eine Scheibe einschlagen. Durch die hohen Räume und das erhöhte Erdgeschoss wäre die Klettertour auf ungefähr zehn Meter Höhe ziemlich anstrengend. Darüber hinausgehend könnte ein Ausrutscher tödlich sein. Würde die Zeit bis zur Überprüfung der Vollzähligkeit in den Zellen für das Vorhaben ausreichen? Würden die Häftlinge, die den Vorgang beobachten konnten, Alarm schlagen, oder durch Anfeuerungs- rufe die Aufmerksamkeit der Beamten hervorrufen? Würde meine Kraft für diese Extremsituation ausreichen? Wie würde es im Gerichtsgebäude weitergehen?" Viele Fragen sorgten bereits bei der gedanklichen Flucht für die Erhöhung meines Puls- schlags.

Auf jeden Fall musste ich meine Fitness verbessern! Seit meiner Festnahme waren mittlerweile fast zwei Monate vergangen. Das hatte meine Kondition erheblich verringert. Mit einem Besen- stiel hatte ich mir zwar eine Klimmzugstange gefertigt, und auch das wiederholte Praktizieren von Liegestützen sorgte für den Erhalt meiner Kräfte, jedoch fehlte das Ausdauertraining. Ich beschloss, mindestens drei- bis viermal in der Woche eine Stunde auf der Stelle zu laufen. Andere Möglichkeiten gab es in der engen Zelle nicht. Zum Glück hatte ich meine Joggingschuhe und Trainingskleidung zur Verfügung. Am nächsten Tag begann ich mit dem schweißtreibenden Training.

Täglich schrieb ich an dem Finanzbuch. Es machte gute Fortschritte und lenkte mich vom zermürbenden Warten auf den Prozess ab. Inzwischen hatte ich drei Blöcke gefüllt. „Wie würde ich die umfangreiche Arbeit bei einem Fluchtversuch mitnehmen?", fragte ich mich. Ich wollte sie keinesfalls der Justiz überlassen. Doch bei dem Fluchtversuch durch eine Klettertour in das Gerichtsgebäude wären die Unterlagen äußerst hinderlich. Die Sache würde bereits ohne den Ballast schwer genug werden.

Somit blieb nur die Möglichkeit, den Prozesstag abzuwarten. Dabei könnte ich das Material sicherlich einer Person übergeben. „Doch wie lange würden die Untersuchungen noch dauern?", fragte ich mich ungeduldig. Zahlreiche, nicht beantwortete Beschwerdebriefe hatte ich inzwischen an die zuständige Untersuchungshaftrichterin geschickt. Mein Pflichtverteidiger fragte mich nach wie vor nach seinem Honorar. Er hatte mich inzwischen sogar eine Honorarvereinbarung unterschreiben lassen, falls ich durch eine Kautionszahlung in Freiheit kommen sollte.

Ich verfügte in der Zelle über drei eigene Bücher, die ich bei meiner Festnahme in die Tasche packen ließ: Ein Meditationsbuch, ein Buch über positive Lebensenergie und ein Spanisch-Englisch-Wörterbuch. Große Hoffnungen setzte ich in die Meditationsübungen eines ehemaligen indischen Sektenführers, der in erster Linie durch seinen großen Reichtum bekannt wurde. Jetzt konnte ich sie gut gebrauchen und ich verfügte über genügend Zeit, sie sorgfältig auszuprobieren. Doch es tat sich nichts, absolut gar nichts! Wie ein angeschossener Löwe ging ich die paar Schritte in meiner winzigen Zelle auf und ab. Genauso wenig wie ich durch Wände gehen konnte, war ich auch nicht in der Lage, Erfolge mit den Meditationsübungen zu erzielen. Vielleicht war meine Zeit der Meditation noch nicht gekommen. Denn selbstverständlich gibt es auch sehr gute und sinnvolle Meditationsübungen.

Mit dem Buch über positive Lebensenergien hatte ich mich bereits vor meiner Verhaftung beschäftigt. Positive Gedanken würden positive Ereignisse anziehen. Das war die Haupt-philosophie der Autorin. Sicherlich ist das kein verkehrter Grundsatz. Doch zunächst einmal hatte es keinen Erfolg gebracht, da ich nach intensiver Beschäftigung mit dem Buch festgenommen wurde. Vielleicht war das ja erforderlich, um den Weg für später in ein wirklich positives Leben zu ebnen. Oft muss erst einmal der gesamte Müll aus unserem Leben entfernt werden, damit Platz für neue gute Dinge entstehen kann. So wie bei manchen das schöne neue Auto draußen im Regen steht, weil die Garage voller alter, unnötiger Sachen ist. Ein Ent-rümpeln würde da wirklich helfen. Oft klammern wir uns an Dinge, Gegebenheiten und Personen, die einer positiven Lebensentwicklung im Wege stehen. Das wollte ich in Zukunft auf jeden Fall vermeiden.

Als ich gegen 24 Uhr endlich eingeschlafen war, wurde mit einem lauten Schlag plötzlich meine Zellentür entriegelt. Ein Beamter im schwarzen Kampfanzug schaltete das grelle Neonlicht ein. Sofort war ich hellwach und sprang von meinem Stockbett. Ein älterer Herr, dessen äußerst übler Geruch mir entgegenschlug, betrat mit Bettzeug und Essgeschirr meine Zelle, die sofort wieder kommentarlos geschlossen wurde. Als der unfreiwillige Eindringling bemerkte, dass ich über seinen Gestank sehr verärgert war, erklärte er mir die Umstände dafür. Eine Woche lang hätte er sich angeblich auf der Flucht vor der Polizei befunden und konnte sich daher nicht waschen. Ich öffnete das Fenster, das ich trotz der Hitze wegen der lärmenden Häftlinge geschlossen hatte. Selbst das brachte keine Linderung. Ich gab ihm als deutliches Zeichen mein Shampoo.

Als er aus dem WC zurückkam, fragte ich ihn nach dem Grund seiner Verhaftung. Schließlich wollte ich jetzt auch wissen, mit wem ich die enge Gruft teilen musste. Das hatte ich in der vorherigen Zelle gelernt. Er zögerte mit seiner Antwort. Das ließ nichts Gutes vermuten! Schließlich erklärte er, dass er acht- bis zehnjährigen Kindern Pornofilme gezeigt hatte. Weitere Ausführungen ersparte er sich und mir. Die Eltern der Kinder hätten ihn deshalb angezeigt. Zudem habe er von einem Familienmitglied einen heftigen Faustschlag einstecken müssen. Das konnte ich durchaus verstehen, auch wenn ich bislang keine eigenen Kinder hatte.

Er gab zu, dass er schon häufiger wegen sexueller Delikte die Strafanstalt aufsuchen musste. Das bereitete mir einiges an Kopfzerbrechen. Ich hatte zwar keine Angst vor körperlichen Übergriffen, jedoch wollte ich damit nichts zu tun haben - schon gar nicht in einer so engen Gemeinschaft. Ich war froh, als nach den schlaflosen Stunden um 6 Uhr das Neonlicht eingeschaltet wurde. Als der immer noch stinkende Mitbewohner aufwachte, teilte ich ihm mit, dass er beim Öffnen der Zellentür, gegen 7 Uhr, sofort die Zelle verlassen müsse. Ich forderte ihn auf, gleich mit dem Zusammenpacken seines Bettzeugs zu beginnen. Das tat er auch, ohne Fragen zu stellen.

Glücklicherweise hatte mir Harry erklärt, dass man unangenehme Zellengenossen am besten sofort aus der Zelle schickt. Das funktioniert natürlich nur, wenn man Autorität über die entsprechende Person geltend machen kann.

Bereits vor 7 Uhr stand der Sexualverbrecher mit seinen Sachen an der Eisentür. Als diese geöffnet wurde, ging er hinaus. Sofort forderte ihn das Wachpersonal auf, zurück in die Zelle zu gehen. Ich schaltete mich in das Gespräch ein und sagte dem Beamten, dass ich mit dieser Person keinesfalls die Zelle teilen werde. Daraufhin mischte sich der anwesende Leiter unseres Zellentrakts in die ausufernde Diskussion ein. Er kannte die Akte seines nächtlichen Neuzugangs bereits und sicherte mir eine schnelle Lösung des Problems zu. Noch vor dem Mittagessen holte ein Beamter den Eindringling ab. Ich war froh, dass dieser Kelch an mir vorüberging. Allerdings hinterließ die übelriechende nächtliche Überraschung seine Spuren bei mir. Ständig hatte ich das Gefühl, dass erneut ein unangenehmer Besuch drohen würde.

Ungefähr zehn Tage später, nachmittags gegen 16 Uhr, schien sich meine Befürchtung zu bestätigen. Wieder wurde die Tür entriegelt - eine ungewöhnliche Zeit. Das bedeutete erneut nichts Gutes! Wieder stand ein Polizist im schwarzen Kampfanzug vor mir. Ein hochgewachsener, hagerer Mann stand neben ihm. Er war ordentlich gekleidet und machte einen sauberen Eindruck. Markus, wie mein Zellengenosse sich vorstellte, war einer der wenigen österreichischen Häftlinge, und überhaupt einer der Wenigen, die eine Haftstrafe in dem Gefängnis verbüßen sollten.

Normalerweise beantragen die Gefangenen nach dem Prozess eine sofortige Überstellung in ein Strafgefängnis. Dort sind angeblich die Bedingungen wesentlich besser als in einem Untersuchungsgefängnis. Doch Markus musste nur zwei Monate absitzen und hatte aufgrund der günstigen Innenstadtlage das Gefängnis beantragt. Es erleichterte die Besuchsmöglichkeiten seiner Lebensgefährtin.

Mittlerweile war ich zwei Monate und eine Woche in der Justizanstalt. Es kam mir wie eine Ewigkeit vor. Vor allem die

Ungewissheit, wie lange es noch dauern würde, machte mir sehr zu schaffen.

Es ist ungefähr so, als würden Sie im winzigen Wartezimmer eines Arztes sitzen und auf ihre Diagnose warten. Sie sehen wie andere Patienten kommen und gehen. Die alten Zeitungen und Magazine haben Sie schon zum fünften Mal in die Hand genommen, um sich ein wenig abzulenken. Doch Sie warten und warten! Die Zeit scheint eingefroren zu sein! Der Arzt informiert Sie nicht, wie lange es voraussichtlich noch dauern wird. Sie wissen, was es heißt zwei Stunden auf die Visite zu warten. Man wird ziemlich ärgerlich! Jetzt stellen Sie sich vor, monatelang zu warten, ohne das Zimmer verlassen zu können.

Im Gegensatz zu mir, wusste Markus seinen genauen Ent-lassungstermin. Außerdem kannte er durch mehrere vorherige Aufenthalte die Prozedur sehr gut. Er war nur wenige Monate älter als ich und hatte insgesamt vier Jahre in Haftanstalten verbracht. Drogenbesitz und Körperverletzungen waren die angeblichen Gründe dafür. Die Drogen, sein Hauptproblem seit vielen Jahren, hatten ihm die erneute Haftstrafe eingebracht. Kokain und Heroin hinterließen ihre körperlichen Spuren. Seine Konzentrationsfähigkeit war erheblich beeinträchtigt. Natürlich rauchte er. Doch im Gegensatz zu anderen Häftlingen war er rücksichtsvoll, reduzierte seinen Konsum erheblich und rauchte nur am offenen Fenster. Er verfügte über eine abgeschlossene Berufsausbildung und war ein angenehmer Gesprächspartner, der mich aus meinen Phasen der Frustration hin und wieder herausholte.

Außerdem verbesserten seine Kenntnisse und Kontakte im Gefängnis meine Lebensqualität ein wenig. Bereits am nächsten Tag organisierte er von einem ihm bekannten Mithäftling unseres Zellentrakts Kaffee. Diesen Luxus hatte ich mir bislang nicht gegönnt. Das heiße Wasser aus der Leitung in der Toilette reichte aus, um den löslichen Kaffee zuzubereiten. Ja, hier lernte ich kleinste Annehmlichkeiten zu schätzen.

Ich erfuhr einiges über die fatalen Auswirkungen von Drogen. Allerdings konnte ich nicht nachvollziehen, warum so viele Menschen auf die trügerischen Substanzen hereinfallen. Ich schätzte, dass bei der Hälfte der Gefangenen direkt oder indirekt, d. h. durch Beschaffungskriminalität, der Grund für ihre Verhaftung die verschiedenen illegalen Drogen waren. Die Ex-Ehefrau von Markus war mit Drogen an einem Flughafen in Südamerika festgenommen worden. Dort verbüßte sie eine Haftstrafe von über sechs Jahren. Für mich ein Wunder, das zu überleben. Das zerstörte ihre Ehe und Markus trug die alleinige Verantwortung für die gemeinsame Tochter. Diese Berichte und meine eigenen Beobachtungen zeigten mir, warum man bei der Drogenabhängigkeit von einem Teufelskreis spricht.

In der Haftanstalt wurden die Drogenabhängigen mit Ersatz-drogen versorgt, um Entziehungserscheinungen zu vermeiden. Morgens und abends brachte das medizinische Personal die Substanzen, die am Abend aus Sicherheitsgründen durch eine kleine Klappe, die sich in der Zellentür befand, gereicht wurden. Selbstverständlich wurden die Ersatzdrogen im Gefängnis ge-handelt. Es bestand eine große Nachfrage dafür. Mich erstaunte, dass der Staat die Häftlinge mit Drogen versorgt, anstatt sie zu entwöhnen. Doch so manches in der Justizanstalt, die ich in meinen zahlreichen Briefen an die Richterschaft meist als Irrenanstalt bezeichnete, war für mich nicht zu verstehen.

Alkohol konnte man über die wöchentliche Bestellliste nicht kaufen, der musste von den Gefangenen selbst hergestellt werden. Sie kauften dazu Orangen, Zucker und Kanister. Der Gärungsprozess, der mit Zucker angesetzten Orangen, erzeugte ein alkoholhaltiges Getränk. Manche Häftlinge entwickelten diese Methode zu einer wahren Meisterleistung und sie konnten ihre produzierte Ware gewinnbringend verkaufen. Bezahlt wurde meist mit Kaffee, Zigaretten oder Briefmarken. So verbringt ein Teil der Häftlinge die Gefängniszeit im Delirium, die sich damit natürlich wesentlich leichter ertragen lässt.

Markus versorgte uns nicht nur mit Kaffee. Er organisierte von der gegenüberliegenden Zelle auch Tageszeitungen. Damit verfügten wir u. a. über Informationen zum österreichischen Wahlkampf. Der amtierende Bundeskanzler, der sich in seinem Hochmut als Napoleon Bonaparte auf einem Plakat darstellen ließ, verlor mehr und mehr an Boden. Ein pressewirksamer Skandal, der durch eine moralisch sehr fragwürdige und peinliche Werbekampagne zum halbjährigen EU-Vorsitz von Österreich verursacht wurde, schädigte zusätzlich das Image des "Möchtegern-Kaisers". Man fragte sich, ob die Politiker noch Herr ihrer Sinne sind.

Außerdem sollte die Haftanstalt einen prominenten Neuzugang erhalten. Der Ex-Vorstandsvorsitzende der skandalösen Gewerk-schaftsbank war in Frankreich festgenommen worden. Es wurde über die Auslieferung nach Wien verhandelt. Jedoch setzte die Kautionszahlung in Höhe von einer Million Euro, durch einen Freund des Angeklagten getätigt, diesen wieder auf freien Fuß. Meine Hoffnungen, die Freiheit per Kaution zurückzuerhalten, hatten sich dagegen in Luft aufgelöst. Die Richterin hatte mich informiert, dass die Fluchtgefahr dem Anliegen im Wege stehen würde. Mein Pflichtverteidiger wusste das bereits seit längerer Zeit. Er hatte somit tatsächlich diese Finte nur verwendet, um ein Honorar von mir fordern zu können. Selbstverständlich würde er nicht leer ausgehen. Der Staat musste sein Honorar begleichen. Ich war darüber sehr verärgert und schrieb an die

Untersuchungshaftrichterin, dass ich mit dem Anwalt nichts mehr zu tun haben will. Sie sicherte mir schriftlich zu, dass ich einen anderen Pflichtverteidiger erhalten würde.

Erstaunlicherweise sollte das ausgerechnet die ursprünglich vorgesehene Ehefrau des Anwalts sein, die jetzt natürlich auch meinen Beschwerdebrief über ihren Gatten in den Unterlagen hatte. Außerdem hatte mir dieser ja bereits in unserem ersten Gespräch mitgeteilt, dass die Strafverteidigung nicht ihr Fachgebiet sei. Ich war gespannt, was da auf mich zukommen würde!

So beschloss ich, mir selbst ein Bild von der Rechtslage meines Falles zu machen. Dazu lieh ich mir ein Strafgesetzbuch aus. Das war über den Leiter des Zellentraktes möglich. Die Paragrafen waren darin verständlich verfasst. Zudem verfügte ich durch meinen beruflichen Werdegang über juristische Grundkenntnisse. Nach dem Studium der Gesetze bastelte ich mir eine Strategie zurecht, die auf einen Freispruch hinauslaufen sollte. Ich notierte mir die entsprechenden Paragrafen und bezog sie auf meinen Fall. Damit war ich für das Gespräch mit meiner neuen Pflichtverteidigerin gut vorbereitet.

Meine zahlreichen Beschwerdebriefe, die mich inzwischen beim Wachpersonal und bei der Untersuchungshaftrichterin unbeliebt gemacht hatten, trugen jetzt endlich ihre Früchte. An einem Freitagnachmittag wurde meine Zellentür aufgeschlossen. Der Beamte sagte kurz angebunden: „Termin bei der Richterin!" Markus schaute mich erstaunt an. Normalerweise fanden um diese Zeit, kurz vor dem Wochenende, keine Gespräche mehr statt. Das konnte durchaus auf eine Entlassung hindeuten! In freudiger Erwartung folgte ich dem Polizisten in das Erdgeschoss. Die Wartekammern waren bereits leer. Schnell führte man mich in ein kleines Besprechungszimmer. Dort saß hinter der gepanzerten Scheibe die Richterin. Sie teilte mir mit, dass sie die Anklageschrift verfasst hatte - also keine Entlassung!

Jedoch war es ein Zeichen, dass mein Prozess in greifbare Nähe gerückt war. Sie ging die einzelnen Punkte des Schriftsatzes mit mir durch. Am Schluss ergänzte sie, dass ich mich zu keiner Schuld bekenne. Mit der Mitteilung, dass ich in der kommenden Woche den schriftlichen Termin meines Prozesses erhalten werde, verabschiedete sie sich in ihr Wochenende.

Immerhin ein Lichtblick, dass meine Gefängniszeit in Wien bald zu Ende sein würde. Kurzzeitig dachte ich über eine Beschwerde beim Europäischen Gerichtshof bezüglich meines Falles nach. Doch teilte man mir mit, dass ich dort mit einer Bearbeitungszeit von zehn Jahren rechnen müsse. Das war mir dann doch etwas zu lange, und es bestätigte meine Meinung über den zweifelhaften Nutzen der Behörden der EU. Darüber hinausgehend konnte ich das Ergebnis der schnellen und wenig vorbereiteten Osterweiterung der Europäischen Union hier im Gefängnis deutlich hören und sehen.

Der Bürger hat in der Praxis keine erkennbaren Vorteile von dem kostenintensiven EU-Zirkus, den die Politiker durch ausgedehnte Reisen und Besichtigungsprogramme genießen. Das habe ich in Wien miterlebt, als Österreich den halbjährlich wechselnden Vorsitz des EU-Parlamentes ausübte. Ständig waren Teile der Innenstadt für die Limousinen, der sich wichtig fühlenden Damen und Herren gesperrt, um einen schnellen Zugang zu den feudalen Tagungsräumen in verschiedenen Schlössern zu ermöglichen. Bis nach Salzburg reiste man im Rahmen des Mozartjahres. Danach wechselte die politische Tagungsgesellschaft nach Finnland. Brauchbare Ergebnisse gibt es bei den feudalen Zusammenkünften höchst selten.

Im Jahr 1957 wurden in Rom die vertraglichen Grundlagen für den Zusammenschluss europäischer Länder gelegt. Sechs Länder: Frankreich, Italien, Deutschland, Belgien, Luxemburg und Holland, stellten als Gründungsmitglieder die Weichen für ein neues Machtzentrum, bzw. einer kostenintensiven Super-Behörde.

Die Häftlinge aus den ehemals kommunistischen Ländern stellten die absolute Mehrheit im Gefängnis. Eine Tatsache, die aus fragwürdigen Gründen nicht gerne ausgesprochen und mit falschen Statistiken beschönigt wird. Besuchen Politiker oder Delegierte von internationalen Organisationen die Haftanstalt, um sich ein Bild von den Haftbedingungen und Häftlingen zu machen, werden ihnen speziell dafür vorgesehene Zellen gezeigt. Damit behängt sich die Gefängnisleitung mit Lorbeeren, die ihr nicht zustehen, und die Besucher kehren zufrieden in ihre Elfenbeintürme zurück.

Selten dringen Informationen über die wahren Zustände hinter den hohen Gefängnismauern an die Öffentlichkeit. Während meiner Zeit im Untersuchungsgefängnis erhielt ich Kenntnis darüber, dass ein Häftling aufgrund der Hitze eingegangen war, wie es ein Beamter menschenverachtend formulierte. Ein anderer Gefangener unseres Trakts hatte sich in seiner Zelle aufgehangen. Ein weiterer wurde Opfer seines Zellengenossen, der ihn mit dem Messer seines Essbestecks erstach. Drei Tote in drei Monaten: Hitzetod, Selbstmord, Mord. Und angeblich hatten einige Personen des Wachpersonals durch Drogenhandel, Körperverletzungen und Erpressung ein höheres inoffizielles Strafregister als die meisten Insassen. Doch das wurde geduldet und von Seiten der Justiz gedeckt. Es war an der Zeit für mich, die Irrenanstalt zu verlassen.

Gespannt wartete ich auf die Nachricht über meinen Prozess-termin. Die traf tatsächlich ein paar Tage später ein. Der Prozess wurde für den 18. Oktober 2006 angesetzt. Mir zog es förmlich den Boden unter den Füßen weg. Das bedeutete, weitere sechs Wochen in der Irrenanstalt. Ich wollte es nicht wahrhaben!

Die mit der Terminfestsetzung ausgehändigte Anklageschrift bestätigte, dass die Untersuchungen abgeschlossen waren. Gleichzeitig verdeutlichte die lange Zeit bis zum Prozess, dass ich nicht mit einem Freispruch rechnen durfte, denn der würde eine Entschädigungszahlung für eine unberechtigte Inhaftierung zur Folge haben. Das kommt in der Praxis so gut wie nie vor. Damit müsste die zu erwartende Haftstrafe mindestens die Dauer der Untersuchungshaft von vier Monaten abdecken. Das hatte bereits meine Pflichtverteidigerin erwähnt. Als meine enorme Wut darüber ein wenig verraucht war, schrieb ich einen Brief an die für den Prozess benannte Richterin. Ich beschwerte mich erneut über die katastrophalen Haftbedingungen in dem Gefangenenlager und forderte eine Vorverlegung des Verhand-lungstermins.

Nach ein paar Tagen ergab es sich, dass kurzfristig ein Gerichtstermin zur Überprüfung der Rechtmäßigkeit meiner fortgesetzten Untersuchungshaft angesetzt wurde. Als Räum-lichkeit für diese Verhandlung hatte man einen Gerichtssaal im angrenzenden Justizgebäude ausgewählt. Damit sollte ich das erste Mal seit meiner Einlieferung das streng gesicherte Unter-suchungsgefängnis verlassen. Das brachte sofort meine Flucht-gedanken wieder zum Blühen. Keinesfalls wollte ich mich mit dem frustrierenden Leben hinter Gittern abfinden. Ich nahm mir vor, wieder alles genau zu beobachten, um einen Schwachpunkt in diesem ausgeklügelten Sicherheitssystem zu finden.

Eine gute Woche später war es so weit. Ein Beamter holte mich für den Gerichtstermin ab. Wie immer, bei irgendwelchen Terminen, musste ich in einem winzigen verrauchten Warteraum Platz nehmen. Nach einer Weile kam ein anderer Polizist, um mich zum Gerichtssaal zu führen. Mehrere Beamte befanden sich in einem Raum, der sich im Übergangsbereich zum Justizgebäude befand. Dort wurden mir Handschellen angelegt. Eine Eisentür wurde aufgeschlossen und wir gingen durch einen Flur ungefähr 50 Meter bis zum Gerichtssaal. Ich blickte auf eine breite Glastür, die in ein Treppenhaus des Gebäudes führte. „Ist sie der Weg in die Freiheit?", fragte ich mich optimistisch. Hereinkommende Personen öffneten sie. Doch der hochgewachsene Polizist blieb dicht an meiner Seite. Zudem ist eine Flucht mit Handschellen von vornherein zum Scheitern verurteilt, zumindest wenn sie ohne Komplizen erfolgt.

Wir betraten den Saal, in dem bereits die Richterin, der Staatsanwalt und meine Pflichtverteidigerin saßen. Ich war überrascht über den großzügigen, eleganten und mit Besucherplätzen ausgestatteten Raum. Als ich zu Wort kam, äußerte ich sofort meinen Unmut über die endlose Untersuchungshaft, deren schlechte Bedingungen und die lange Wartezeit bis zur Hauptverhandlung. Ich führte aus, dass sechs Wochen schnell vergehen würden, wenn man sie mit ausgedehnten Spaziergängen in den herrlichen Weinbergen, oder mit anderen angenehmen Aktivitäten genießen kann. Ist man dagegen in diese Gruft eingemauert, werden sechs Wochen zur Ewigkeit. Das hatte bereits Albert Einstein mit seiner Relativitätstheorie unterstrichen.

Die Richterin erklärte, dass sie dafür nicht zuständig sei. Außerdem betonte sie, dass eine Entlassung bis zum Prozesstermin aufgrund der Fluchtgefahr nicht möglich sei. Sie fragte noch kurz, ob ich die Entscheidung der weiteren Inhaftierung akzeptieren würde. Meine Pflichtverteidigerin bestätigte durch ein Kopfnicken, dass ein Einspruch sinnlos wäre und nur weitere Zeit kosten würde. Somit akzeptierte ich wohl oder übel die fortzusetzende Inhaftierung. Zumindest kannte ich jetzt die Richterin persönlich, die in ein paar Wochen gemeinsam mit den Schöffen mein Urteil fällen würde.

Betrübt ging ich mit dem Beamten zurück in den gesicherten Bereich der Haftanstalt. Dort nahm er mir die Handschellen ab und brachte mich wieder in meine Zelle. Markus konnte an meinem finsteren Gesichtsausdruck sofort das zu erwartende Ergebnis der Verhandlung ablesen. Ein löslicher Kaffee und eine Kartenpartie entspannten die Lage ein wenig.

Anschließend holte ich das Schreiben für die Hauptverhandlung hervor und stellte fest, dass diese im gleichen Raum stattfinden sollte. Die Besucherplätze deuteten darauf hin, dass die Verhandlung für die Öffentlichkeit zugänglich sein würde. Damit würde ich sicherlich die Möglichkeit haben, den inzwischen fertiggestellten Buchentwurf an eine Person auszuhändigen. Meine Ex-Freundin besuchte mich trotz meines Briefes, der das Ende unserer Beziehung bestätigen sollte, hin und wieder. Unsere Gespräche waren in der traurigen Umgebung nach wie vor sehr schwierig und belastend. „Sie wird bestimmt zur Verhandlung kommen, um die Unterlagen entgegenzunehmen", beruhigte ich mich ein wenig.

Mittlerweile hatte ich zwei echte Überraschungsbesuche erhalten. Sandra, eine gute Bekannte vom Chiemsee, hatte die weite Strecke nach Wien auf sich genommen, um mich zu besuchen. Danach schickte sie mir ihre aktuelle Visitenkarte, eine kleine Karte, die mit aufmunternden Worten versehen war, sowie Fotos vom herrlichen Chiemsee. Dort hatte ich sie kurz vor meiner Verhaftung noch besucht.

Der zweite Besuch war von meinem Vater. Meine ehemalige Partnerin hatte meine Eltern für ein paar Tage nach Wien eingeladen, um damit die Besuchsmöglichkeit zu erwirken. Das 15-Minuten-Gespräch war sehr positiv. Allerdings deprimierte es meinen Vater sehr, mich in einem Gefängnis vorzufinden. Das hätte er sich nie träumen lassen - ich mir auch nicht!

Den einstündigen morgendlichen Gang in den sehr kleinen Gefängnishof hatte ich seit einiger Zeit eingestellt. Zu sehr nervte mich das Geschrei der Häftlinge. Mein Zellengenosse Markus nutzte die Zeit, um von Freunden und Bekannten im Zellentrakt Zeitungen und sonstige Dinge zu organisieren. Mein Vorhaben, eine Flucht per Klettertour in das Justizgebäude zu versuchen, hatte ich inzwischen aufgegeben. Dafür waren mehrere Gründe ausschlaggebend: Keinesfalls wollte ich den Buchentwurf in der Zelle zurücklassen. Außerdem hatte mir ein Mithäftling von der Klettertour eines Gefangenen vor ein paar Jahren berichtet. Der hatte versucht, auf das Dach des Gefängnisgebäudes zu gelangen. Ein sinnloses Vorhaben, da es durch einen hohen Stacheldrahtzaun nicht den Weg in die Freiheit ermöglichte. Die lautstarken Anfeuerungsrufe der Mithäftlinge hatten sehr schnell das Wachpersonal alarmiert. Das bestätigte meine Befürchtungen. Doch sei er immerhin bis zum obersten Stockwerk geklettert. Eine echte Meisterleistung, da diese Fassade wesentlich schwieriger zu bezwingen war, als die des Gerichtsgebäudes. Die Beamten haben ihn dann mit einer Feuerwehrleiter abgeholt.

Darüber hinausgehend beobachtete ich das schnelle, harte Eingreifen der Spezialeinheit bei einer Schlägerei im Gefängnishof. Fünf, sechs Gefangene schlugen in einem der vier kleinen, abgetrennten Teilbereiche des Hofes mit Fäusten und Füßen aufeinander ein. Die Beamten im Wachturm riefen die Bereitschaftstruppe, die sofort mit ein paar Mann in Kampfanzügen anrückte. Einer davon sperrte die Partielle auf und rief einen vom Wachturm aus benannten Häftling zu sich, ohne selbst die Gefahrenzone zu betreten. Der Häftling wurde von zwei Beamten in Empfang genommen. Diese bogen ihm seine Arme auf den Rücken und führten ihn ziemlich ruppig ab. Auf die gleiche Art wurden auch die anderen Rauflustigen aus dem Hof entfernt. Die ganze Aktion machte einen sehr professionellen Eindruck. Da konnte ich mir gut vorstellen, was mir beim Scheitern einer Flucht blühen würde.

Ich musste einen anderen Weg in die Freiheit finden, einen, dessen Chancen wesentlich aussichtsreicher sein würden. Ein Fluchtversuch wird zwar nicht als Delikt geahndet, da jedem Menschen sein Freiheitsdrang gestattet ist, doch erhält man höchst selten eine zweite Chance. Die persönliche Akte in der Haftanstalt wird mit einem speziellen Vermerk gekennzeichnet, der das Wachpersonal warnt und eine verschärfte Behandlung mit sich bringt. Fast immer führen jedoch die Methoden einer Flucht, bzw. eines Fluchtversuchs, beispielsweise durch Körperverletzungen oder Sachbeschädigungen, zu einer zusätzlichen Haftstrafe. Das wollte ich auf jeden Fall vermeiden.

Mein Lauftraining in der Zelle konnte ich auf eineinhalb Stunden steigern, obwohl mich enorme Muskelverspannungen immer wieder zu mehrtägigen Pausen zwangen. Die Verspannungen wurden sicherlich durch die Stresssituation in der engen Zelle und durch die an den Nerven zerrende Ungewissheit über den weiteren Haftverlauf hervorgerufen. Ich konnte nur hoffen, dass die Verspannungen bei einer möglichen Flucht kein Hindernis sein würden.

Trotz des nahenden Prozesstermins war meine Wut über das Lebendig-Begraben-Sein phasenweise grenzenlos. Speziell an den langen zermürbenden Wochenenden steigerte sich meine Frustration ins Unermessliche. So schrieb ich ungefähr zwei Wochen vor dem Prozesstermin erneut einen Brief an die Richterin. Darin erläuterte ich ihr u.a., dass ich aus meiner begrenzten menschlichen Sichtweise nur zwei Möglichkeiten für ein Entrinnen aus dieser Irrenanstalt erkennen kann: Flucht, sehr schwer - ergänzte ich, oder Selbstmord. Damit war es mir tatsächlich sehr ernst.

Ich fragte sie in dem Brief auch, ob sie andere Möglichkeiten sehen würde. Die Antwort erhielt ich in der darauffolgenden Woche: Die Zellentür wurde entriegelt. Ein Beamter holte mich zu einem Gespräch mit einem Gefängnispsychologen ab. Ich nutzte die Gelegenheit, um mir so richtig Luft über die Haftbedingungen und die endlose Untersuchungshaft zu machen. Der Psychologe, der eine Kopie meines Briefes in seinen Händen hielt, entgegnete nur wenig und das Ergebnis der Unterhaltung war sehr unbefriedigend. Er gab mir Schlaftabletten. Das war alles! Jetzt konnte es nur noch besser werden!

Wege der Freiheit - my Pain your Gain

4. Kapitel

Attila und Aristoteles

Irgendwie verging die Zeit und das letzte Wochenende vor dem Prozess näherte sich. Eines der wenigen positiven Dinge in der Haftanstalt war die vorhandene Bibliothek, auch wenn man diese nicht persönlich aufsuchen konnte. Jedoch war es bei der Einlieferung in das Gefängnis möglich gewesen, eine Bücherliste auszufüllen. Ich trug die maximale Anzahl an Büchern ein, die ich aus einem umfangreichen Katalog auswählen konnte. Alle drei bis vier Wochen wurden ein paar Bücher aus der Liste an die Zellentür gebracht. Die hatte ich meist sehr schnell gelesen. Als Markus in meine Zelle hinzukam, gestattete er mir seine Liste auszufüllen, da er sich mehr mit dem langsamen Studium der Tageszeitungen beschäftigte. Somit verdoppelte sich die Anzahl an verfügbaren Büchern. Zahlreiche Biografien von Päpsten über die Bankiersfamilie Rothschild bis zu Napoleon Bonaparte, lenkten mich ein wenig auf lehrreiche Weise vom Frust des Gefängnisalltags ab.

Jetzt hielt ich eine äußerst interessante Romanbiografie über den Hunnen-König Attila in meinen Händen. Er lebte im fünften Jahrhundert nach Christus und befand sich in seinem jugend-lichen Alter angeblich als Geisel des römischen Reiches in Rom. In den Katakomben Roms fühlte er sich erstmals in seinem Leben vollkommen allein und verkauft, von allen anderen ver-lassen und lebendig begraben. Das entsprach ziemlich genau meinen Gefühlen in der engen Zelle. Er schwor sich, dass ihn nie wieder jemand dazu bringen würde, in unterirdische Höhlen zu gehen. Genauso wenig würde mich wieder jemand dazu bringen, erneut in ein Gefängnis zu gehen, vermerkte ich in meinen Aufzeichnungen. Ein entscheidender Satz des Hunnen-Königs motivierte mich bis in die letzte Zelle meines Körpers, die Risiken einer Flucht auf mich zu nehmen: „Die Kleinen, die krank, dumm, schwach oder zu feige zum Kämpfen sind, hoffen immer auf Auswege, Schlupflöcher und glückliche Zufälle. Das allein hält sie am Leben."

Zu denen wollte ich mich keinesfalls zählen, auch wenn ich bislang wenig Wirksames für eine mögliche Flucht unternommen hatte. Jetzt sollte endlich Schluss sein mit dem Warten auf glückliche Zufälle, oder auf die Hilfe von außen. Dass in meinem Fall auf die Hilfe von Juristen kein Verlass war, konnte ich ja bereits zu Beginn meiner Haft feststellen. Die werden nur so richtig aktiv, wenn hohe Geldsummen winken. Damit kann man auch so manchen Richter gnädig stimmen, wenn es um die Verhängung von Haftstrafen, oder um die Freiheit geht.

Das wollte ich zunächst auch nicht glauben, schließlich befand ich mich im österreichischen Rechtsstaat. Doch eindeutige Hinweise bestätigten mir meine Vermutungen. So teilte mir mein vom Staat bezahlter Pflichtverteidiger mit, dass das Urteil u. a. davon abhängen würde, ob er den Richter gut kennt. Durch diese korrupten Umstände leisten sich finanziell sehr gut gestellte Häftlinge mehrere teure Anwälte, um die Wahrscheinlichkeit zu erhöhen, dass einer davon den Richter gut kennt und mit ihm "reden" kann. Ja, wir sind alle nur fehlbare Menschen und leider fast alle käuflich. Ich hatte jedenfalls durch meine gesperrten Konten die hohen Geldsummen nicht zur Verfügung und war, wie der Hunnen-König, auf mich selbst angewiesen.

Dafür unterstützten mich die Erkenntnisse einer weiteren bekannten Persönlichkeit erheblich. Aristoteles (384 bis 322 vor Christus) machte sich u. a. als Begründer der Logik einen Namen.

"Denken ist das Beobachten von Tatsachen", so soll eine seiner Feststellungen gelautet haben. Vier Tage vor meiner Hauptverhandlung beobachtete ich nüchtern die Tatsachen meines frustrierenden Gefängnisalltags und stellte damit die Weichen für meine Flucht.

Ich nahm zur Kenntnis, dass ich ein „Nichts" bin. Ich bin also weder mit Buddha vergleichbar, der seit langer Zeit tot ist, noch kann ich durch Wände gehen, oder durch positive Schwingungen positive Ereignisse anziehen. Der ganze asiatische Aberglaube und die Versprechungen der "Neuen Ära" hatten mich in Arroganz und Ignoranz geführt. Sie waren also völlig wertlos und funktionieren nicht. Es ist erstaunlich, dass sie so eine weite Verbreitung in unserer Kultur finden.

Aristoteles selbst hielt sich nicht immer an seine eigenen Theorien. So stellte er bei der Erforschung der Schwerkraft Behauptungen auf, die er nicht durch entsprechende Versuche prüfte. Fast 2000 Jahre später widerlegte Galilei, ein italienischer Gelehrter (1564–1642 nach Christus), in relativ einfachen Versuchen den Irrtum Aristoteles in Bezug auf die Schwerkraft. Galilei bestätigte durch genaues Vermessen und Berechnen, dass alle Objekte grundsätzlich gleich schnell zu Boden fallen. Das bedeutet, dass sie alle die gleiche Erdbeschleunigung haben, wenn sie dabei nicht durch andere Effekte, wie z.B. Luftwiderstand, beeinflusst werden. Aufgrund seiner großen Persönlichkeit hatte man Aristoteles einfach geglaubt, ohne Beweise zu fordern. Sein Irrtum zeigt die Begrenztheit menschlichen Denkens auf, die selbst große Namen nicht ausschließt.

Doch zumindest hatte ich jetzt wieder zu denken begonnen, anstatt nur zu hoffen. Eine weitere Tatsache war, dass ein Entrinnen aus dem stark gesicherten Bunker für mich völlig unmöglich war. Das konnte nur mit Komplizen, oder massiver

Unterstützung von außen realisiert werden. Ich musste folglich einen Weg finden, rechtmäßig das Gefängnis zu verlassen, um außerhalb der dicken Mauern eine Fluchtchance zu ergreifen.

Eine gute Möglichkeit dafür, so dachte ich mir, könnte ein Arztbesuch sein. Jedoch hatte ich keine Ahnung, wie ich diesen in die Wege leiten könnte. „Sicherlich würde man mir Handschellen anlegen", grübelte ich. Dieses Handikap hätte ein schnelles Scheitern zur Folge. Folglich galt es, das unbequeme Eisen auf jeden Fall zu vermeiden. „Was könnte die Lösung dafür sein?", fragte ich mich.

Gott erhörte mein Flehen und gab mir dafür die zündende Idee. Ich könnte eine Fußverletzung vortäuschen, um Krücken zu erhalten. Diese erfüllen ihren Zweck nur, wenn man beide Hände zur Verfügung hat. Außerdem würden sie die begleitenden Beamten in den Irrglauben versetzen, dass ich damit sicherlich nicht entrinnen kann. Das könnte die Aufmerksamkeit erheblich reduzieren und zu Fehlern führen. „Genial, einfach genial!", freute ich mich.

In meiner Euphorie begann ich sofort mit dem Aussortieren meiner Unterlagen. Ich vernichtete die wenigen Briefe, die ich trotz der ewigen internen Postbearbeitungszeit erhalten hatte. Zur Bestätigung meiner neuen Entschlossenheit beschriftete ich ein Schild mit dem Text: "Die Woche der Freiheit!" Ich stellte es gut sichtbar in meinem Schrank auf. Polizisten betraten die Zelle normalerweise nicht. So gab es aus dieser Richtung keine Gefahr für einen ungewollten Hinweis. Es sollte ein Zeichen für meine neue, feste Entschlossenheit sein. Zudem bestärkten mich die weiteren Ausführungen des Hunnen-Königs in meinem Flucht-vorhaben. Er konnte aus Rom fliehen. Durch seine mutigen, unberechenbaren Aktionen machte er dem römischen Reich schwer zu schaffen. Im Vergleich dazu würde meine Aktion ein Kindergartenausflug sein.

Allerdings hatte ich nicht die Übung für solche heiklen Abenteuer, während Attila und seine Krieger bestens geschult waren. Ihre Taktik beruhte auf schnellen, flexiblen Über-raschungsangriffen gegen die schwerfälligen, vorgeschriebenen Formationen der römischen Legionen. Diese kluge Strategie wollte ich mir gegen den ebenfalls recht schwerfällig er-scheinenden Polizeiapparat zunutze machen. Allerdings war mein Ziel, im Gegensatz zum Hunnen-König, nicht der Angriff, sondern eine überraschende, blitzschnelle Flucht. Bereits der Gedanke daran erhöhte meinen Pulsschlag. „Wie würde ich mit so einer ungewöhnlichen Stresssituation fertig werden? Würden meine Kräfte für ein Laufduell mit den Beamten ausreichen?" Diese immer wieder auftauchenden Fragen und Zweifel änderten nichts an meiner festen Entschlossenheit.

Ich erzählte Markus von meiner Idee mit den Krücken. Er war davon begeistert und räumte mir gute Chancen für ein Gelingen der Flucht ein. Endlich jemand, der an mein Vorhaben glaubte. Vielleicht wollte er mich mit seinem Zuspruch auch nur trösten. Er machte mich darauf aufmerksam, dass sofort eine große Suchaktion anlaufen würde. Allerdings könnte die Polizei in der großflächigen Stadt keine Hubschrauber einsetzen. Doch zumindest würde man alle Polizeistreifen informieren und verstärkt an Bahnhöfen und anderen Verkehrsknotenpunkten nach mir Ausschau halten. Und selbstverständlich würde man an meiner Wohnung auf mich warten. Der Aufwand würde in erster Linie betrieben werden, um eine Blamage von der Haftanstalt abzuwenden. Es galt den Ruf der hohen Sicherheit des Gefängnisses unter allen Umständen zu verteidigen und zu bewahren.

Die Hinweise wollte ich im Hinterkopf behalten. Jedoch ging es zunächst darum, den ersten mutigen Schritt in die Freiheit zu wagen. Zwei Tage vor dem Prozess absolvierte ich mein übliches Lauftraining. Das Ergebnis war sehr positiv! Ich konnte eineinhalb Stunden ohne Verspannungen absolvieren. Doch sicherlich würde das Laufen im Gelände, oder auf den Straßen, wesentlich anstrengender sein, als das Joggen auf der Stelle in meiner kleinen Zelle. Außerdem fehlten mir seit Monaten meine täglichen, ausgedehnten Spaziergänge im Wiener Wald.

Ein letztes Gespräch mit meiner Pflichtverteidigerin sollte mich auf den Prozess vorbereiten. Sie nahm sich wesentlich mehr Zeit als ihr Ehegatte das getan hatte. Sie schien sich einige Gedanken über eine Verteidigungsstrategie gemacht zu haben. Allerdings teilte sie mir erneut ganz sachlich mit, dass ich auf keinen Fall mit einem Freispruch rechnen sollte. Damit hatte ich mich bereits abgefunden, auch wenn ich es immer noch nicht glauben wollte. Wichtig war, dass meine Ex-Freundin zum Prozess kommen würde, um meinen Buchentwurf entgegen zu nehmen. Sie hatte es mir bei ihrem letzten Besuch zugesichert. Und auf ihr Wort war bislang immer Verlass gewesen.

Eine Übergabe der Unterlagen wäre nur möglich, wenn das Urteil sofort rechtskräftig werden würde. Meist gewährt sich der Staatsanwalt dafür einige Tage Bedenkzeit. Ich konnte nur hoffen, dass das bei mir nicht der Fall sein würde. Natürlich musste ich dann ebenfalls das Urteil sofort akzeptieren, ohne damit eine weitere Chance bei einer höheren Instanz zu erhalten. Doch das wollte ich in Kauf nehmen.

Endlich war der Tag des Prozesses gekommen! Am 18. Oktober 2006 holte mich gegen 10 Uhr ein Beamter ab. Er durchsuchte meine Taschen und Schuhe. Danach tastete er mich mit einem Metalldetektor ab. Meine vier beschriebenen Blöcke durfte ich mitnehmen. Anschließend brachte er mich in den mir bereits bekannten Warteraum im Übergangsbereich zum Justizgebäude. Der Prozess war von 11:30 Uhr bis 13 Uhr angesetzt. Ein Herr im Sakko saß auf der Holzbank des fensterlosen, stickigen Raumes. Er machte einen sehr nervösen Eindruck auf mich und suchte das Gespräch mit mir. Seine Verhandlung war aufgrund des großen Medieninteresses für eine Pause unterbrochen worden, berichtete er mir. Er war als Hauptschuldiger in einem umfangreichen Drogenprozess angeklagt und musste mit einer langjährigen Haftstrafe rechnen. Da konnte ich seine Aufregung durchaus verstehen. Nach einer ganzen Weile wurde er abgeholt, während die Zeit meines offiziellen Verhandlungsbeginns bereits erheblich überschritten war.

Erneut wurde die Tür entriegelt. Ein breitschultriger, athletischer Mann betrat die Wartezelle. Er war Mitangeklagter im Drogenprozess. Doch im Gegensatz zum Hauptangeklagten, der Manager eines Box-Clubs war, erwartete er nur eine geringe Haftstrafe. Mittlerweile verbrachte ich fast zwei Stunden in der Wartekammer und ich wurde allmählich ärgerlich. Ein junger Mann im eleganten Anzug kam hinzu. Ich hatte auf diese formelle Kleidung verzichtet, die sich viele Gefangene für den Prozess extra von Angehörigen bringen lassen. Ich ging davon aus, dass das Urteil nicht von meiner Kleidung abhängen würde. Der Häftling stellte sich schüchtern in eine Ecke des Raumes. Ich empfand eine große Abneigung gegen ihn, ohne mir den Grund dafür erklären zu können. Doch dieser sollte schon sehr bald enthüllt werden.

Endlich öffnete der Beamte die Tür, um mich mit Handschellen in den Gerichtssaal zu führen. Er brachte mich in die Mitte des großen Saales, in dem alle anderen Personen bereits anwesend waren. In den sonst leeren Besucherreihen saß einzig und allein meine Ex-Freundin. Ich atmete auf! Sie machte, den Umständen entsprechend, einen ernsten, traurigen Eindruck. Links von mir hatte der Staatsanwalt Platz genommen. Auf der rechten Seite befand sich meine Pflichtverteidigerin, und von der erhöhten Mitte aus blickte das Schöffengericht, vertreten durch die Richterin und die Schöffen, auf mich herab. Der Polizist nahm mir die eisernen Fesseln ab und setzte sich neben mich. Nachdem die Richterin die Anklagepunkte vorgetragen hatte, durfte ich das Wort ergreifen.

Ich begann meine Ausführungen im 15. Jahrhundert mit dem bekannten deutschen Astronom Kopernikus. Sein in sechs Büchern wissenschaftlich bewiesenes Weltbild hatte man erst sehr lange nach seinem Tod als richtig anerkannt. Damit wollte ich aufzeigen, dass die Wahrheit nicht immer auf den ersten Blick erkennbar ist, und auch oftmals nicht akzeptiert wird.

Aus damals nicht erklärbaren Gründen war ich sehr gut gelaunt und beendete meine Ausführungen mit Kommentaren zur europäischen Bankenlandschaft. Zahlreiche Fusionen, die bei manchen Instituten bereits einen halben Briefkopf füllten, wie zum Beispiel die Fusion der Bayerischen Hypothekenbank mit der Vereins- und Westbank, die dann von der Bank Austria mit Sitz in Wien übernommen wurde, als diese zuvor die österreichische CA geschluckt hatte. Das gesamte Bündnis wurde zuletzt von der italienischen UniCredito gekauft. Da die Vorstände selbstverständlich äußerst ungern ihre hochdotierten Posten verlieren, finden solche Übernahmen und Aufkäufe meist statt, wenn sich die Institute in ernsthaften Schwierigkeiten befinden. Die Großaktionäre, sofern vorhanden, üben dann entsprechenden Druck aus, eine Fusion zu vollziehen. Das habe ich selbst bei der Übernahme meines letzten Arbeitgebers durch ebenfalls die UniCredito miterlebt.

Das Beispiel zeigt, dass sich einige Banken und Banker in großen Schwierigkeiten befinden. Auch zahlreiche andere Firmen sind durch legale und illegale Bilanzmanipulationen in großer Gefahr, dass ihr Börsenwert stark einbrechen wird, oder dass sie sogar in den Konkurs steuern.

Ich schloss meine Verteidigung mit den einzigen bedeutenden Worten des letzten Vatikanischen Konzils ab, das im Jahre 1962 begann und ein paar Jahre in Anspruch nahm: Wahrheit lässt sich nicht diktieren. Sie erklärt sich durch sich selbst.

Nach einer guten Stunde war die Verhandlung beendet und die Richterin zog sich mit den Schöffen zur Urteilsfindung in einen Nebenraum zurück. Nach wenigen Minuten kehrten sie zurück. Das hinterließ bei mir den Eindruck, dass das Urteil bereits vor der Verhandlung feststand.

Was meine Pflichtverteidigerin bereits angekündigt hatte, bestätigte sich. Es gab für mich keinen Freispruch. Da ich keine Vorstrafen hatte, begnügte man sich mit einer Haftstrafe von acht Monaten, weitere Monate wurden zur Bewährung ausgesetzt. Die damit beendete Untersuchungshaft von ziemlich genau vier Monaten wurde angerechnet. So blieben weitere vier lange Monate in der Hölle, wie sich mir die Haftanstalt mit all ihren Sünden und Unzulänglichkeiten darstellte. Obwohl ich das Urteil nicht wahrhaben wollte, nahm ich es gelassen an. Ich spürte, dass es keine Bedeutung mehr für mich haben würde.

„Doch wie würde der Staatsanwalt reagieren?", fragte ich mich tief durchatmend. Er machte während der Verhandlung einen zurückhaltenden, besonnenen Eindruck. Er akzeptierte das Urteil ebenfalls und die Richterin bestätigte sofort die Rechtskräftigkeit.

Während mir der Polizist die Handschellen anlegte, kam meine Ex-Freundin zu mir. Ich gab ihr meinen Buchentwurf. Der Polizist entgegnete, dass ich ihr die Unterlagen nicht aushändigen dürfte. So fragte ich die Richterin um Erlaubnis. Sie stimmte mit dem Verweis auf die Rechtmäßigkeit des Urteils zu. Das musste der Polizist akzeptieren. Ich war darüber sehr erleichtert! Damit war für mich ein wichtiger Schritt in Richtung Freiheit getan, obwohl das Ergebnis des Prozesses das Gegenteil bestätigte.

Als wir wieder in den gesicherten Gängen der Haftanstalt waren, nahm mir der Beamte die Handschellen ab. Auf dem Weg zu meiner Zelle machte sich erneut ein Gefühl der Freude und Erleichterung in mir bemerkbar. Als ich wieder in meiner Zelle war, sprang ich vor Freude auf und ab und rief: „Freiheit, Freiheit!"- gerade so, als wäre ich gerade entlassen worden. Ich hatte ein nie zuvor erlebtes, enorm optimistisches Gefühl. Der Buchentwurf, an dem ich über zwei Monate lang täglich geschrieben hatte, war in sicheren Händen, außerhalb der Strafanstalt. Das war wenigstens ein positiver Aspekt, den ich der zermürbenden Haftzeit abringen konnte. Jetzt war ich befreit von dieser Arbeit und konnte mich voll auf mein Fluchtvorhaben konzentrieren.

Markus war nicht in der Zelle, als ich dort wieder eingeliefert wurde. Er wurde kurze Zeit später von einem Arztbesuch aus dem Krankenbereich des Gefängnisses zurückgebracht. Ich schilderte ihm das Ergebnis der Verhandlung. Anschließend genossen wir unseren löslichen Kaffee. Der war meist das Highlight des Tages.

Nach einer Ruhepause begann ich mit dem Lauftraining in der Zelle. Ich beabsichtigte, dabei eine Verletzung vorzutäuschen. Als ich ungefähr 15 Minuten auf der Stelle gejoggt war, warf ich mich mit einem lauten Schrei zu Boden. Markus sprang von seinem Stuhl auf und kam sofort die wenigen Schritte zu mir. Ich blickte ihn schmerzverzerrt an und teilte ihm mit, dass er mit dem grünen Klingelknopf einen Beamten verständigen soll. Dieser Knopf war für solche Fälle vorgesehen. Im Gegensatz zur roten Klingel, die sofort die Herren im Kampfanzug aktiviert hätte. Markus drückte den grünen Knopf. Ein Beamter meldete sich über den Lautsprecher. Er teilte ihm mit, dass ich mich verletzt hatte und dringend einen Arzt benötigen würde.

Ich blieb am Boden liegen, bis nach ein paar Minuten zwei Beamte die Zellentür öffneten. Ich schilderte ihnen, dass ich beim Laufen auf der Stelle einen plötzlichen, stechenden Schmerz gespürt hatte und jetzt nicht mehr auftreten kann. „Vermutlich handelt es sich um einen Muskelfaser- oder Sehnenriss", diagnostizierte ich selbst. Mit diesen Verletzungen kannte ich mich durch zahlreiche Zwangspausen während meines Sportlerlebens sehr gut aus. Sie sind praktisch nicht mit bloßem Auge, oder durch Abtasten zu erkennen. Auch ein Röntgengerät, das vermutlich im sehr gut ausgestatteten Ärztebereich der Haftanstalt vorhanden war, könnte darüber keinen Aufschluss geben.

Die ganze Aktion sollte auf eine dringend notwendige Computer-Tomographie hinauslaufen. Denn ich war mir sicher, dass die dafür erforderliche Apparatur im Gefängnis nicht vorhanden sein würde. So sollte man mich in eine Klinik außerhalb der Haftanstalt bringen. Das war mein großes Teilziel.

Das Gefängnis verfügte über zahlreiche eigene Ärzte, einen Krankenhausbereich, eine Zahnarztpraxis und holte Spezialisten herein, um den risikoreichen und aufwendigen Transport von Häftlingen zu vermeiden. Ich war gespannt, was passieren würde!

Die Beamten forderten mich auf, mit in den Ärztebereich zu kommen. Der lag glücklicherweise direkt neben unserem Zellentrakt. Ich hüpfte auf einem Bein bis in das Arztzimmer. Eine freundliche Ärztin bat mich, auf dem Krankenbett Platz zu nehmen. Ich schilderte ihr kurz den Vorfall meiner Verletzung und stellte erneut meine Selbstdiagnose. Daraufhin tastete sie meine Wade ab und bestätigte meine Diagnose: Muskelfaserriss. Anschließend wickelte sie mein Bein vom Sprunggelenk bis zum Knie mit einem strengen Verband ein. Sie gab mir Tabletten, die den Schmerz reduzieren sollten und meinte, dass ich gleich morgens wieder herkommen müsse. „Sollte über Nacht keine Besserung eintreten, müssen Sie in eine Klinik gebracht werden", ergänzte sie. „Das hört sich doch schon sehr gut an!", dachte ich optimistisch.

Begleitet von den Beamten hüpfte ich auf einem Bein zur Zelle zurück. Selbstverständlich machte sich auch Markus seine Gedanken um meine Verletzung. Mit einem verschmitzten Lächeln empfing er mich und meinte, dass wir zur Beruhigung meiner Schmerzen erst mal einen Kaffee trinken sollten.

Ich wusste nicht, was am nächsten Tag passieren würde, doch fühlte ich mich meiner Freiheit bereits einen großen Schritt näher. Mit einer Würfelpartie ließen wir den Abend ausklingen und legten uns, wie immer sehr früh, in die ungemütlichen Stockbetten. Ein spontanes, intensives Gebet schloss den Tag ab. Überraschender Weise schlief ich sehr gut. Ich fragte mich, ob das meine letzte Nacht in der Hölle sein würde.

5. Kapitel

Freiheit

Am nächsten Morgen fühlte ich mich sehr gut und ich war hoch motiviert, eine mögliche Fluchtgelegenheit sofort zu nutzen. Ich identifizierte mich mit meiner Verletzung und stieg vorsichtig aus dem Bett. Schließlich wusste man nie, ob nicht ein Beamter durch den Türspion in die Zelle blickte. Außerdem wurde die Lautsprecheranlage hin und wieder vom Wachpersonal zum Mithören von Gesprächen innerhalb der Zelle benutzt. Das hatten wir bereits ein paar Mal mitbekommen, als wir zufällig bemerkten, dass das Licht am grünen Klingelknopf leuchtete, ohne dass wir ihn gedrückt hatten.

Kurz nach 7 Uhr öffneten die Beamten die Zellentüren für die Ausgabe der Ersatzdrogen und des Tees. Gleichzeitig sammelten Häftlinge, die sich für diese Arbeiten zur Verfügung stellten, die Post ein. Ich teilte einem der Beamten mit, dass ich wieder zum Arzt gehen müsste und dafür dringend Krücken benötigen würde. „Ein Auftreten ist absolut unmöglich!", ergänzte ich mein wichtiges Anliegen verstärkend. Kurze Zeit später kam er mit den Gehhilfen zurück.

Durch die Operation an einer Achillessehne vor einigen Jahren konnte ich nach kurzer Eingewöhnungszeit gut mit den Instrumenten umgehen. Markus staunte nicht schlecht, als ich damit die Zelle verließ. Ich betrat in Begleitung des Polizisten das Ärztezimmer. Glücklicherweise war die Ärztin vom Vortag noch, oder bereits wieder, anwesend. Ich teilte ihr mit, dass leider keine Besserung eingetreten sei. „Das habe ich befürchtet!", war ihre Antwort. Sie nahm den Verband ab und schaute sich mein

Bein erneut an. Doch wie bereits angedeutet, gibt es bei leichteren Muskelverletzungen selten etwas zu sehen. „Ich muss einen Transport in die Klinik veranlassen!", teilte sie mir mit. Ein Gefühl großer Erleichterung stieg in mir auf. Nach vier Monaten würde ich erstmals das zermürbende Gefängnis verlassen, nicht nur bis in das Justizgebäude, sondern nach draußen - kaum zu glauben!

Als die Zellentür hinter mir wieder verriegelt war, berichtete ich Markus von den Geschehnissen. Mit einen Blick auf den unscheinbaren Klingelknopf vergewisserte ich mich, dass wir nicht abgehört wurden. Ich öffnete meinen Spind und zeigte ihm meine neuen Schuhe und andere neuwertige Kleidungsstücke. Dann teilte ich ihm mit, dass er die Sachen in seinen Schrank nehmen kann, sobald ich auf den Weg in die Klinik sei. „Man weiß nie, was passiert, und ob ich überhaupt zurückkehren werde", begründete ich kurz. Er nickte bestätigend, freute sich über die möglichen Geschenke und stellte keine Fragen. Er hatte ziemlich genau meine Größe und konnte die Sachen gut gebrauchen. Außerdem wollte ich nicht, dass alles in die Hände des Wachpersonals fallen würde. Die Polizei hatte bereits genügend Sachen, u. a. ein neuwertiges, teures Notebook, aus meiner Wohnung beschlagnahmt.

Ich zog mir Sportkleidung an und achtete darauf, dass ich ein paar Sachen zum Wechseln hatte. „Damit kann ich mein Aussehen auf der Flucht ein wenig ändern", so meine schnellen Überlegungen. Zudem war es bereits der 19. Oktober. Das bedeutete, dass ich durchaus mit niedrigen Temperaturen rechnen musste. Über meine kurze Sporthose zog ich meine lange Jogginghose an. Leider war meine Oberbekleidung fast ausschließlich in meinen bevorzugten Blautönen gehalten. Damit war meine Auswahl sehr begrenzt.

Über ein weißes T-Shirt streifte ich drei dünne, blaue Pullover. Das war genug, denn schließlich wollte ich möglichst schnell laufen können. Meine Joggingschuhe verschnürte ich fest, da das Fluchtvorhaben nicht an offenen Schnürsenkeln scheitern sollte. Über Bargeld verfügte ich leider nicht. Das wurde mir ja bei der Einlieferung abgenommen. Allerdings hätte ich mir gestern bei der Gerichtsverhandlung unauffällig von meiner Ex-Freundin welches geben lassen können. Doch sie wusste von meinem Vorhaben nichts. Außerdem wollte ich sie nicht in weitere Schwierigkeiten bringen. Sie hatte mit der ganzen Sache bereits genügend Ärger am Hals.

So steckte ich mir nur die Anschrift von Markus, die Telefonnummer von Sandra und eine Telefonkarte ein. Die hatte ich mir zufälliger Weise über die Bestellliste gekauft, ohne dass ich sie jemals verwenden durfte. Die Justiz hatte mir bislang jegliche Telefonate verboten. Doch vielleicht sollte sich bald die Gelegenheit für ein Telefonat ergeben. Einen genauen Fluchtplan hatte ich mir nicht zurechtgelegt. Ich spekulierte auf die Möglichkeit über ein Toilettenfenster der Klinik zu entrinnen. Oder vielleicht würde sich bei den zahlreichen zu erwartenden Räumen des Krankenhauses eine andere günstige Gelegenheit ergeben. Abwarten und beobachten war meine Devise, um dann blitzschnell einen Überraschungsmoment zu nutzen. Doch noch war ich in meiner Zelle und wartete auf meine Abholung.

Endlich entriegelte das Wachpersonal die Zellentür. Zwei Beamte forderten mich auf, mitzukommen. Einer von den beiden war für unseren Zellentrakt zuständig. Wir sollten heute die wöchentliche Warenbestellung erhalten. Ich fragte den unfreundlichen Beamten, ob mein Zellengenosse diese für mich entgegennehmen könnte. Er stimmte kurz zu. Der andere Beamte sollte mich zur Klinik begleiten. Er war kleiner als ich und machte keinen besonders athletischen Eindruck auf mich. Wir gingen, das heißt, ich humpelte mit meinen Krücken einen endlos erscheinenden Gang entlang, bis wir einen Aufzug erreichten. Der konnte nur mit einem Schlüssel bedient werden. Der Aufzug brachte uns in das Erdgeschoss. Der Beamte erkundigte sich über die Art meiner Verletzung und wie sie sich zugetragen hatte. Ich schilderte ihm das Ereignis und betonte, dass ein Auftreten mit dem verletzten Fuß absolut unmöglich sei. Wir unterhielten uns über Sportunfälle, bis wir durch weitere Gänge in den inneren Eingangsbereich des Gefängnisses kamen.

Dort saßen die hochgewachsenen Herren der Spezialeinheit. Ich hoffte, dass mich keiner von ihnen in das Krankenhaus begleiten würde. Ich setzte mich auf eine kleine Holzbank, die im Eingangsbereich stand, um auf den Beamten zu warten. Er ging in einen anderen Raum. Während seiner Abwesenheit beobachtete ich die Abläufe in dem streng bewachten Gebäudeteil. Die Beamten waren bewaffnet und kontrollierten die wenigen hereinkommenden Personen, bei denen es sich vermutlich um Anwälte handelte. Der Besucherbereich befand sich in einem anderen Teil des Gefängnisses. Erneut stellte ich fest, dass eine erfolgreiche Flucht aus dem Gefängnis ohne starke Hilfe von außen unmöglich sein würde. Selbst wenn man seine abgeriegelte Zelle auf irgendeine wunderbare Weise verlassen konnte, gab es keine Chance, die zahlreichen abgesperrten Gänge zu durchqueren. Und spätestens hier stand man vor einem unüberwindbaren Hindernis. So war es gut, dass mir der Polizist bislang alle schweren Eisentüren aufgesperrt hatte.

Ein Häftling, den ich vom Sehen kannte, wurde hereingebracht und setzte sich neben mich. Er erklärte mir, dass er aufgrund einer speziellen medizinischen Behandlung einmal pro Woche in eine Klinik gebracht wird. Ich wunderte mich, dass er dann immer noch da war und nicht flüchten konnte, oder wollte. Jedoch behielt ich die Gedanken für mich.

Jetzt näherte sich meine Begleitperson. Es war der Beamte, der mich bereits bis hierher gebracht hatte. Nun war er mit einer Pistole bewaffnet. Über die machte ich mir dieses Mal, gestärkt durch absolute Entschlossenheit und Gewissheit, keine Sorgen. Erst wesentlich später erfuhr ich den Grund für meine neue optimistische Einstellung. Außerdem wusste ich aus meiner Bundeswehrzeit, dass es gar nicht so einfach ist, ein bewegliches Ziel mit einer Schusswaffe zu treffen. Nur im Fernsehen sieht das so kinderleicht aus.

„Seine Halbschuhe mit fester Ledersohle würden meinen Joggingschuhen bei einem Laufduell auf jeden Fall unterlegen sein!", analysierte ich. Ich nahm meine Krücken wieder auf und folgte ihm. Nach wenigen Metern erreichten wir einen Treppenabgang. Ich nahm die Krücken in eine Hand, stützte mich mit der anderen am Geländer ab und hüpfte auf einem Bein Stufe für Stufe langsam hinab. Der Beamte beobachtete wortlos das Schauspiel. Jetzt gelangten wir in den äußeren Eingangsbereich. Gittertüren führten in eine Fahrzeughalle. Ein Wachgebäude war mit Beamten besetzt. Mit dem mich begleitenden Polizisten wartete ich an der Gittertür.

Ich beobachtete, wie ein Beamter zwei neue Häftlinge in das Gefängnis brachte. Meine Begleitperson deutete dem Beamten mit einer Faust und entsprechenden Bewegungen an, dass er den Neuzugängen ein paar ordentliche Hiebe versetzen sollte. Das bestätigte die Informationen von meinen Zellengenossen über die prügelnden Beamten. Zudem war das Verhalten meines mich begleitenden Polizisten ein Hinweis dafür, dass ich mit ihm kein Mitleid haben brauchte, wenn er durch meine Flucht erhebliche Schwierigkeiten mit seinen Vorgesetzten bekommen würde.

Nach ein paar Minuten fuhr das Transportfahrzeug in die Halle ein. Als das Tor geschlossen war, gingen wir zu dem Fahrzeug. Es hatte Fenster, die durch Gitter gesichert waren. „Damit würde ich die Wegstrecke dieses Mal genau verfolgen können", dachte ich. Der Beamte öffnete die Schiebetür. Mühsam stieg ich in das Fahrzeug, ohne den rechten Fuß zu belasten. Der Beamte setzte sich vor mich und verriegelte die Tür. Als das Hallentor sich wieder öffnete, setzte der Fahrer den Transporter in Bewegung. Es war kaum zu glauben! Ich verließ die abgeriegelte Festung, auch wenn es nur für einen Klinikbesuch sein sollte.

Ein unbeschreibliches Glücksgefühl breitete sich in mir aus, als wir aus dem Gefängnis fuhren. Ich bestaunte die Bäume, als hätte ich nie welche gesehen. Vier Monate lang war ich von der Außenwelt abgeschnitten gewesen. Es kam mir wie eine Ewigkeit vor. Herbstlicher Nebel verdeckte die Sonne. Doch sie schien in mein Herz, als ich wieder "normale" Menschen sah. Ich konnte mir nicht vorstellen, wieder in die Hölle, wie ich die Haftzeit titulierte, zurückzukehren.

Glücklich, entspannt und völlig ruhig betrachtete ich die Gegend durch die wir fuhren. Die Straßen führten beständig bergauf. Das bedeutete, dass die Strecke in Richtung der Hügel des Wiener Waldes verlief. Ich kannte den Stadtteil nicht. Wortlos saßen wir im Fahrzeug. Mehr und mehr spürte ich, dass es keinen Weg zurück in das Gefängnis geben durfte. Entschlossen nahm ich mir vor, die erste Gelegenheit zur Flucht zu nutzen!

Nach geschätzten 15 bis 20 Minuten erreichten wir die Einfahrt in das Krankenhausgelände. Wir passierten eine große Schranke und fuhren auf das riesige Areal, das von einer ungefähr zweieinhalb Meter hohen Mauer umgeben war. Immer weiter entfernten wir uns vom Haupteingang. „Die weite Strecke kann ich keinesfalls unerkannt zurücklaufen. Ich muss also über die Mauer klettern, um das Gelände zu verlassen. Eine Alternative wäre auch, mich in einem der zahlreichen Gebäude, an denen wir vorbeifuhren, zu verstecken." Diese Gedanken erhöhten jetzt erheblich meinen Pulsschlag.

Das Fahrzeug näherte sich im weiten Bogen einem größeren Gebäude. Die Mauer befand sich ständig in unserer Sichtweite. Vor der Ankunft am Zielgebäude vermutete ich aufgrund der Geräusche relativ schnell fahrender Fahrzeuge, dass sich hinter der Mauer eine breite Straße befinden würde. Ich nahm mir vor, an dieser Stelle die Mauer mit viel Schwung zu überwinden. Das Fahrzeug hielt am Eingang der Klinik. Der Polizist öffnete die Schiebetür und stieg aus. Langsam und vorsichtig verließ ich den Transporter, der anschließend weiterfuhr, vermutlich um einen Parkplatz zu suchen.

Wir näherten uns dem Eingang, der sich mit einer breiten, automatischen Glastür öffnete. Nach ein paar Schritten hielt mir meine bewaffnete Begleitperson eine Tür auf, die von der Eingangshalle in einen großen Wartesaal führte. Langsam ging er voraus. Er beobachtete mit einen Blick über die Schulter, ob ich noch bei ihm war. Das war ich! Ich folgte im kurzen Abstand. Alle Blicke der ungefähr 20 wartenden Personen waren auf uns gerichtet. Zweifelsfrei waren wir die große Attraktion für die gelangweilten anwesenden Personen.

Am Ende des Saales erreichten wir mehrere Schalter für die Aufnahme der persönlichen Daten. Der Polizist wies mich an, auf einem der in der Nähe stehenden Stühle Platz zu nehmen. Er stand ungefähr drei Meter entfernt an einem der Schalter und wartete. Er machte einen unruhigen Eindruck auf mich. Häufig blickte er zu mir, um sich meiner Anwesenheit zu vergewissern. Ich legte die Krücken auf den freien Stuhl neben mir. Es waren etwa 15 Meter bis zur rettenden Ausgangstür. Der Polizist wechselte den Schalter und war nun ein paar Schritte weiter entfernt von mir. Keinen Augenblick dachte ich daran, wie die vielen Leute im Wartesaal reagieren würden, wenn ich an ihnen vorbei die Flucht antreten würde. Meine Anspannung erhöhte sich merklich!

Kaum mehr als zwei Minuten waren verstrichen, seit ich Platz genommen hatte. Ich hörte deutlich eine Stimme, die zu mir sagte: „Jetzt oder nie!" Es gab keine Zeit für Zweifel oder Überlegungen. Sofort erhob ich mich und ging zügig, ohne einen weiteren Blick auf meinen Bewacher zu werfen, zur Tür. Wie durch ein Wunder erreichte ich sie, ohne dass mich wartende Personen daran hinderten, oder zumindest laut schrien. Ich öffnete die Tür und rannte blitzschnell aus dem Haupteingang hinaus. Dort stand ein Krankenwagen, der gerade einen Patienten brachte, dadurch hatte die automatische Türe sich bereits geöffnet. Die Personen starrten mich völlig fassungslos an. Ich spurtete instinktiv nach links über den Rasen und bog um die Ecke der Klinik ab. Das war eine andere Richtung als die, die ich mir bei der Anfahrt zum Gebäude vorgenommen hatte. Ich lief 200 bis 300 Meter ohne mich umzublicken. Dann blieb ich hinter einem anderen Gebäude stehen. Die enorme Stress-situation machte mir erheblich zu schaffen. Ich fühlte mich völlig erschöpft. Schnell zog ich meinen obersten Pullover aus und warf ihn zur Seite. „Jetzt bloß nicht aufgeben!", schoss es mir durch den Kopf.

Ich erblickte die ungefähr hundert Meter entfernte Mauer. Sofort setzte ich mich wieder in Bewegung und spurtete in deren Richtung. Ich lief an einem Gebäude mit bis fast zum Boden reichenden Fenstern vorbei. Darin stehende Personen erblickten mich. Sie zeigten auf mich und riefen irgendetwas Unverständliches. Jetzt galt es, schnell die Mauer zu überwinden, um der drohenden Gefahr zu entrinnen. Mit einem kraftvollen Sprung konnte ich mich auf die Mauer ziehen. Sofort sprang ich auf der anderen Seite hinab, ohne mich zu vergewissern, wo ich landen würde. Glücklicherweise war es ein Gehsteig, der sich an einer vierspurigen Straße befand. In meiner unmittelbaren Nähe befand sich eine Ampelanlage. Natürlich wollte ich nicht warten, bis ich bei Grünlicht die Straße überqueren konnte. Durch den Verkehr hindurch spurtete ich gleich auf die andere Seite in ein Wohngebiet. Ausgelaugt reduzierte ich nach einigen Metern mein Tempo. Bald danach blieb ich stehen. Niemand schien mir zu folgen, stellte ich erstmals fest. Schnell zog ich meine lange Jogginghose aus, um mein Aussehen ein wenig zu verändern.

Langsam lief ich in meiner kurzen Sporthose weiter. Bald darauf gönnte ich mir beim Gehen über den Rasen zwischen Wohnblöcken hindurch eine kleine Verschnaufpause. Seit einigen Wochen war ich nicht mehr an der frischen Luft gewesen, da ich die frustrierenden Spaziergänge im Gefängnishof eingestellt hatte. Die unerwartete Kälte des nebligen Tages, das erste Laufen im Freien nach vier Monaten Zwangspause, der Stress durch mögliche Verfolger, alles machte mir zu schaffen! Ich fühlte mich erschöpfter als während meines ersten und vermutlich letzten Marathons, den ich vor gut drei Jahren in Dubai gelaufen war.

Kurz realisierte ich erstmals meine Freiheit. Kaum zu glauben, ich war ihnen entwischt. „Jetzt durchhalten, nicht aufgeben!", feuerte ich mich an. „Sicherlich werden sie die Gegend um das Krankenhausgelände sofort absuchen", dachte ich mir.

Langsam lief ich weiter und sah auf der anderen Straßenseite eine Kirche. Ein hohes Baugerüst war im Eingangsbereich aufgestellt. Schnell überquerte ich die Straße. Vor der offenen Kirchentür zog ich wieder meine lange Hose an, um in der Kirche nicht mehr als nötig aufzufallen. Ich betrat das Gebäude und ging in den inneren Bereich, Richtung Altar. Niemand befand sich in der relativ großen Kirche. Ich setzte mich in einem Seitenschiff auf eine Bank, um neue Kräfte zu schöpfen. „Was würde passieren, wenn die Polizei herein käme, um nach mir zu suchen? Ich säße in einer Falle! Es gibt keinen erkennbaren Seitenausgang." So analysierte ich schnell meine neue Situation. Unruhig stand ich wieder auf und ging in Richtung Ausgang. Da sah ich auf der rechten Seite einen Beichtstuhl, der durch dunkle Vorhänge geschlossen war. Ein prüfender Blick bestätigte mir, dass sich nach wie vor niemand in der Kirche aufhielt. Schnell stellte ich mich in den unbequemen Beichtstuhl. Im mittleren Teil reichte der Vorhang nicht ganz bis zum Boden. Meine Füße wären von außen zu sehen gewesen. Also setzte ich mich auf die kleine Stufe im Seitenteil, das durch eine Holzverkleidung ge-schlossen war. „Jetzt sitze ich wieder in einer kleinen Zelle, doch mit dem großen Unterschied, dass ich wieder ein freier Mensch bin!" freute ich mich und dankte Gott für den Schutz, den ich in seinem Haus finden durfte.

Erste Sonnenstrahlen, die die Nebelschicht auflösten, fielen durch die hohen farbigen Fenster in die Kirche. Große Zufrieden-heit breitete sich in mir aus. Ich hatte tatsächlich den ersten schwierigen Schritt geschafft!

Als ich an die Situation im Wartesaal der Klinik zurückdachte, steigerte sich sofort wieder mein Pulsschlag. Unglaublich, dass mich niemand am Verlassen des Raumes gehindert hatte! Wo war der Polizist geblieben? Ich wusste nicht, ob er mich verfolgt hatte. Zuletzt sah ich ihn am Schalter stehen, bevor ich die innere Stimme hörte, die mich zur Flucht aufforderte. Danach blickte ich nur noch nach vorne.

Ich genoss die Ruhe in der Kirche. Jetzt galt es, keine Fehler zu machen! Nur nicht leichtsinnig werden, war die Devise. Ich beschloss, einige Zeit in dem Beichtstuhl auszuharren, bis eine sicherlich stattfindende Suchaktion beendet sein würde. Die Entfernung zum Krankenhausgelände, die ich zurückgelegt hatte, war nicht sehr groß. Doch hier fühlte ich mich ziemlich sicher.

Ich hatte keine Vorstellung, wie es kurzfristig weitergehen sollte. Meine Gedanken eilten bereits weit voraus. „Würde ich, wie vor meiner Verhaftung geplant, nach Südafrika reisen? Soll ich wieder nach Panamá fliegen, um dort endlich den längst fälligen Kaufpreis meiner Eigentumswohnung zu erhalten?" Doch bis dahin war es noch ein weiter Weg.

Außer der Telefonkarte im Wert von sechs Euro besaß ich nichts mehr. Doch ich hatte das Wichtigste zurückerobert: Meine Freiheit! Seit den ersten Stunden meiner Verhaftung träumte ich davon. Jetzt hatte ich sie wieder! Keinesfalls durfte ich sie erneut verlieren. Außerdem sollte meine Flucht ein Zeichen setzen für die wenigen Häftlinge zu denen ich Kontakt hatte. Sie würden damit sehen, dass es immer einen Weg nach draußen gibt, wenn man sich nicht mit einem kriminellen Leben identifiziert. Es sollte auch ein Aufruf sein, ein anständiges und Drogen freies Leben zu führen. Für alle Situationen im Leben gibt es eine Lösungsmöglichkeit und jederzeit kann man sich ändern. Heute weiß ich das besser, denn je.

„Es wäre daher auch eine nicht auszudenkende Blamage, wenn mich die Polizei nun aufgreifen würde, um mich wieder in das Gefängnis zu sperren. Das galt es unter allen Umständen zu vermeiden!", motivierte ich mich selbst. Außerdem hatte ich mir bereits im Gefängnis geschworen, dass mich niemand mehr in diese Hölle des "Lebendig-Begraben-Seins" zurückbringen sollte.

Mittlerweile waren schätzungsweise zwei Stunden vergangen, seit ich die Kirche betreten hatte. Ich beschloss, meinen Zufluchtsort zu verlassen. Mein Ziel sollte der Schlosspark von Schönbrunn sein. „Dort würde ich zwischen den zahlreichen Touristen und Joggern mit meiner Sportkleidung nicht auffallen", analysierte ich. Zudem würden in dem Park keine Polizeistreifen fahren, und sicherlich würde man mich eher an irgendwelchen Bahnhöfen, oder in der Nähe meiner Wohnung vermuten. Ich blickte auf die dicken, dunklen Vorhänge im Beichtstuhl und erinnerte mich an die zu erwartende Kälte. „Einen sehr schmalen Vorhang könnte ich als Schal verwenden. Zusätzlich würde er mein Aussehen ein wenig verändern", schlussfolgerte ich. Ich hielt meinen Atem an und horchte, ob sich jemand in der Kirche befand. Es war völlig still, keine Schrittgeräusche, absolut nichts! Als ich den schmalen Vorhang des Seitenfensters von der Stange löste, fiel diese krachend zu Boden. Erschrocken nahm ich den Vorhang und verließ schnell den Beichtstuhl.

Ein einzelner Herr mittleren Alters saß direkt in der davor befindlichen Bankreihe und beobachtete erstaunt den geräuschvollen Vorfall. „Das hatte gerade noch gefehlt! Sicherlich wird er sofort mit seinem Mobiltelefon die Polizei verständigen!", dachte ich. Schnell schritt ich zum Ausgang, wickelte mir den Vorhang als Schal um und begann zu laufen. Ich lief eine Straße hinab und entfernte mich weiter vom Gelände des Krankenhauses. Ständig war ich auf der Hut vor Polizeifahrzeugen. Zivilstreifen waren selbstverständlich nicht zu erkennen. Jetzt galt es, so schnell wie möglich in den Schlosspark zu gelangen.

Nach einer Weile reduzierte ich mein Tempo und marschierte zügig weiter. An einer Kreuzung fragte ich eine Person nach dem Weg zum Schloss Schönbrunn. Diese erklärte mir, dass ich einfach nur der Straße folgen müsste, dann würde ich direkt darauf stoßen. Nach wenigen Metern sah ich den großen Park unterhalb von mir. Ein Schild mit der sinngemäßen Aufschrift "Krankenhaus Wilhelmshöhe" wies den Weg in die Richtung aus der ich kam. Das war das Krankenhaus aus dem ich gerade erfolgreich entkommen war. Sofort bog ich deshalb in eine kleine Seitenstraße ein.

Nach gut zehn Minuten erreichte ich das Schlossgelände. Ich joggte zu einem Seiteneingang und war erleichtert, als ich mich in dem wunderbaren Park befand. Mittlerweile hatte die Sonne den Hochnebel vollständig aufgelöst. Zahlreiche Spaziergänger und Läufer nutzten den herrlichen Herbsttag. Ein frischer Wind sorgte trotz des Sonnenscheins für herbstlich angemessene Temperaturen. Ich war froh, dass ich mir den Schal zugelegt hatte. Gott und der Pfarrer mögen mir mein Handeln in der Notsituation verzeihen.

Ich genoss meine eroberte Freiheit und die Parkanlage. Erste Freudensprünge lösten meine enorme Anspannung. Nach einer Weile ging ich in den Haupteingang des Schlosses. Dort warteten einige Touristen auf den Beginn Ihrer Führung. Ich nutzte die kostenlosen sanitären Einrichtungen, um Wasser zu trinken. Gott sei Dank, gehörte Wien zu den leider immer seltener werdenden Großstädten, deren gutes, klares Leitungswasser auch zum Trinken genutzt werden kann. Anschließend verließ ich das Schloss wieder. Schließlich hatte ich mich lange genug in geschlossenen Räumen aufgehalten, auch wenn diese mit dem eleganten kaiserlichen Ambiente von Schönbrunn nicht gerade vergleichbar waren.

Ich spazierte hinauf zum oberen Schlossteil. Die "Gloriette", wie das kaiserliche Monument benannt ist, bietet einen herrlichen Blick über Wien. Auf der Anhöhe der gegenüberliegenden Seite konnte ich die Lage des Krankenhauskomplexes ausmachen. Davon war ich jetzt meiner Ansicht nach weit genug entfernt, und ich fühlte mich einigermaßen sicher. In dem wunderschön restaurierten Gebäude befand sich ein Café. Gerne hätte ich jetzt einen guten Cappuccino getrunken, doch leider verfügte ich über keinen einzigen Cent. Auf einer Uhr erkannte ich, dass es bereits 15 Uhr war. Ich war also bereits knapp sechs Stunden in Freiheit. Ich spazierte wieder hinab in den unteren Teil des Parks und setzte mich erschöpft auf eine sonnige Bank. Ein vorbeikommender Herr bot mir seine Tageszeitung an. Das passiert wahrlich selten! Dankbar nahm ich sie entgegen.

Auf einer ganzen Seite waren Fotos und Berichte von den Gerichtsprozessen des Vortages abgedruckt. Ich erkannte den Manager des Box-Clubs wieder, der mit mir den Warteraum geteilt hatte. Eine Reportage über sein feudales Leben, das er mit Drogengeschäfte finanziert hatte, schloss sich einem Foto im Gerichtssaal an. Ein weiterer Bericht war dem jungen Mann im Anzug gewidmet, der in der Ecke meines Warteraumes stand. Jetzt wusste ich, warum ich sofort eine große Abneigung gegen ihn empfand. Er hatte versucht, seine schlafenden Eltern mit einer Axt zu erschlagen. Doch diese überlebten die ungeheuerliche Tat. Ich war froh, dass ich dem "Irrenhaus" entronnen war. Über meinen unbedeutenden Prozess fand ich keine Meldung.

Nach dem ausgiebigen Studium der Zeitung, drehte ich erneut meine Runden im Park. Mein Weg führte mich zunächst zum zoologischen Garten, der sich innerhalb des sehr weitläufigen Geländes befindet. Durch den Zaun sah ich ein paar der seltenen

Tiere. Als ich wieder im Hauptteil des Parks war, fiel mir eine besonders dynamische Läufergruppe durch ihr schnelles Tempo auf. Als die Herren mich passiert hatten, konnte ich auf deren Sportkleidung den Aufdruck "Polizeisportverein Wien" lesen. Das erhöhte sofort wieder meinen Pulsschlag. Also auch hier war die Polizei zugegen. Ich schlug einen anderen Weg ein und vermied die Läufergruppe.

Ich musste auf jeden Fall bald eine Lösung finden, die mich aus Wien fortbringen würde. Es stand eine kühle Nacht an und mittlerweile plagten mich Hungergefühle. Seit dem gestrigen Abend hatte ich nichts mehr gegessen. Wie sehr fehlten mir jetzt ein paar Euro! Ich ärgerte mich, dass ich mir gestern bei der Verhandlung nicht unauffällig von meiner Ex-Freundin Geld geben ließ. Allerdings nützt es nichts, über die Vergangenheit zu lamentieren. Ich musste nach vorne blicken! „Kann ich zu Fuß in eine andere Stadt, oder gar bis München gelangen?", waren meine nächsten Überlegungen. Sankt Pölten war in Richtung Deutschland die nächste größere Stadt, die ungefähr 50 Kilometer entfernt an der Autobahn lag. „Dort kann ich versuchen, am nächsten Tag einen Zug zu nehmen", dachte ich weiter. Allerdings wusste ich nicht, ob ich die weite Strecke ohne Ticket schaffen würde. Bis München waren es auf der Autobahn 350 Kilometer. Oft bin ich die Strecke gefahren, da Österreich fünf Jahre lang zu meinem Vertriebsgebiet gehörte, als ich für eine amerikanische Fondsgesellschaft arbeitete. Das war bei allem Optimismus zu Fuß kaum zu schaffen. „Außerdem würde ich als einsamer Wanderer, oder Läufer, jeder Polizeistreife ins Auge stechen. Mit dieser Aktion wäre meine Flucht sicherlich schnell zu Ende", überlegte ich mir.

Schließlich verfügte ich noch über meine Telefonkarte. Meine Ex-Freundin konnte ich auf keinen Fall anrufen. Auf jeden Fall würden die Beamten ihr Mobiltelefon abhören und sie auf Schritt und Tritt verfolgen. „Eine Alternative wäre ihre älteste Tochter", dachte ich mir. „Sie arbeitet in einem Hotel im Zentrum. Dort dürfte man sicherlich nicht so einfach alle eingehenden Gespräche überwachen. Sie, oder noch besser, eine mir bekannte Freundin von ihr, könnte dann Geld und vielleicht sogar Kleidung an einen Treffpunkt in der Nähe des Schlosses bringen." Die Idee gefiel mir sehr gut!

Ich ging erneut in das Café, das sich im oberen Teil des Schlossparks befand, um dort die Telefonnummer des Hotels ausfindig zu machen. Ein Münzfernsprecher verfügte glücklicherweise über ein vollständiges Telefonbuch. Die Nummer konnte ich mir gut merken. Darüber hinausgehend gab es noch eine kleine positive Überraschung. Eine Ein-Euro-Münze lag in dem Telefonapparat. Somit verfügte ich erstmals wieder über Bargeld, auch wenn die Summe sehr bescheiden war.

Ich ging auf einem kleinen Waldweg zur Rückseite des Parks, um ein Kartentelefon zu suchen. Die sind im Zeitalter der Mobiltelefone leider rar gesät. Keinesfalls wollte ich bei Tageslicht den öffentlichen Fernsprecher an der breiten, viel befahrenen Hauptstraße des Schlosseingangs benutzen, den ich bereits erspäht hatte. Vorsichtig verließ ich den Park, in dem ich mich, trotz der joggenden Polizeitruppe, sicher gefühlt hatte. Nach ein paar hundert Metern sah ich in einer Seitenstraße ein Lebensmittelgeschäft. Sofort steuerte ich darauf zu, um mir für den Euro etwas Nahrung zu kaufen. Ich erstand einen Trinkjoghurt, der mich ein wenig mit neuen Kräften versorgte. Eine Telefonzelle war weit und breit nicht zu entdecken. So beschloss ich, das Telefonat auf den Einbruch der Dunkelheit zu verschieben. Ich ging in den Park zurück.

Die zahlreichen Blumen und Bäume bereiteten mir sehr viel Freude. Vier Monate musste ich auf ein solches Naturerlebnis verzichten. Ich genoss die Weite des Parks und meine erkämpfte Freiheit, die ich mit der wunderbaren Hilfe Gottes zurückerobert hatte. Die Türen, die er öffnet, kann niemand schließen.

Bei der Aktion wurde niemand verletzt und nichts beschädigt, sieht man vom beschädigten Image des Untersuchungsgefängnisses ab. Genau das war mein großes Ziel gewesen. Das erfüllte mich jetzt mit tiefer Freude.

Doch ich wollte nicht zu euphorisch werden, denn noch immer saß ich in Wien fest. Dort konnte noch einiges schief gehen. Erneut spazierte ich zum Haupteingang des Schlosses. Mittlerweile hatte ich durch die Flucht und durch die Weitläufigkeit der Parkanlage einige Kilometer zurückgelegt. Vom Innenhof aus konnte ich das Kartentelefon erkennen. Im Bereich eines Nebengebäudes setzte ich mich auf eine Bank, um auf die nahende Dunkelheit zu warten. Ein Reiseleiter, der auf seine sich im Schloss befindliche Gruppe warten musste, gesellte sich zu mir. Da konnte ich mich erstmals wieder mit einem "normalen" Menschen unterhalten. Das angenehme Gespräch verkürzte meine Wartezeit.

Nun befand sich das Telefon im Schutze der Dunkelheit und ich wagte mich an den verkehrsreichen Punkt. Aufgeregt wählte ich die Nummer des Hotels. Eine freundliche Damenstimme meldete sich. Ich fragte, sicherheitshalber auf Englisch, nach der Tochter meiner ehemaligen Lebensgefährtin. Danach beendete unerwartet ein Klicken das Telefonat. Wieder tippte ich die Nummer ein. Gott sei Dank, meldete sich jetzt direkt die gewünschte Person. Erneut wurde mein Gespräch durch das Auflegen des Hörers auf der anderen Seite beendet. Doch wie heißt es so schön: Alle guten Dinge sind drei! Das Ergebnis war leider wieder das gleiche. Grübelnd ging ich die wenigen Meter in den Innenhof zurück. Ich konnte mir die Angelegenheit nicht erklären. Deutlich verstand ich die Stimme am anderen Ende der Leitung. Damit schloss ich einen technischen Defekt aus.

Nach weiteren Überlegungen fasste ich den Mut, Sandra anzurufen. Ihr Name war der Polizei durch Briefe, die wir uns während meiner Haftzeit geschrieben hatten, und durch ihren Überraschungsbesuch im Gefängnis bekannt. Doch sicherlich würde es für die österreichischen Beamten nicht so einfach sein, einen Telefonanschluss in Deutschland abzuhören. Allerdings hatte ich keine Erfahrung mit den Ermittlungsmöglichkeiten der Polizei. „Bestimmt würde die Sandra nochmals nach Wien kommen. Dieses Mal nicht um mich zu besuchen, sondern um mich abzuholen und in vorläufige Sicherheit zu bringen - eine geniale Idee!", dachte ich mir. Ich wählte ihre Telefonnummer und nach kurzer Zeit meldete sie sich. Sofort begann ich ihr meine Situation zu schildern. Dabei blickte ich mich vorsichtig um, ob nicht jemand mein Gespräch mithören konnte. Doch auch sie legte einfach auf! Damit schien es sich doch um einen merkwürdigen technischen Defekt zu handeln. „Oder waren es meine Schutzengel, die mich vor einem sehr großen Fehler bewahrten?", fragte ich mich nach einer Erklärung suchend. Ich wollte es mit den Telefonaten später noch einmal versuchen. Allerdings gab es an dieser tagsüber dicht bevölkerten Stelle des Haupteingangs nur ein einziges Kartentelefon. Doch inzwischen wurden die Tore des Schlosses verriegelt.

Ich machte mich auf den Weg zu einem Seiteneingang, um dort einen öffentlichen Fernsprecher zu suchen. Dabei kam ich ausgerechnet an einer Polizeistation vorbei. Glücklicherweise lief ich keinem Beamten in die Hände. Ich ging in mehrere Seitenstraßen, doch nichts, kein Telefon war aufzutreiben. „Wie soll es weitergehen? Wo kann ich die kalte Nacht verbringen?", sorgte ich mich. Inzwischen war es nach 19 Uhr. Mein Magen knurrte mehr und mehr. Der Joghurt war nicht gerade eine üppige Mahlzeit gewesen und durch die Flucht hatte ich zahlreiche Kalorien verbraucht.

Da erinnerte ich mich an den Moment, als ich am Nachmittag oben auf der Gloriette stand und meinen Blick über die Stadt schweifen ließ. Ich konnte die Gegend um den Westbahnhof sehen. Dort in der Nähe befand sich mein Stammhotel, in dem ich einige Seminare und Kundenveranstaltungen als Referent durchgeführt hatte. Die angenehme Hotelbar verfügte über vernünftiges Essen, jedoch nicht über ein nahe gelegenes WC. Das befand sich weit entfernt beim Eingang in die Tiefgarage. Darüber hatte ich mich damals sehr gewundert. „Da ich weder im Besitz von Bargeld noch von Kreditkarten war, könnte ich nach einer kleinen Mahlzeit das Restaurant durch die Tiefgarage verlassen", so meine weiteren Überlegungen. Diese hatte eine Ausfahrt, die auf die Rückseite des Gebäudes führte. Aus meiner früheren beruflichen Zeit hatte ich durch zahlreiche Übernachtungen noch Bonuspunkte bei der kleinen Hotelkette, die diese in einer kleinen Broschüre für Stammgäste mit entsprechenden Stempeln vermerkt hatte. „Damit bräuchte ich wegen der kleinen, unbezahlten Rechnung kein sehr schlechtes Gewissen haben", rechtfertigte ich mein Vorhaben gedanklich. „Da sich in dem Hotel ein Fitnessbereich befindet, werde ich mit meiner Sportkleidung nicht auffallen und ich könnte für ein paar Stunden untertauchen", so meine weiteren Überlegungen. Die Entfernung zum Hotel schätzte ich auf zehn Kilometer. Oft war ich die Stecke mit dem Auto gefahren.

Begeistert von meiner Idee, ging ich sofort schnell in die ungefähre Richtung des Westbahnhofs. Ständig hielt ich nach

Polizeistreifen Ausschau. Plötzlich bog ein Polizeifahrzeug vor mir in eine Parkbucht ein! Ein Polizist öffnete die Fahrzeugtür. Sofort spurtete ich auf die andere Straßenseite. Ich wusste nicht, ob mich der Polizist gesehen hatte. Schnell bog ich um eine Straßenecke und entfernte mich zügig. Keinesfalls wollte ich das Risiko einer erneuten Festnahme eingehen! Das war ziemlich nervenaufreibend und anstrengend. Es wurde Zeit, dass ich in dem Hotel hoffentlich ein wenig Ruhe finden würde.

In einer kleinen Seitenstraße entdeckte ich eine Telefonzelle und welch ein Wunder, es war ein Kartentelefon. Ich wagte noch einen letzten Versuch, die Tochter meiner Ex-Freundin zu erreichen. Es meldete sich ein junger Mann an der Rezeption, den ich seiner Stimme nach kannte. Er teilte mir mit, dass die gewünschte Person inzwischen ihren Dienst beendet hatte und erst am nächsten Morgen wieder erreichbar wäre. Ich bedankte mich für die Information. Ich erklärte die Aktion endgültig für gescheitert. Es sollte nicht sein! Sicherlich gab es gute Gründe dafür. Ich brauchte also eine andere Lösung, die mich möglichst schnell aus Wien befreien würde. „Darüber werde ich im Hotel-restaurant nachdenken!", beschloss ich.

Nach eineinhalb Stunden erreichte ich ohne weitere Zwischen-fälle den Westbahnhof, in dessen Nähe sich das Hotel befand. Durch den Haupteingang des Hotels ging ich direkt in die Hotelbar. Ich erkannte den freundlichen Ober wieder, der seit Jahren dort arbeitete. Erleichtert ließ ich mich in einem der bequemen Korbsessel nieder. Die Bar war im Kolonialstil ein-gerichtet. „Ein großer Unterschied zu meiner engen, traurigen Gefängniszelle", stellte ich zufrieden fest. Nach dem großen Laufpensum hatte ich richtig Durst und zur Feier des Tages gönnte ich mir ein erfrischendes Weißbier. Das war nach vier Monaten mit Leitungswasser und löslichem Kaffee eine echte

Wohltat. Innerlich stieß ich auf den Erfolg meiner Flucht und auf meine wiedererlangte Freiheit an. Ich genoss die angenehme und ruhige Atmosphäre des Restaurants und fühlte mich sicher. Nach vier Monaten Gefängnisküche freute ich mich auf einen guten Salat. Spontan bestellte ich einen Backhendlsalat, eine österreichische Spezialität, die meine notgedrungen unbezahlte Rechnung nicht überstrapazieren sollte.

Die Wartezeit verbrachte ich mit dem Lesen verschiedener Tageszeitungen. Anschließend ließ ich mir den Salat mit panierten Hühnerstreifen schmecken. Danach machte ich mich auf den Weg zur Toilette, um zu prüfen, ob tatsächlich ein unauffälliges Verschwinden durch die Tiefgarage möglich sein würde. Auch wenn es jetzt dafür eigentlich schon zu spät war. Dort angekommen, stellte ich fest, dass das Garagentor geöffnet war. Alles zeigte sich so, wie ich es mir vorgestellt und in Erinnerung hatte. Beruhigt kehrte ich in das Restaurant zurück.

„Ich muss unbedingt Freunde in München anrufen, die mich aus der Gefahrenzone bringen können. Öffentliche Verkehrsmittel sind zu gefährlich, außerdem habe ich kein Geld!", überlegte ich mir. Das Problem war jedoch, dass ich durch meine zahlreichen Auslandsreisen und Wohnorte in Südafrika und Panamá seit über zwei Jahren keinen Kontakt zu Freunden und Bekannten in Europa hatte. Damit hatte ich auch keine Telefonnummern mehr in meinem Gedächtnis gespeichert, außer der meiner Eltern. Die wollte ich auf keinen Fall verständigen. Eventuell wurde ihr Telefonanschluss bereits überwacht. Zudem wusste ich nicht, wie mein Vater auf diese Hiobsbotschaft reagieren würde.

Mittlerweile war es nach 23 Uhr. Das bedeutete, dass ich das gravierende Problem heute nicht mehr lösen konnte. Jetzt brauchte ich eine kurzfristige Möglichkeit, die Nacht einiger-maßen sicher zu überstehen. Ich beschloss, in den Praterpark zu laufen. „In dem weitläufigen Gelände würde ich sicherlich einen geeigneten Unterschlupf finden", redete ich mir Mut zu. Zum Abschluss des angenehmen Abendessens, auch anlässlich meiner kleinen Freiheitsfeier, bestellte ich noch einen großen Milchkaffee. Dieser sollte mich auch wieder wachrütteln, um genügend Motivation für die weite Strecke zum Park zu haben. Ich genoss den inzwischen servierten Kaffee und bereitete mich gedanklich auf die Flucht aus dem Restaurant vor.

Mit einer gewissen Anspannung ging ich in die Tiefgarage hinunter. Trotz meiner Bonuspunkte hatte ich bezüglich der unbezahlten Rechnung ein unbehagliches Gefühl. Ich durchquerte die Garage in Richtung des Garagentors. Entsetzt stellte ich fest, dass es jetzt geschlossen war! Es gab also keinen unauffälligen Hinterausgang mehr. Das machte meinen guten Plan zunichte. Hastig suchte ich nach einer Lösung des dringenden Problems. Mein Pulsschlag erhöhte sich merklich! Ich begann zu schwitzen. Es gab nur eine Lösung: Durch den Haupteingang, der leider von der Bar aus zu sehen war, das Hotel verlassen. Und dann, soweit die Füße tragen, möglichst schnell laufen!

Meine Flucht durfte jetzt nicht an dem unbezahlten Abendessen scheitern. Ich ging das Treppenhaus nach oben und näherte mich dem Ausgang, der direkt neben der Rezeption lag. Geräuschvoll öffneten sich die automatischen Schiebetüren. Zügig marschierte ich einige Meter bis zur Ecke des Hotels. Dort bog ich in eine Seitenstraße ab und begann zu laufen. „Nichts wie weg und bloß nicht umschauen, einfach nur laufen!", waren meine Gedanken. Das hatte ich ja heute am Morgen bereits reichlich geübt. Nach einigen hundert Metern reduzierte ich mein Tempo und ging weiter. Niemand war zu sehen in den ruhigen, verlassenen Seitenstraßen von Wien. Es musste bereits nach Mitternacht sein. Mit meiner Sportkleidung fiel ich um diese Zeit sicherlich auf. Folglich durfte ich keinesfalls einer Polizeistreife begegnen.

Durch das häufige Wechseln der Straßen hatte ich völlig die Orientierung verloren. Jetzt stellte ich fest, dass ich zur Umgehung der Innenstadt ziemlich genau in die entgegengesetzte Richtung meines ursprünglichen Zieles gelaufen war. Auf keinen Fall wollte ich zum Schlosspark zurückkehren. Der lag zu nahe am Krankenhaus, von dem aus meine Flucht erfolgt war. Zudem war er nachts geschlossen. Mein Ziel blieb somit der Praterpark. Dazu musste ich unbedingt zum Donaukanal gelangen. „Den kann ich am Ufer entlang laufen, bis ich eine der Straßen erreiche, die in den Park führen." Das waren meine weiteren kurzfristigen Planungen.

Ein einsamer nächtlicher Spaziergänger mit Hund kam mir entgegen. Ich fragte den Herrn nach dem Weg zum Kanal. Der sei sehr weit, teilte er mir unter Angabe der ungefähren Richtung mit. Leider sollte er Recht behalten. Ich fühlte mich sehr unwohl in den einsamen Straßen. Jederzeit konnte ein Polizeifahrzeug auftauchen. „Wie würde ich reagieren? Auf jeden Fall weglaufen, keinesfalls sollte man mich wieder in das Gefängnis zurückbringen", war meine sofortige innere Antwort. Zügig schritt ich voran, als ich ein merkwürdiges Gebäude erblickte. Erschrocken stellte ich fest, dass es das Gefängnis war, dem ich endlich entrinnen konnte. „So ein dummer Zufall, komme ich in der riesigen Stadt genau an diese Stelle!", ärgerte ich mich über mich selbst. Glücklicherweise befinden sich die Polizeibeamten im Gebäude und keine Sicherheitsposten außerhalb. Dennoch beschleunigte ich sofort aufgeregt mein Tempo und lief wiederholt eine ganze Weile. Inzwischen machte sich mein großes Laufpensum durch schwere Beine bemerkbar.

Jetzt stieß ich auf eine mir bekannte Hauptstraße. Das war kein gutes Zeichen! Ich näherte mich allmählich meiner Wohnung! Dort würde die Polizei sicherlich auf mich warten. Allerdings wusste ich nun, in welcher Richtung sich der Kanal befand. Bis zu meinem Ziel würde ich bei gutem Tempo noch mindestens eine Stunde benötigen. Irgendwann erreichte ich endlich den Kanal. Schnell lief ich über eine dicht befahrene Brücke auf die andere Seite. Die schien mir sicherer zu sein, da sie nicht direkt an der Innenstadt entlang führte.

Doch ich täuschte mich! Ich lief direkt in eine Falle, als ich die Treppen nach unten zum befestigten Ufer rannte. Rechts von mir floss das finstere Wasser. Auf der linken Seite schloss eine mindestens fünf Meter hohe Mauer jegliche Fluchtmöglichkeit aus. Ich befand mich praktisch wie in einem Tunnel bei dem der Gegner, in meinem Fall die Polizei, nur am anderen Ende zu warten brauchte. Als ich das nach einigen Metern realisierte, ergriff mich ein panikartiger Zustand! Erneut erhöhte ich mein Tempo, um so schnell wie möglich der Falle zu entrinnen. Eine lange Baustelle an der schmalen Uferpromenade sperrte die nach oben führenden Treppen ab. „Das hatte gerade noch gefehlt!", fluchte ich über meine blödsinnige Idee. Ich hatte geglaubt, dass ich mich da unten sicher fühlen würde, genau das Gegenteil war der Fall! Eine Polizeistreife, die mich vom anderen Ufer aus wahrnehmen könnte, bräuchte mich nur am Ende des endlos erscheinenden Weges in Empfang nehmen. Als einziger Ausweg würde mir nur der Sprung in die eisigen Fluten des Kanals bleiben. „Doch selbst das würde ich riskieren", nahm ich mir entschlossen vor. Glücklicherweise kam es nicht dazu. Endlich erreichte ich einen zugänglichen Treppenaufgang. Sofort spurtete ich nach oben, um den Gefahrenbereich zu verlassen.

Ich überquere eiligst die an der Donau entlang führende Hauptstraße und lief in eine Seitenstraße. Hier kannte ich mich jetzt besser aus. Oft war ich von der Innenstadt aus in den Praterpark spaziert. Die Straße führte in Richtung des Parks, den ich nach über zwei Stunden, seit dem Verlassen des Hotels, erschöpft erreichte. Ich ging einen einsamen Schotterweg entlang, wobei ich nach geschützten Plätzen für die restliche Nacht Ausschau hielt. In ungefähr 100 Meter Entfernung entdeckte ich ein paar niedrige Tannenbäume, bei denen ich weit genug entfernt von Pfaden und Straßen Unterschlupf finden konnte. Die Stelle schien mir für die wenigen Stunden bis zum Tagesanbruch geeignet zu sein. Die Rückseite war vor Überraschungen durch den hohen Zaun eines Sportgeländes geschützt.

Ich kauerte mich auf den erdigen Boden unter einen der Bäume. Das war nicht gerade sehr gemütlich, wie ich sehr schnell feststellte. Doch ich war frei, das war das Wichtigste. Die erste Nacht außerhalb meiner engen Zelle, über mir der endlose Sternenhimmel, der für eine klare, kalte Nacht sorgte. Und es gab keine sich gegenseitig wüst beschimpfenden Gefangenen mehr, einfach nur Stille – herrlich!

Bereits nach wenigen Minuten begann ich zu zittern. An Schlafen war trotz der Erschöpfung nicht zu denken. Mein Körper kühlte bei den niedrigen Temperaturen im bewegungslosen Zustand sehr schnell aus. Ich erhob mich und wärmte mich durch ein paar Fitnessübungen auf. Danach betrachtete ich die hohen Bäume, die in meiner Nähe standen. Zwischen den Ästen funkelten die leuchtenden Sterne hindurch. Wie sehr hatte ich doch die Natur während meiner Gefangenschaft vermisst. Ich konnte von meiner Zelle aus nur den trostlosen Innenhof und die ihn eingrenzenden Gebäudeteile sehen. Jetzt sah ich wieder

Bäume und Sterne. Ich genoss den Anblick eine ganze Weile. Danach veränderte ich mein Aussehen ein wenig, obwohl ich dafür nicht viele Möglichkeiten hatte. Ich zog mein langes, weißes T-Shirt, das die Aufschrift des Dubai-Marathons trug, über die beiden dünnen hellblauen Sommerpullover. Meine Frisur hatte ich bereits zuvor auf einen Seitenscheitel getrimmt. Gott sei Dank verfügte ich bei der nächtlichen Kälte über den in der Kirche entliehenen Vorhangschal. Ich wartete auf den Tagesanbruch. „Bestimmt werden bald die ersten Jogger auftauchen und ich kann mich unauffällig unter die Läufer mischen", nahm ich mir vor, auch wenn mir mein bisheriges Laufpensum bereits reichte.

Ständig dachte ich über eine bestimmte Telefonnummer von Freunden in München nach. Oft hatte ich die Nummer gewählt. Doch jetzt fehlte sie meinem Erinnerungsvermögen.

Allmählich breitete sich das Tageslicht aus. Tatsächlich sah ich die ersten Läufer auf dem Schotterweg. Langsam trabte ich los und freute mich, dass ich die Nacht gut überstanden hatte. Es hätte wesentlich schlimmer kommen können!

Mehrere Jahre war ich genau zu dieser Zeit auf einer bedeutenden Finanzmesse in Wien gewesen. Und oft begleiteten mich auf dem Heimweg heftige, herbstliche Regenfälle, oder bereits die ersten Schneeschauer. Ich konnte also nicht klagen. Gott meinte es gut mit mir. Ich lief in den Teil des Parks, den ich am besten kannte. Häufig hatte ich die dort befindlichen Klimmzugstangen aufgesucht. Auch jetzt führte mich mein Weg an diese Stelle. Nach ein paar Übungen joggte ich zu einer Lichtung, auf der ich stehenblieb. Meine Pause dauerte nicht lange. Plötzlich sah ich auf einer ungefähr 150 Meter entfernten Straße, die für den öffentlichen Verkehr gesperrt war, ein Polizeifahrzeug kommen.

Es verringerte die Geschwindigkeit und blieb genau auf meiner Höhe stehen. Sofort rannte ich in die entgegengesetzte Richtung und verschwand zwischen den zahlreichen Bäumen. „War es Zufall, dass der Streifenwagen dort gehalten hatte?", fragte ich mich. Doch eindeutig blickte der Polizist in meine Richtung. Ich beschloss, diesen Teil des Parks umgehend zu verlassen. Zu viele Straßen und befahrbare Wege durchquerten ihn. Ich blickte kurz in alle Richtungen und konnte kein Polizeifahrzeug mehr erkennen. Dann lief ich in einen kaum besuchten Abschnitt des Parks, in dem mir ein Waldstück mehr Sicherheit bot. Ich beruhigte mich ein wenig. „Auf jeden Fall muss ich heute Wien verlassen! Zu groß war die Gefahr, dass mich eine Polizeistreife wieder einfangen würde", dachte ich, während ich mich beim Spazierengehen etwas erholte.

Plötzlich, aus dem Nichts heraus, fiel mir die dringend benötigte Telefonnummer ein. Es war die Firmennummer von Freunden in München. Deutlich sah ich die Ziffern vor mir! Allerdings würde ich erst ab 10 Uhr jemanden erreichen können. Doch das war egal. Hauptsache ich hatte die Nummer! Mit Freudensprüngen zelebrierte ich meine neue große Hoffnung.

Es fing leicht zu regnen an. Ich setzte mich unter einen schönen Laubbaum. Sein üppiges, bunt gefärbtes Blätterwerk bot mir ausreichenden Schutz. Nach kurzer Zeit hörte der Regen auf. Ich ging weiter, um hoffentlich einen Spaziergänger zu treffen, den ich nach der Uhrzeit fragen konnte. Das war bald der Fall. Ich hatte bis zu dem Telefonat noch gut eineinhalb Stunden Zeit. „Wie würde mein Gesprächspartner reagieren, auf den ich jetzt meine ganze Hoffnung setzte, Wien so schnell wie möglich zu verlassen?" Über zwei Jahre lang hatte ich mich nicht mehr gemeldet. Dafür gab es Gründe. Und jetzt müsste ich ihn darum bitten, mich in Wien abzuholen. Ich war gespannt, was passieren würde!

„Für das Telefonat muss ich mich wieder auf Straßen und Wege wagen", waren meine weiteren beunruhigenden Überlegungen. Bis dahin genoss ich noch den Schutz des Waldstücks. Als meine innere Uhr mir andeutete, dass es Zeit zum Aufbrechen war, marschierte ich zügig in Richtung des Fußballstadions, das sich auf dem Gelände befindet. Nach einer Weile erkannte ich den hohen Aufbau des damals größten österreichischen Stadions. Vorsichtig näherte ich mich dem Parkplatz, der sich direkt vor der Arena befand. Ein ungutes Gefühl machte sich in mir bemerkbar. Doch ich hatte keine andere Wahl. Ich benötigte unbedingt ein Telefon.

In einiger Entfernung sah ich zwei öffentliche Fernsprecher, die leider nicht den Luxus einer geschlossenen Telefonzelle boten. Ich lief sofort darauf zu. Einer davon war ein Kartentelefon. Ich holte meine Telefonkarte hervor. Welch ein Segen, dass ich die mir erstaunlicherweise im Gefängnis zugelegt hatte. Das war wahrlich eine Eingebung Gottes, der anscheinend jedes Detail der Flucht perfekt geplant hatte. Ich tippte die Nummer ein und war gespannt, ob ich dieses Mal ein erfolgreiches Telefonat führen könnte. Da vernahm ich die mir immer noch sehr vertraute Stimme meines völlig überraschten Freundes. Ich erklärte ihm kurz meine Notsituation. Er teilte mir mit, dass heute die Fahrt nach Wien durch eine Reise seines Geschäftspartners sehr schwierig sein würde.

Während des Gespräches blickte ich nervös nach allen Seiten. Da sah ich am Stadion drei Polizeitransporter stehen. Äußerst ungewöhnlich, da um diese Zeit bestimmt keine Sportveranstaltung stattfinden würde. Außerdem war der Parkplatz leer. Ein Polizist stieg gerade aus. „Bloß nicht gleich auflegen!", dachte ich. Mit dem Versprechen mich später wieder zu melden, beendete ich rasch das Telefonat. Ich entnahm hastig meine wichtige Telefonkarte und lief in Richtung Donau, der Fluss, der an dieser Stelle eine beachtliche Ausdehnung hat. Eine Unterführung, leider gab es keine bessere Alternative, durchquerte ich zügig. Danach rannte ich durch ein Wohngebiet zu einer Überführung, die mich direkt zum Eingangsbereich eines großen Hotels am Donauufer brachte.

Ich kannte das gut gelegene, angenehme Hotel einer namhaften amerikanischen Hotelkette bestens. Einige Nächte hatte ich dort verbracht. Zügig ging ich in die geräumige Lobby hinein und verschnaufte nach der erneuten Aufregung ein wenig. Ich dachte über das Telefonat nach, dessen Verlauf mich nicht gerade euphorisch stimmte. Ich müsste meinen Freund bei meinem nächsten Anruf auf jeden Fall davon überzeugen, dass er heute noch nach Wien fahren sollte. Nach einer Weile des Grübelns löschte ich meinen Durst im WC des Hotels. Anschließend wartete ich auf einer Bank am Donauufer bis zu meinem Telefonat. „Hoffentlich reicht mein Guthaben auf der Karte noch aus!", sorgte ich mich. An der sehr dicht befahrenen Straße gegenüber dem Hotel, sah ich eine Telefonzelle. Es war ein Kartentelefon – Gott sei Dank!

Ich tippte die Nummer ein, die mir jetzt wieder vertraut war. Mein vorheriger Gesprächspartner meldete sich. Ich betonte die Dringlichkeit der Hilfe, die ich benötigte. Er stimmte zu, nach Wien zu kommen. Allerdings könne er erst nach 18 Uhr das Geschäft verlassen. „Wie auch immer, Hauptsache er kommt hierher!", dachte ich. Ich teilte ihm mit, dass ich auf dem Parkplatz des Hotels auf ihn warten würde und erklärte kurz dessen Lage. Erleichtert beendete ich das Telefonat!

„Wunderbar, ich würde noch heute Wien verlassen!", freute ich mich. Danach ging ich wieder zum Hotel zurück. Ich rechnete mir die ungefähre Ankunftszeit von Mike aus. Er würde München im dichten Berufsverkehr verlassen und für die Autobahnstrecke vermutlich vier Stunden benötigen. Das Hotel befand sich genau am anderen Ende der Stadt. Das wäre nochmals mindestens eine halbe Stunde an Fahrzeit. Er könnte also gegen 23 Uhr hier sein. Jetzt war es kurz nach 12 Uhr. Folglich musste ich noch einige Stunden überstehen.

Mittlerweile setzte sich angenehmer Sonnenschein durch und sorgte für mildere Temperaturen. Ich beschloss, auf die über 20 Kilometer lange Donauinsel, die gegenüber dem Hotel liegt, zu gehen. Soweit ich das in Erinnerung hatte, fahren dort keine Autos und damit auch keine Polizeistreifen. Ich spazierte am Donauufer entlang bis zu einer hohen Brücke, die die breite Donau überspannt. An ihrer Unterseite führt ein Fußgängerweg auf die Insel hinüber. Ich erklomm das gigantische Bauwerk über den Treppenturm und bestaunte die atemberaubende Aussicht auf das unheimlich anmutende dunkle Wasser.

Auf der anderen Seite setzte ich mich unweit der Brücke an das Flussufer und kühlte meine vom vielen Laufen schmerzenden Füße. Das tat gut! Angenehm wärmten mich dabei die herbstlichen Sonnenstrahlen, während das kalte Wasser wie Balsam für meine Füße war. Ich dachte an die baldige Fahrt nach München und war dankbar für die angenehme Ruhepause. Doch plötzlich riss mich das laute Geräusch eines herannahenden Helikopters unsanft aus meinen Gedanken. Ich konnte leicht erkennen, dass es ein Polizeihubschrauber war. Er kam genau auf mich zu. „Hoffentlich landet er nicht auf der Insel!", betete ich. Er flog darüber hinweg. „Würde er zurückkehren, oder per Funk Streifenwagen informieren? Vielleicht hatten die Piloten

mich gar nicht gesehen und flogen nur zufällig hier herum",
versuchte ich mich zu beruhigen. „Hier auf der Insel bin ich auf
jeden Fall wieder in einer Falle, auch wenn die sehr groß ist",
schlussfolgerte ich. Eiligst zog ich Socken und Schuhe an und
spurtete den spiralförmigen Aufgang zur Brücke hinauf. Danach
lief ich in luftiger Höhe Richtung Festland. Ich passierte den
Abgang und lief weiter bis der Fußgängerweg eine Böschung
erreichte. Die ging ich schnell hinunter. Ich überquerte eine
Straße und suchte Schutz in einer dichten Baumgruppe. Dort
verschnaufte ich einige Minuten, um danach eiligst zum Hotel
zurückzukehren. Es wurde wirklich Zeit, dass ich hier wegkam!

Inzwischen verspürte ich großen Hunger. Instinktiv zog es mich
in den Tagungsbereich des Hotels. Essensreste auf zahlreichen
Tellern zeugten davon, dass gerade eine Pausenmahlzeit zu Ende
gegangen war. In einer der silbernen Warmhalteschalen
entdeckte ich das letzte paar Würstchen. Ich holte mir einen
frischen Teller und zwei Brötchen dazu. Da tauchte eine Dame
des Hotelpersonals auf. „Angriff ist die beste Verteidigung!",
dachte ich und fragte sie sofort, ob ich von dem Kaffeeauto-
maten einen Cappuccino entnehmen dürfte. Vermutlich nahm
sie an, dass ich ein Nachzügler der Tagung war. Meine mittlerweile stark strapazierte Sportkleidung passte nicht unbedingt
in die Seminarräume eines Hotels. Doch Dank der sehr legeren
nordamerikanischen Freizeitkultur, die selbst den Besuch von
Spielkasinos im Jogginganzug ermöglicht, fällt man auch mit
Sportkleidung im Tagungsbereich ihrer Hotelketten nicht auf.
Freundlich stimmte sie zu und bat mich, mich selbst zu
bedienen. Das tat ich sofort! Etwas gestärkt und dankbar für den
guten, kostenlosen Kaffee, verließ ich das Hotel wieder.

Ich spazierte an der Donau entlang, dieses Mal in die andere
Richtung. Nach ein paar Minuten schloss sich mir eine Dame

mittleren Alters an. Sie besuchte in Wien gemeinsam mit ihrem Ehegatten einen medizinischen Kongress, wie sie mir sogleich mitteilte. Jetzt wollte sie sich vor dem langen Rückflug nach Australien ein wenig die Beine vertreten. Interessiert hörte ich den Erzählungen über ihren Heimatkontinent zu. Es war der einzige Kontinent auf dem ich noch nicht gelebt hatte. Die weite Strecke hatte mich bislang von einer Reise dorthin abgehalten. Außerdem fehlte mir ein guter Grund, die lange Reise anzutreten. Ich freute mich über das angenehme Gespräch und fühlte mich sicher. Ich wollte sie noch bis zur anderen Brücke begleiten, die ebenfalls einen Zugang zur Insel bot. Diese galt es auf jeden Fall zu vermeiden.

Plötzlich sah ich in etwa 100 Meter Entfernung ein Polizei-fahrzeug auf dem Weg stehen, den wir gerade entlang spazierten. Ein weiterer Streifenwagen fuhr auf das Donauufer hinauf. Erschrocken sagte ich zu der Dame auf Englisch, sie sprach kein Deutsch, dass ich dringend telefonieren müsste. In der großen Aufregung fiel mir nichts Besseres ein. Sofort spurtete ich ein kurzes Stück über eine Wiese und rannte die steile Böschung zu der dicht befahrenen Uferstraße hinunter. Ich überquerte sie und verschwand in einem Wohngebiet, das sich unmittelbar an die Straße anschloss. Auf den engen Fußwegen war ich vor den Polizeifahrzeugen sicher. Nach einer Weile veränderte ich hinter einer Hauswand wieder meine Kleidung. Ich zog schnell den blauen Pullover über mein weißes T-Shirt. Zum Glück sah ich keine Polizisten mehr.

Ich erholte mich ein paar Minuten von der wiederholten Stress-situation. Es ging mir ganz schön auf die Nerven, ständig vor irgendwelchen Polizeistreifen, deren Absichten ich nicht kannte, zu flüchten. „Doch besser einmal zu viel weglaufen, als wieder in der Hölle des Gefängnisses zu sitzen!", rechtfertigte ich vor mir selbst meine spontane Aktion. Es wurde Zeit, dass Mike mich abholte!

Ich verließ die Gegend wieder. Sie verfügte nicht gerade über den besten Ruf. Als die Mithäftlinge meiner Zelle über Waffenkäufe und andere kriminelle Geschäfte gesprochen hatten, fiel häufig der Name des Platzes mit einer großen Kirche, an der ich gerade stand. Ich wählte einen Umweg über das Wohngebiet, um wieder zum Hotel zu gelangen.

Ich beschloss, mich auf keine abenteuerlichen Spaziergänge mehr einzulassen, sondern bereits jetzt am Parkplatz zu warten. Dort konnte ich mich auf eine von Sträuchern umgebene Wiese setzen. Mittlerweile war es gegen 17 Uhr. Es verblieben also noch mindestens sechs Stunden bis zum Eintreffen von Mike. Irgendwie hatte ich die Hoffnung, dass er München zeitiger verlassen würde. Vom Parkplatz aus sah ich, dass das Hotel einen weiteren großen Eingang im Tiefgeschoss hatte. Den nutzte ich, um erneut im WC Wasser zu trinken. Damit musste ich nicht ständig an der Rezeption vorbeigehen. Schließlich wollte ich nicht auffallen. Ich ging wieder zum Parkplatz zurück und blickte auf die breite Donau. Einzelne Handelsschiffe passierten die Schifffahrtsstraße.

Wenige Meter von mir entfernt war ein großes Restaurantschiff an der Ufermauer festgezurrt. Das brachte mich kurzfristig auf die Idee im Hotelrestaurant auf Mike zu warten. „Bei einer gemütlichen Mahlzeit würde mir das Warten wesentlich leichter fallen. Er könnte dann bei seiner Ankunft die Rechnung bezahlen." Doch ich verwarf den verführerischen Gedanken wieder. „Denn was würde passieren, wenn er aus irgendwelchen Gründen nicht kommt?" In diesem Hotel verfügte ich über keine Bonuspunkte, die eine unbezahlte Rechnung rechtfertigen würden. Außerdem wollte ich ihn nicht gleich unangenehm mit einer Rechnung überraschen. Es würde bereits mehr als genug an Entgegenkommen sein, wenn er nach der langen kontaktlosen Zeit einfach nach Wien fährt, um mich abzuholen.

Also spazierte ich weiterhin in der Umgebung des Parkplatzes auf und ab. Natürlich war ich ständig auf der Hut vor weiteren unliebsamen Überraschungen, von denen ich inzwischen genug erlebt hatte. Doch hier fühlte ich mich einigermaßen sicher. Der Parkplatz war nur auf einer Überführung erreichbar. Es war eine Sackgasse. Damit gab es keinen Durchgangsverkehr. Mittlerweile war es dunkel geworden. Die beginnende Nacht war angenehm mild - Gott sei Dank. Das half mir sehr, die Wartezeit im Freien zu überbrücken. Gegen 23 Uhr ging ich erwartungsvoll nach oben zur Überführung, um die am Hotel ankommenden Fahrzeuge zu beobachten. Nach einer Weile näherte sich ein Fahrzeug mit Münchener Kennzeichen. „Die ersehnte Rettung!", dachte ich und begann durch Winkzeichen auf mich aufmerksam zu machen. Das Fahrzeug blieb stehen und der Fahrer öffnete das Fenster. Leider war es nicht die ersehnte Person. Ich entschuldigte mich. Verständnisvoll nickte der junge Mann und fuhr zum Parkplatz. Ich ging wieder in das Hotel, um die Uhrzeit festzustellen. Es war mittlerweile fast Mitternacht.

„Würde er überhaupt kommen?", begannen sich Zweifel in mir zu regen. Er konnte mich nicht verständigen und ich hatte keine Telefoneinheiten mehr, um ihn auf seinem Mobiltelefon anzurufen. Die Nummer hatte er mir sicherheitshalber genannt. Die Telefonkarte hatte genau für das entscheidende Gespräch ausgereicht. „Was mache ich, wenn er nicht kommt? Wo könnte ich eine weitere Nacht überstehen?" Ich verdrängte die zweifelnden Fragen wieder. Schließlich wusste ich um seine Zuverlässigkeit. Ich stellte mich vor das Hotel, um ihn bei seiner Ankunft sofort sehen zu können. Nach schätzungsweise einer

Viertelstunde fuhr erneut ein Fahrzeug mit dem Kennzeichen von München auf die Überführung. Es kam direkt auf mich zu und blieb stehen. Vorsichtig blickte ich in das Wageninnere. „Kaum zu glauben – er war es!" Meine Freude und Erleichterung war grenzenlos, auch wenn wir noch ein ganzes Stück fahren mussten, um Österreich zu verlassen. Schnell nahm ich auf dem Beifahrersitz Platz und begrüßte ihn herzlich. Er schien auch sehr erfreut gewesen zu sein, mich nach mehr als zwei Jahren wiederzusehen. Doch aufgrund der ständig vorhandenen Gefahr von plötzlich auftauchenden Polizeifahrzeugen verloren wir nicht viel Zeit. Mike startete das Auto und wir verließen den Hotelbereich.

Mir war klar, dass die Flucht nur durch die Wunder einer übernatürlichen Kraft möglich war. War es die Dreifaltigkeit Gottes im Christentum, der einzige Gott der Juden, auch Hashem genannt, oder einfach nur Glück, das irgendwer geschickt hatte?

Der Lauf der Zeit würde mir sicherlich die Wahrheit enthüllen, oder mich zumindest dieser ein großes Stück näher bringen. Ich war gespannt, wie es weitergehen sollte!

Wege der Freiheit - my Pain your Gain

6. Kapitel

Die Heimat

„Heimat was ist das?", fragte der Hunnen-König Attila seinen Berater in der Romanbiografie, mit welcher ich einen wichtigen Motivationsschub für meine Flucht erhalten hatte. Sein Berater antwortete ihm: „Heimat ist der sanfte Schatten der Herkunft, der einem Zuflucht bietet, wenn man verfolgt wird." Die Definition war äußerst treffend für meine Situation, als wir uns zur Fahrt nach München, meiner Geburtsstadt, aufmachten.

Ich zeigte Mike den schnellsten Weg, Wien zu verlassen. Denn er hatte einige Mühe gehabt, das Hotel an der Donau zu finden. Das war auch sicherlich keine leichte Aufgabe für ihn, da er erstmals in der österreichischen Hauptstadt war und sich noch dazu in der Dunkelheit orientieren musste. Schließlich führte ihn ein Taxifahrer sicher an das Ziel, an dem ich bereits einige Stunden aufgeregt wartete.

Zügig fuhren wir im Schutz der Nacht auf die nahe gelegene Autobahntangente, um auf den äußeren Ring zu gelangen. Den sogenannten Gürtel verließen wir nach ein paar Minuten Richtung Schloss Schönbrunn. Wir passierten die beleuchtete Schlossanlage, die mir am ersten Tag meiner Flucht erholsame Sicherheit geboten hatte. Bald darauf verließen wir, Gott sei Dank, Wien und erreichten die Autobahn. Selbstverständlich hatten wir uns nach der langen Zeit einiges zu erzählen.

Ich berichtete von den Abenteuern der letzten zwei Jahre, die ich in verschiedenen Ländern erlebt hatte. Von seiner Seite aus gab es nur wenige Neuigkeiten. Die Geschäfte liefen erfreulich gut und so machte er einen sehr zufriedenen Eindruck auf mich.

Zu meiner angenehmen Überraschung hatte er bereits reichlich Reiseproviant eingekauft. Genussvoll verzerrte ich die aus meiner Heimat mitgebrachten, hervorragenden Brezen. Das tat wirklich gut nach den beiden aufregenden Fastentagen. Immer weiter entfernten wir uns von Wien und passierten nach knapp drei Stunden den verlassenen Grenzübergang bei Salzburg. Zum Glück gab es diese Kontrollstelle nicht mehr und ich konnte ohne Reisedokumente wieder deutschen Boden erreichen.

Doch lauerten nun auch in Deutschland gewisse Gefahren. Der Haftbefehl war in der gesamten europäischen Union wirksam. So konnte eine zufällige Polizeikontrolle jederzeit zum Stolperstein werden. Allerdings fühlte ich mich in Bayern wesentlich sicherer als in Wien. Zudem würde man hier keine Suchaktion starten, so glaubte ich damals zumindest. Ich atmete tief durch, als wir uns endlich auf der deutschen Autobahn befanden.

Nach und nach verdrängte meine Müdigkeit das positive Gefühl. Die zweite schlaflose Nacht und die Anstrengungen der beiden Tage machten sich jetzt deutlich bemerkbar. Ich versuchte ein Einschlafen zu vermeiden. Schließlich wollte ich Mike Gesellschaft leisten, um seine lange, anstrengende Fahrt etwas zu erleichtern. Immerhin musste er ohne Pause die Nacht hindurch die weite Strecke zurückfahren.

Gegen fünf Uhr am Morgen hatten wir es geschafft! Ohne Probleme erreichten wir sein angenehmes, ruhiges Zuhause am Stadtrand von München. Eine dringend benötigte Dusche befreite mich vom Schweiß der letzten Tage. Ein wunderbares Gefühl wieder allein in Ruhe zu duschen. Die Streitigkeiten und das Gerangel um die Duschplätze im Gefängnis waren mir mit der Zeit ganz schön auf die Nerven gegangen. Einige hatten die Plätze im erfrischenden Nass, die wir zweimal pro Woche einnehmen durften, für sich gepachtet. Auf jeden Fall war ich froh, dass ich jetzt eine Dusche für mich hatte.

Erfreut stellte ich fest, dass die Flucht, außer vier blauer Zehennägel, die sich nach ein paar Wochen erneuern würden, keine körperlichen Folgen gefordert hatte. Das wäre bei einer Ergreifung durch die Beamten sicherlich anders ausgegangen. Ich freute mich, dass dieser Kelch an mir vorüber gegangen war und ich weiterhin meine Freiheit genießen durfte. Mike hatte mir inzwischen frische Kleidungsstücke bereit gelegt und ein Gästezimmer hergerichtet. Erschöpft schlief ich sofort tief und fest ein. Doch es sollte eine kurze Nacht werden. Bereits dreieinhalb Stunden später, um 9 Uhr, wurde ich geweckt. Mike musste pünktlich um 10 Uhr sein Geschäft aufsperren.

Ich fuhr mit ihm in die Innenstadt, um mir eine Grundaus-stattung an Hygieneartikel und Kleidung zu kaufen. Nachdem er mir Geld geliehen hatte, kämpfte ich mich in die, wie jeden Samstag, hoffnungslos überfüllte Fußgängerzone. Daran fand ich normalerweise keine Freude. Doch dieses Mal war es anders! Ich realisierte jetzt erst richtig meine Freiheit. Ich konnte einkaufen gehen, mich frei bewegen – wunderbar!

Meine Zeit im Gefängnis erschien mir nun wie ein Albtraum. Kaum vorstellbar, was sich in den letzten Monaten alles ereignet hatte. Und jetzt war ich wieder in München. Erleichtert spazierte ich über den beliebten Viktualienmarkt und beobachtete das Treiben an den verschiedenen Marktständen. Hier brauchte ich keine Sorge vor plötzlich auftauchenden Polizeistreifen und umherlaufenden Polizisten zu haben, auch wenn sich beim Anblick der Beamten immer noch mein Pulsschlag erhöhte. Für die deutschen Behörden war ich sicherlich völlig bedeutungslos. Die Vorwürfe der österreichischen Justiz gegen mich würden sie nicht zu großen Aktivitäten verleiten. Und die peinliche Situation für das Wiener Untersuchungsgefängnis konnte höchstens ein schadenfrohes Schmunzeln der deutschen Kollegen hervorrufen. Mit diesen sehr beruhigenden Gedanken und einer gefüllten Einkaufstasche kehrte ich zu Mike zurück.

Ich benutzte sein Telefon, um einen Bekannten in München anzurufen. Ich plante, bei ihm die nächsten paar Tage zu verbringen, bis mir zu erwartende Geldeingänge ermöglichen würden, wieder auf eigenen Beinen zu stehen. Doch ich konnte ihn leider nicht erreichen.

Mike schloss pünktlich das Geschäft zu und anschließend fuhren wir wieder zu ihm nach Hause. Ich zog meine erstandenen Sachen an und packte meine, inzwischen von seiner Mutter erfreulicherweise gewaschene Sportkleidung ein. Ich beschloss, einen anderen Freund, den ich seit langer Zeit nicht gesehen hatte, zu besuchen. Ich wusste seine Telefonnummer inzwischen nicht mehr. Mike schlug vor, dass wir einfach zu ihm hinfahren sollten – gesagt, getan!

Wir machten uns auf den Weg. Der Vorort von München lag auf der anderen Stadtseite. Kurz bevor wir das Ziel erreichten, meinte Mike, dass wir erst noch ein Mittagessen zu uns nehmen sollten. Eine sehr gute Idee, da es bereits 15 Uhr war. Wir kehrten um und fuhren zu einem angenehmen italienischen Restaurant. Es gehörte eine Zeit lang zu meinen bevorzugten Restaurants. Ich genoss eine hervorragende Pizza. Ja, das Leben meinte es jetzt wieder gut mit mir. Gestärkt machten wir uns erneut auf den Weg.

Als wir am Haus meines Freundes parkten, traf dieser gerade mit seiner Familie ein. „Ist das ein glücklicher Zufall, oder war es wieder von großer Hand vorbereitet?", fragte ich mich erneut. Auf jeden Fall war die Wiedersehensfreude nach meiner langen

Abwesenheit sehr groß. Über zwei Jahre waren inzwischen vergangen. Gott sei Dank wohnte er noch an der gleichen Stelle. Durch meine zahlreichen Umzüge erachtete ich das nicht als eine Selbstverständlichkeit. Mike begleitete uns auf eine Tasse Kaffee ins Haus und verabschiedete sich dann. Mit seiner spontanen Reise nach Wien hatte er mich aus einer äußerst schwierigen Lage befreit. Wahre Freunde zeigen sich dann, wenn man sie wirklich braucht!

Das traf auch auf Josef zu. Seine sofortige Zusicherung, dass ich so lange bleiben kann, wie ich will, erfüllte mich mit tiefer Freude und gab mir große Erleichterung. Dann gab es einiges zu berichten. Als ich meine Ausführungen beendet hatte, teilten mir Josef und seine Ehefrau Angelica ihre Neuigkeiten mit. Eine konnte ich bereits äußerst lebhaft vor mir sehen und hören. Es hatte weiteren Nachwuchs gegeben.

Am Abend bereitete Angelica, eine Meisterin der italienischen Küche, ein hervorragendes Abendessen zu. Mit meinen gut gelaunten Freunden genoss ich den ersten Tag in meiner Heimat, in der ich jetzt erstmals eine sichere Zuflucht gefunden hatte. Nach der gelungenen Mahlzeit freute ich mich auf einen erholsamen und dringend notwendigen Schlaf. Ich bekam das größte Zimmer im Haus zugewiesen und fühlte mich sofort heimisch.

Mit einem gemeinsamen Sonntagsfrühstück starteten wir in den herrlichen Tag. Der Herbst zeigte sich mit nahezu sommerlichen Temperaturen von seiner besten Seite. Den gesamten Sommer hatte ich in der engen Zelle hinter Gittern verbracht. Da tat es richtig gut, dass ich nun mit dem überraschend angenehmen Klima ein wenig entschädigt wurde. Auf dem großen, im Garten befindlichen Trampolin, konnte ich an frischer Luft mit hohen Sprüngen meiner Freude über die gelungene Flucht freien Lauf lassen. Immer noch konnte ich es kaum glauben, dass ich der Hölle entronnen war. Jetzt war ich hier im Paradies gelandet, so wie diese Region am Starnberger See benannt ist – aus der Hölle ins Paradies!

Ich spazierte am sonnigen Ufer des Sees entlang und ließ meinen Blick über das endlos erscheinende Wasser zu den Alpen schweifen. Die höchsten Gipfel strahlten im weißen Gewand des Schnees. Von den zahlreichen Laubbäumen fielen die bunten, tanzenden Blätter. Ich fühlte mich wie neugeboren! Gott schenkte mir ein neues Leben, das ich jetzt wieder selbst organisieren durfte. Alle Kommunikationsmöglichkeiten, von denen man mich vier Monate lang abgeschnitten hatte, standen mir nun zur Verfügung. Mein Ziel war es, in etwa zwei Wochen wieder auf eigenen Beinen zu stehen. Schließlich wollte ich die Gastfreundschaft meiner Freunde nicht überstrapazieren.

Ich fertigte mir eine Liste an, mit welchen finanziellen Mitteln ich rechnen konnte. An erster Stelle stand dabei, als äußerst kurzfristiger und absolut sicherer Geldeingang, der Name meiner ehemaligen Lebensgefährtin. Ich hatte mein Auto in Johannesburg verkauft, und den Erlös daraus auf ein Konto von ihr eingezahlt, da ich in Südafrika über keine eigene Bankverbindung verfügte. Die afrikanischen Rand entsprachen einem Gegenwert von ungefähr 5.000 Euro. Keine weltbewegende Summe, doch wenn man nichts mehr hat, ist es ein stattliches Vermögen. Ich hatte meine Ex-Freundin in finanziellen Dingen als sehr zuverlässige Person schätzen gelernt, und zweifelte deshalb keine Sekunde an der Rückzahlung. Zudem war sie finanziell sehr gut gestellt.

Noch am gleichen Tag schrieb ich ihr eine entsprechende E-Mail, in der ich sie außerdem darum bat, von den zahlreichen Sachen, die sich in unserer gemeinsamen Wohnung in Wien befanden, mir zumindest einen Teil meiner Kleidung zu schicken. Anrufen wollte ich sie nach wie vor nicht, da ihr Telefon sicherlich abgehört wurde.

An zweiter Stelle meiner Liste stand Benny. Der in Panamá-City vereinbarte Kaufpreis für meine Wohnung war noch nicht beglichen. „Sollte das Ärgernis sich jetzt in einen Segen umwandeln?", fragte ich mich. Leider befanden sich meine gesamten wichtigen Unterlagen, einschließlich Kaufvertrag, in dem Bankschließfach, dessen Schlüssel die Polizei in Wien beschlagnahmt hatte. Mit den auf Spanisch verfassten Dokumenten konnten die österreichischen Behörden sicherlich wenig anfangen. An Benny schrieb ich die nächste E-Mail. Ich war gespannt, wie er nach den vier Monaten meines offensichtlichen Verschollenseins reagieren würde.

Den dritten Platz meiner Forderungsliste nahm eine bekannte Versicherungsgesellschaft ein. Ein Schadensfall, der sich bereits vor über fünf Jahren ereignet hatte, war von der Versicherung bis heute nicht bezahlt worden. Mit allen möglichen Tricks drückte sich die Gesellschaft jahrelang um die Begleichung der beachtlichen Schadenshöhe von ungefähr 50.000 Euro. Jetzt war endlich ein Prozesstermin in greifbare Nähe gerückt.

An vierter und letzter Stelle standen meine Konten in der Schweiz, die auf Veranlassung der österreichischen Justiz gesperrt worden waren. In solchen Angelegenheiten funktioniert die internationale Zusammenarbeit, erst recht, nachdem mit dem Damoklesschwert des Terrorismus der Willkür Tür und Tor geöffnet wurden. Das hatte selbst für das ehemals strenge Bankgeheimnis der Schweiz seine Auswirkungen.

Wie auch immer, ich hatte einige Trümpfe in der Hand, um bald wieder ein geregeltes, unabhängiges Leben zu führen. Ein anderer Punkt machte mir gedanklich mehr zu schaffen. Unter den beschlagnahmten Unterlagen befanden sich auch mein Reisepass und der Personalausweis. Das war ein echtes Hindernis, um Europa bis zur Verjährung meiner juristischen Angelegenheit zu verlassen. Das konnte noch eine lange Zeit in Anspruch nehmen, die ich keinesfalls abwarten wollte. Ich musste einen Weg finden, die wichtigen Reisedokumente zu erhalten.

Am Montagmorgen, vier Tage nach meiner Flucht, fuhr ich mit öffentlichen Verkehrsmitteln in die Innenstadt, um meinem langjährigen, immer hilfreichen Rechtsanwalt einen echten Überraschungsbesuch abzustatten. Ich hatte ihn bereits mit einem Brief aus dem Gefängnis über meine schwierige Situation informiert. Die Überraschung war in der Tat sehr groß, als er mich wieder auf freien Fuß in seiner Kanzlei sah. Da er kein Strafverteidiger war, holte er über sein Sekretariat juristischen Rat bei einer Kollegin ein. Diese empfahl mir, mich den deutschen Behörden zu stellen. Ein Vorschlag, der mich mit Entsetzen erfüllte! Ich hatte doch nicht Kopf und Kragen bei meiner Flucht riskiert, um mich dann, nachdem ich endlich wieder in Deutschland und wesentlich wichtiger, in Freiheit war, wieder der Willkür der Behörden auszuliefern. Damit wusste ich zumindest, dass es in diesem Fall für mich nach wie vor keine juristische Hilfe gab. Ich musste die Angelegenheit weiterhin selbst lösen.

Das bestätigten auch meine Erkenntnisse, die ich in dem Untersuchungsgefängnis in Wien gewonnen hatte. Den meisten Anwälten ist es egal, warum und wie lange man im Gefängnis sitzt. Sie gehen in Ruhe ihrer Tätigkeit nach und konzentrieren sich auf den Erhalt ihrer Honorarforderung, deren Höhe sich durch die extreme Notsituation ihrer Klienten beliebig nach oben schrauben lässt. Natürlich kann man nicht alle Juristen über einen Kamm scheren und gerade mit dieser Anwaltskanzlei hatte ich sehr positive Erfahrungen gemacht. Dennoch verließ ich ein wenig enttäuscht die Kanzlei. Zumindest wusste ich nun, woran ich aus juristischer Sicht war.

Mein nächster Besuch galt einem ehemals sehr wichtigen Geschäftspartner, mit dem ich einige erfolgreiche Projekte im Bereich der betrieblichen Altersversorgung vorbereitete und umsetzte. Unsere gemeinsamen Seminarveranstaltungen und Veröffentlichungen für Steuerberater und Banken ließen unsere geschäftliche Verbindung zu einer echten Freundschaft werden. Auch er fiel aus allen Wolken, als wir uns nach mehr als zwei Jahren wiedersahen. Nachdem wir zahlreiche Neuigkeiten ausgetauscht hatten, lud er mich spontan zum Mittagessen ein. Darüber war ich aufgrund meiner finanziellen Notlage sehr erfreut. Nie hatte ich mir vorstellen können, dass ich eines Tages auf solche Gefälligkeiten angewiesen sein würde. Nach dem asiatischen Menü in einem sehr angenehmen Restaurant verabschiedeten wir uns. „Es geht also weiter aufwärts!", stellte ich zufrieden fest. Anschließend fuhr ich wieder zurück in mein neues, vorübergehendes Zuhause.

Dort fühlte ich mich bereits nach kurzer Zeit als vollwertiges Familienmitglied. Inzwischen hatte ich auch körperlich die beiden anstrengenden Fluchttage von Wien verdaut und freute mich bei dem herrlichen Herbstwetter wieder auf das Laufen. Ich joggte über das bunt gefärbte Laub und genoss die frische Luft des Waldes. Das Paradies machte seinen Namen alle Ehre!

Am Nachmittag genoss ich mit Angelica Kaffee und Kuchen. Ja, es ging wirklich wieder aufwärts und ich erholte mich zusehends. Hin und wieder ging ich zu meinem Lieblingsitaliener, um mir das relativ preiswerte, aber dennoch hervorragende Mittagsmenü schmecken zu lassen. Das freundliche italienische Personal erinnerte mich an meinen Zellengenossen Hans, der damit geprahlt hatte, wie schnell und leicht er einen in Südtirol ausgestellten Reisepass besorgen würde. „Diesen könnte ich jetzt gut gebrauchen!", schoss es mir durch den Kopf. Die Adresse von Hans hatte ich bereits im Gefängnis vernichtet. Ich wollte keinesfalls in sein kriminelles Fahrwasser gelangen. Ich benötige so schnell wie möglich einen legalen Weg, um meinen Pass zu erhalten. Ich hoffte auf eine göttliche Eingebung in der wichtigen Angelegenheit, während ich nach wie vor um die Beendigung meiner finanziellen Notlage kämpfte.

Inzwischen war eine E-Mail meiner Ex-Lebensgefährtin eingetroffen. Ich konnte kaum glauben, was ich lesen musste! Sie war äußerst verärgert über meine Flucht. Die Polizei würde ständig vor ihrer Haustür stehen und sie auf Schritt und Tritt verfolgen. Das war sicherlich sehr ärgerlich! Doch sie hatte alle juristischen Mittel zur Verfügung, um sich zu wehren und konnte ihre eigenen Wege gehen. Bei den wenigen Lichtblicken unserer belastenden Gespräche im Gefängnis hatte sie betont, wie glücklich sie sein wird, wenn ich wieder frei bin. Jetzt war ich frei und sie war darüber verärgert. Das war wirklich schwer zu verstehen! Außerdem hatte sie miterlebt, wie ich unter dem Entzug meiner Freiheit litt. Sie schrieb mir noch, dass sie nach Paris reisen würde und anschließend für einen Monat nach Irland, um der Belästigung durch die Polizei zu entgehen. Sie war eine Frau, die ständig von einem Land in ein anderes und von einem Kontinent in den anderen reiste. Bestimmt war das einer der Gründe, warum wir uns näher kennengelernt hatten. Ihre Reisen würden sicherlich das Finanzbudget der österreichischen Kriminalpolizei sprengen, um einen Hinweis auf meinen Aufenthaltsort zu bekommen. Das war der einzig erfreuliche Punkt in ihrer E-Mail. Auf ihre Hilfe brauchte ich damit nicht mehr zu hoffen, weder mein Guthaben in Südafrika betreffend, noch im Hinblick auf meine Sachen in der Wiener Wohnung.

So kann man sich täuschen! Damit war die erste Position meiner Liste abgehakt, und ich musste mich auf die anderen drei Punkte konzentrieren. Außerdem war damit meine Beziehung zu ihr endgültig beendet! Unmöglich könnte ich mit einer Frau zusammen leben, die verärgert über meine zurückerlangte Freiheit war, auch wenn die Umstände für sie nicht einfach waren.

Benny hatte sich inzwischen ebenfalls per E-Mail gemeldet. Das war ein gutes Zeichen. Er teilte mir seine Telefonnummer mit, um mir die aktuelle Situation seiner Finanzlage zu schildern. Er hatte befürchtet, dass ich aufgrund eines schweren Unfalls im Krankenhaus gelegen hatte, oder gar verstorben war, da ich mich vier Monate lang nicht gemeldet hatte. Gott sei Dank, war beides nicht der Fall gewesen. Als ich wieder in der Innenstadt war, rief ich ihn von einem Internet-Café aus an. Er erklärte mir seinen nach wie vor anhaltenden finanziellen Engpass und tröstete mich mit den Worten, dass er in absehbarer Zeit aufgrund großer Geschäfte die Zahlung leisten würde.

Während meiner Tätigkeit im Vertrieb für eine namhafte amerikanische Fondsgesellschaft machte ich sehr häufig die Erfahrung, dass die euphorisch angekündigten Großgeschäfte, die entsprechende Kontakte und Kenntnisse erfordern, selten funktionieren. Somit war auch diese Hoffnung bezüglich einer kurzfristigen Verbesserung meiner wirtschaftlichen Situation in weite Ferne gerückt.

Im Hinblick auf den Prozess gegen die Versicherungsgesellschaft waren ebenfalls Neuigkeiten eingetroffen. Der zuständige Richter verlangte per Einschreiben, das ich über meinen Anwalt erhielt, meine persönliche Anwesenheit bei der Verhandlung.

„Vor Gericht zu erscheinen, wenn man per Haftbefehl gesucht wird, ist sicherlich nicht sehr klug", dachte ich mir. Also teilte ich meinem Rechtsanwalt mit, der ja inzwischen über meine Situation informiert war, dass er dem Richter eine gute Entschuldigung für mein Fernbleiben liefern solle. Das stärkte natürlich die Position der Gegenpartei, die trotz der eindeutigen Rechtslage jegliche Zahlungen verweigerte. Sie hatte inzwischen ein neues Mittel gefunden, die Sache weiter zu verzögern. Die Gesellschaft beantragte beim Gericht in München die Verlegung des Prozesses nach Köln. Dort würde sie als mächtiger und wichtiger Arbeitgeber ein leichtes Heimspiel haben.

Jetzt blieb, als letzte Hoffnung meiner Liste, nur noch die Freigabe meiner Konten. Meine zurückerlangte Kommunikationsfreiheit erlaubte es mir, bei der Bank in der Schweiz anzurufen. Eine hilfsbereite Dame der schweizerischen Bank teilte mir die Telefonnummer des zuständigen Staatsanwaltes in Zürich mit. Ein Telefonat mit ihm ergab sehr schnell, dass er nichts für mich tun konnte. „Die Aufhebung der Kontosperren muss über die österreichischen Behörden erfolgen!", erklärte er mir. Die hatten daran selbstverständlich kein Interesse, sonst hätten sie ja die Sperren nicht veranlasst. Folglich blieb nur der Weg über Rechtsanwälte in Wien die Angelegenheit zu klären. Dafür hatte ich momentan weder die finanziellen Mittel noch das Vertrauen in die Juristen. Damit war mit sehr großer Enttäuschung das Ende meiner hoffnungsvollen Liste erreicht.

Ich war also nach wie vor auf die großzügige Unterstützung meiner Freunde angewiesen. Meine geplanten zwei Wochen in deren Haus waren bereits weit überschritten und ein Ende meines Aufenthaltes war momentan nicht absehbar. Glücklicherweise erfreuten sie sich an meiner Anwesenheit. Gute

Gespräche und gemeinsame Tätigkeiten schweißten uns mehr und mehr zusammen.

Selbstverständlich versuchte ich auch mit anderen Maßnahmen meine finanzielle Unabhängigkeit wieder zu erlangen. Mein bislang makelloser Lebenslauf, der natürlich bei jeder Bewerbung verlangt wird, hatte durch die Untersuchungshaft eine große Delle erlitten, wenn nicht sogar einen Totalschaden. Dennoch beschäftigte ich mich mit Stellenanzeigen und führte das ein oder andere gute Gespräch, um eine Tätigkeit im Finanzbereich auf selbständiger Basis zu erhalten. Meine Gesprächspartner zeigten, aufgrund meiner Qualifikation und meiner jahrelangen praktischen Erfahrung, großes Interesse an einer Zusammenarbeit. Jedoch wurde mittlerweile ein Prüfungsnachweis verlangt. Über dieses Zertifikat verfüge ich. Doch leider befand es sich ebenfalls in den beschlagnahmten Unterlagen. Es war schnell zu erkennen, dass eine saubere, offizielle Tätigkeit durch meine veränderte Lebenssituation nicht mehr möglich war.

Jetzt hatte ich nur noch zwei Eisen im Feuer: Die Vermarktung meiner Flucht durch einen Zeitungsartikel und die Veröffentlichung meines im Gefängnis geschriebenen Finanzbuches. Letzteres scheiterte bislang am Erhalt meiner beim Prozess übergebenen Unterlagen. An der Veröffentlichung eines Artikels über meine Flucht zeigte eine große österreichische Tageszeitung Interesse. Ich verband damit auch die Hoffnung einen Anwalt oder eine Organisation zu finden, die mir im Kampf gegen die Willkür der Behörden helfen könnte. Der zuständige Chefredakteur erklärte sich bereit, mich an einem beliebigen Ort innerhalb Europas zu treffen, da ich verständlicherweise keinesfalls nach Wien reisen wollte. Jedoch scheiterten weitere Verhandlungen an der Honorarabteilung.

„Wie soll es jetzt weitergehen?, war die große Frage und Herausforderung. Mehr und mehr festigte sich der Gedanke, dass ich nach Panamá reisen musste, um den Kaufpreis meiner Wohnung zu erhalten. „Zur Not würde ich mich so lange bei Benny einquartieren, bis er zahlen kann", so meine weiteren Überlegungen. Außerdem würde ich erst mit dem Verlassen Europas meine Flucht erfolgreich beenden, denn schließlich durfte ich den europäischen Haftbefehl nicht einfach ignorieren. Ein dummer Zufall konnte mich jederzeit zurück ins Gefängnis bringen.

Ich brauchte also unbedingt meinen Reisepass. Das war das nächste wichtige Ziel! Intensiv dachte ich über verschiedene Möglichkeiten nach. Mein letzter Reisepass, der sich jetzt im Besitz der österreichischen Behörden befand, war in einem Vorort von München ausgestellt worden. Dort müsste also eine Kopie des Passes vorliegen, auch wenn als letzter Wohnort Dubai in den Vereinigten Arabischen Emiraten eingetragen war. Ein Anruf bei der Gemeindeverwaltung bestätigte meine Vermutung. Ich fragte die Sachbearbeiterin, ob sie mir einen neuen Reisepass ausstellen kann, da ich leider über keinerlei Ausweisdokumente mehr verfüge. Sie erklärte mir, dass ich auf jeden Fall irgendein Dokument, z. B. meine Geburtsurkunde, dafür benötigen würde. Außerdem müsste ich meinen gemeldeten Wohnsitz wieder in der dortigen Gemeinde haben. Ich bedankte mich für die Antwort, die mich einen Schritt weiterbrachte. „Das mit dem Wohnsitz ließe sich sicherlich organisieren. Doch wo soll ich ein Dokument herbekommen?", fragte ich mich. Meine Geburtsurkunde war auch in dem Schließfach. Das zeigt eindeutig, dass man solche Dokumente besser bei nahestehenden Verwandten oder Freunden auf-bewahren soll, als in einer Bank.

Doch plötzlich erhielt ich wieder eine göttliche Eingabe. Ich hatte meine Wohnung beim Verlassen von Panamá-City einschließlich aller Möbel, CDs, Bilder und Bücher an Benny vermietet. Unter den Büchern befand sich auch mein Familienstammbuch. Aus nicht nachvollziehbaren Gründen hatte ich es ebenfalls in Panamá gelassen. Sofort schrieb ich eine E-Mail an Benny und fragte nach dem entsprechenden Dokument. Erfreulicherweise war es noch vorhanden. Ich teilte ihm eine Anschrift mit, an die er sofort das wichtige Buch per Kurier schickte.

Ein guter Freund und Geschäftspartner nahm dankbarerweise die hoffnungsvolle Post entgegen. Darüber hinausgehend bot mir seine Lebensgefährtin ein Zimmer in ihrer Wohnung an, das mir zur Überbrückung meiner mittellosen Zeit helfen sollte. Ich freute mich sehr über ihre gut gemeinte Hilfe, lehnte jedoch dankbar ab, da ich nach wie vor bestens untergebracht war. Somit hielt ich nach wenigen Tagen das Dokument in meinen Händen – Gott sei Dank!

Jetzt machte mir die Frage zu schaffen, ob im Computer der Gemeindeverwaltung der vorliegende Haftbefehl vermerkt war. Im Polizeicomputer war das der Fall, wie mir ein neuer Bekannter zuverlässig bestätigte. „Besteht eine Verknüpfung zwischen der Datenbank von Einwohnermeldeämtern und der Polizei? Das müsste nicht unbedingt zutreffen", überlegte ich. Schließlich kocht ja jede Behörde gerne ihr eigenes Süppchen und lässt sich ungern in die Karten, sprich Daten, blicken. Ich ließ die Gedanken auf mich wirken und joggte eine ausgiebige Runde im Paradies. Ein südlicher Wind, Föhn genannt, sorgte mitten im Dezember für frühlingshafte Temperaturen. Als ich vor knapp zwei Monaten in meiner engen Zelle lebendig begraben war, konnte ich mir kaum vorstellen, dass ich das in diesem Jahr noch genießen würde. Tiefe Freude und Dankbarkeit erfüllten mich!

Ich beschloss, der Richterin in Wien eine E-Mail zu schreiben. Ich forderte darin die Freigabe meiner Konten. Zudem verlangte ich die Zusendung der beschlagnahmten Dokumente an meinen Vater. Doch es gab keine Antwort. Scheinbar waren die zuständigen Damen und Herren tief beleidigt über die göttliche Befreiung aus der Untersuchungshaft.

Dagegen bestätigte mir ein Anruf bei Sandra am Chiemsee, dass die österreichische Polizei auch in Deutschland nach mir forschte. Ein merkwürdiger Anrufer hatte sich bei ihr als guter Freund von mir ausgegeben. Er müsste unbedingt wissen, wo ich mich aufhalten würde, war sein Anliegen. Sandra schlussfolgerte aufgrund der Stimmen im Hintergrund und aus dem österreichischen Dialekt des Herrn, dass es sich ziemlich eindeutig um einen Polizeibeamten aus Wien handelte. Nur das dortige Gefängnis hatte durch ihren Besuch ihre Telefonnummer und Adresse. Nachdem meine Ex-Freundin nicht mehr greifbar war, hatten sie ein neues Opfer gefunden. So vermuteten die eifrigen Beamten, dass ich mich bei ihr aufhalten würde. Sie ermitteln mit allen Lügen und Tricks. Die Erfahrung hatte ich bereits bei meinem stundenlangen Verhör in Wien gemacht. Doch das war jetzt nicht mehr mein Problem. Diese Methoden müssen die betreffenden Personen vor ihrem eigenen Gewissen und später an anderer Stelle rechtfertigen. Auf jeden Fall war es gut, dass mein Telefonanruf zu Sandra, den ich von der Schlossanlage aus tätigte, nicht funktioniert hatte. Sonst wäre ich jetzt sicherlich bei ihr gewesen.

Meine Freunde hatten mich gebeten, während ihres Skiurlaubs auf ihr Haus aufzupassen. Den Gefallen tat ich ihnen sehr gerne. Die Zeit zwischen Weihnachten und den ersten Tagen des neuen Jahres war für mich immer eine besinnliche Zeit, in der ich mich in Ruhe auf das neue Jahr vorbereite. Meist schrieb ich eine sehr detaillierte Planung und beschäftige mich mit meinen Zielen. Das fiel mir dieses Mal schwer, da ich bislang keine Vorstellungen hatte, wie mein Leben weitergehen würde. Es sollten sich noch einige Überraschungen ereignen!

Auf jeden Fall war ich froh, dass ich damit den gezwungenen, meist Alkohol reichen Silvesterfeierlichkeiten entrinnen konnte. Außerdem schien mir die Zeit optimal für die Beantragung meines Reisepasses. „Die hektische weihnachtliche Einkaufs- und Vorbereitungszeit, verbunden mit einer urlaubsbedingten Personalknappheit, könnte die sonstige Sorgfalt des Einwohnermeldeamtes verringern", hoffte ich.

Schwer bepackt fuhren meine Freunde nach den Weihnachtsfeiertagen in Richtung Alpen, um den wenigen Schnee, den es in diesem Winter hatte, zu suchen. Noch am gleichen Tag rief ich bei einer anderen Gemeindeverwaltung an, um mich nach den erforderlichen Unterlagen zur Anmeldung meines Wohnsitzes zu erkundigen. Die Dame am Telefon nannte u. a. einen Mietvertrag, den ich als Nachweis meiner Adresse mitbringen müsste. Den hatte ich natürlich nicht und keinesfalls wollte ich die Anschrift meiner Freunde nutzen. Bei einem meiner täglichen ausgedehnten Spaziergänge suchte ich mir eine Straße und eine Hausnummer, die ich beim Einwohnermeldeamt angeben konnte. Damit und mit meinem Familienstammbuch machte ich mich auf den spannenden Weg zum Rathaus. Man spricht von einem polizeilich gemeldeten Wohnsitz. Jetzt würde sich zeigen, wie weit auch polizeiliche Daten im Computer des Einwohnermeldeamtes gespeichert sind.

Sicherheitshalber überprüfte ich alle verfügbaren Ausgänge des Gebäudes und überlegte mir einen guten Fluchtweg, falls der Gemeindeangestellte aufgrund ersichtlicher Informationen über den vorliegenden Haftbefehl die Polizei verständigen würde. Mit großer Aufregung betrat ich das Amtszimmer und schilderte dem Sachbearbeiter mein Anliegen.

Danach rief er bei der Gemeindeverwaltung meines ehemaligen deutschen Wohnortes an, um sich von dort die Kopie meines letzten Reisepasses schicken zu lassen. „Die ist zur Überprüfung meiner Identität erforderlich", erklärte er mir. „Bereits am nächsten Tag müsste die Kopie eintreffen und ich kann den Pass beantragen", teilte er mir mit.

Er händigte mir die Formulare zur Wohnsitzanmeldung und Passbeantragung aus. Außerdem bat er mich, am Donnerstag sicherheitshalber anzurufen, ob die Post aus dem nahe gelegenen Vorort von München tatsächlich eingetroffen war. Erleichtert verließ ich das Rathaus. Ein weiterer Schritt war getan! Sicherlich würde ich auch eine Verlustanzeige für meinen Reisepass unterschreiben müssen. „Es hat den Anschein, dass die im Einwohnermeldeamt verbleiben wird", beruhigte ich mich. Doch darin sollte ich mich schwer täuschen!

Am Donnerstag rief ich wie vereinbart an. Die Passkopie war bislang nicht eingetroffen. Ich wunderte mich. Normalerweise hätte die Post bereits am nächsten Tag eintreffen müssen. Am darauffolgenden Tag ging ich ohne einen weiteren Anruf zum Rathaus. Es war kurz vor 12 Uhr als ich dort eintraf. Der Sachbearbeiter vom Dienstag war nicht anwesend. Es bediente mich eine freundliche Dame. Ich schilderte erneut mein Anliegen und legte die ausgefüllten Formulare, einschließlich der verlangten Passfotos, vor. Die Passkopie war inzwischen eingetroffen. Die Sachbearbeiterin tippte sofort meine angegebene Wohnadresse in den Computer ein. Damit konnte sie erkennen, wer der Eigentümer des Gebäudes war. „Da sind ja mittlerweile doch einige Daten gespeichert!", staunte ich. Sie nannte mir den Namen der Eigentümer, den ich bestätigte, ohne ihn jemals zuvor gehört zu haben. Damit war sie zufrieden und verlangte, entgegen vorheriger Aussagen, keinen Mietvertrag als Nachweis. Danach beantragte ich den Reisepass. Sie teilte mir mit, dass das Dokument mindestens vier Wochen benötigen würde. In meiner Situation eine Ewigkeit. Da kam mir erneut Gott zur Hilfe!

Ein Herr am benachbarten Schalter teilte seiner Sachbearbeiterin mit, dass er aufgrund einer kurzfristigen Reise den Pass möglichst schnell benötigten würde. Die Dame erklärte ihm, dass ein Pass per Kurier innerhalb von vier Werktagen verfügbar sein könnte. Allerdings wären die Kosten dafür wesentlich höher. Sofort griff ich den offenbar rettenden Gedanken auf! Ich erklärte nun meiner Sachbearbeiterin, dass ich aufgrund einer wichtigen Geschäftsreise keinesfalls vier Wochen warten könnte. Daraufhin gab sie mir zwei Alternativen: Den Pass per Kurier aus Berlin anzufordern, oder einen sofort verfügbaren Ersatzpass zu erhalten, der allerdings nur ein Jahr gültig sein würde. Sicherheitshalber wählte ich beide Varianten. Ich ließ mir das grüne Ersatzdokument ausfertigen und beantragte den Expresspass. An einem Kassenautomaten zahlte ich insgesamt ungefähr 120 Euro. Alles schien bestens zu laufen! Als ich jedoch mit der Quittung zurückkam, legte mir die Sachbearbeiterin das Formular für die Verlustanzeige meiner Ausweise vor.

Mir stockte der Atem und alle Farben schienen meinem Gesicht zu entweichen. Groß aufgedruckt war der Empfänger des Formulars zu lesen. Es war die zuständige Polizeidirektion! Die würden sicherlich zur Sperre der Ausweise meinen Namen in ihren Computer eingeben, und damit den vorliegenden Haftbefehl sehen. Dann bräuchten sie nur im Einwohnermeldeamt auf mich zu warten. Ich hatte die Hoffnung gehabt, dass die Verlustanzeige im Rathaus verbleiben würde. Frustriert unterschrieb ich das Formular.

Die Sachbearbeiterin teilte mir mit, dass der Pass, bedingt durch das Wochenende und den anschließenden Neujahrstag, erst am Donnerstag, den 04. Januar des neuen Jahres, gegen Mittag eintreffen würde. Ich bedankte mich für ihre Hilfe und verabschiedete mich.

„Wann wird das Amt die Verlustanzeige an die Polizei schicken?", schoss es mir durch den Kopf. Im Treppenhaus des Gebäudes kehrte ich um und ging zu der Sachbearbeiterin zurück. Ich fragte sie, ob sie mit der Verlustanzeige noch ein paar Tage warten könnte, falls mein Pass wieder auftauchen sollte. Sie antwortete mir, dass die Post an die Polizei bereits vor wenigen Minuten verschickt wurde. Mein Formular würde deshalb erst am Freitag in einer Woche versandt werden. Kaum zu glauben, welch ein perfektes Timing Gottes! Erleichtert verließ ich erneut die Behörde.

Jetzt wusste ich, warum die Post aus Grünwald nicht, wie erwartet, bereits gestern eingetroffen war. Meine Schutzengel hatten das verhindert. „Die Zeit bis zum Versand der Verlustanzeige in einer Woche müsste reichen, um den Pass noch vorher zu erhalten!", jubelte ich innerlich. Ich verließ die Behörde und ging die zahlreichen Treppen hinunter ins Stadtzentrum. Als ich am menschenleeren Ufer des Sees ange-kommen war, holte ich meinen Ersatzpass hervor. Tatsächlich hatte ich wieder einen Reisepass. Damit könnte ich Europa sofort verlassen. Allerdings würden die Grenzkontrollen ein weiteres Hindernis darstellen. Noch war es nicht so weit!

Ich wollte auf jeden Fall meinen richtigen, zehn Jahre gültigen Reisepass abwarten. Mit ein paar hohen Sprüngen ließ ich meiner Freude freien Lauf. Meine Anspannung löste sich. Gleichzeitig wunderte ich mich über die argen Sicherheitslücken, die trotz der Hysterie nach einigen Terroranschlägen und den erklärten Krieg gegen den Terrorismus noch bestanden. Die Politiker diskutierten über absolut fälschungssichere Ausweise mit Fingerabdrücken und über sonstige aufwendige Überwachungsmethoden. Dabei wird in der Praxis einem entflohenen Häftling ein Reisepass ausgestellt. Ich jedenfalls war in diesem Moment froh über die großen Lücken in der oft zitierten deutschen Gründlichkeit.

Am Nachmittag spazierte ich bei wiederholt herrlichen Sonnenschein am See entlang. In einem gemütlichen Restaurant genehmigte ich mir zum Abschluss des letzten Tages vom Jahr ein gutes Abendessen. Das bislang schlimmste Jahr meines Lebens nahm doch noch ein positives Ende! Den erholsamen Silvesterabend verbrachte ich alleine im Haus meiner Freunde. Somit konnte ich am Morgen des neuen Jahres ausgeschlafen und ohne Kopfschmerzen in das Jahr 2007 joggen. Es sollte die vollständige Veränderung meines Lebens bringen!

Am Donnerstag machte ich mich wieder auf den Weg zum Einwohnermeldeamt, um nun meinen zehn Jahre gültigen Pass abzuholen. Ich war sehr angespannt. „Werden in Berlin bei der Erstellung des Passes meine Daten polizeilich überprüft?", fragte ich mich. Die polizeilichen Führungszeugnisse wurden seit der Wiedervereinigung Deutschlands in Bonn erstellt. „War das bei den Ausweisen auch der Fall? Gab es da eine Verbindung zu den Reisedokumenten, oder befindet sich lediglich die Druckerei in Berlin?", plagten mich gewisse Zweifel. Als ich am Rathaus ankam, überprüfte ich vorsorglich bei den geparkten Autos, ob nicht ein Polizeifahrzeug, eventuell auch in zivil, darunter war. Ich konnte dabei kein auffälliges Fahrzeug entdecken. Erneut begutachtete ich einen hoffentlich nicht erforderlichen Fluchtweg. Das Gebäude verfügte über einen schnell erreichbaren Hinterausgang, der direkt in ein angrenzendes Wohngebiet führte. Der wäre für den Fall der Fälle eine gute Möglichkeit gewesen, um schnell zu entkommen. „Keinesfalls werde ich zurück ins Gefängnis gehen!", nahm ich mir wieder entschlossen vor. Angespannt ging ich in den ersten Stock des Amtsgebäudes. Ich konnte nichts Auffälliges erkennen. Zögernd betrat ich den Raum des Einwohnermeldeamtes. Die Sachbearbeiterin teilte mir mit, dass der Pass noch nicht eingetroffen war. Es war erneut kurz vor 12 Uhr.

Ich verließ das Gebäude und hielt nach einem Kurierfahrzeug Ausschau. Es war keines zu sehen. Nach einer Viertelstunde betrat ich erneut das Rathaus. Unbedingt brauchte ich heute den Pass, denn morgen am Vormittag würde bereits die Post an die Polizei geschickt werden. „Vermutlich wird sie von einem Boten abgeholt und kommt am gleichen Tag an", analysierte ich. Diese Gedanken beschäftigten mich, während ich zum zweiten Mal die Sachbearbeiterin nach meinem Dokument fragte. Sie verneinte! Enttäuscht verabschiedete ich mich wieder.

Als ich am Informationsschalter vorbeiging, traf dort ein junger Mann mit einem kleinen Paket ein. Ich beobachtete ihn und stellte fest, dass es der Kurier mit den Reisepässen war. „Hoffentlich hat er auch meinen Pass mitgebracht!", betete ich. Wieder eilte ich zurück in das Amtszimmer. Ich teilte der Sachbearbeiterin mit, dass der Kurier jetzt eingetroffen war. Freundlicherweise ging sie sofort zu ihm und holte die Pässe ab. Meiner war dabei, Gott sei Dank! Ich bestätige mit meiner Unterschrift den Empfang des dringend benötigten Dokuments. Selbstverständlich musste ich meinen Ersatzpass zurückgeben. Zügig verließ ich danach das Gebäude. Jetzt hielt ich ihn tatsächlich in den Händen, meinen bezahlten, offiziellen, zehn Jahre gültigen Reisepass - genügend Zeit um die Verjährung des juristischen Dilemmas abzuwarten!

Voller Freude kehrte ich zu meinen Freunden zurück, die mittlerweile ihren Skiurlaub beendet hatten. Ich präsentierte ihnen das Dokument. Auch sie konnten es kaum glauben, dass der legale Weg funktioniert hatte. Nach einer Weile der Freude über das unglaubliche Ereignis, machte sich bei uns allen ein etwas bedrückendes Gefühl bemerkbar. Wir wussten, dass unsere gemeinsame Zeit nun schnell zu Ende gehen würde. Mit dem Pass in Händen würde mich nichts mehr in Europa halten. Inzwischen war sogar der Buchentwurf bei mir angekommen.

Außerdem bestätigte meine Ex-Lebensgefährtin erstmals per E-Mail, dass sie mein Geld vom Autoverkauf überweisen würde, sobald sie sich wieder in Südafrika befände. Das sollte bereits am Ende des Monats der Fall sein. Das war ein weiterer Lichtblick, denn damit könnte ich meine Reise nach Panamá finanzieren. Von einer mir nahestehenden Person erhielt ich aufgrund ihrer Bestätigung den Betrag als Vorschuss. Ich kaufte in der Innenstadt ein paar Kleinigkeiten und eine Sporttasche. Diese reichte für mein geringes Gepäck nach der Zwangsenteignung durch die österreichischen Behörden vollkommen aus. Nach zwei erholsamen Tagen am Chiemsee ging es los!

Wege der Freiheit - my Pain your Gain

7. Kapitel

Eine Reise mit Schrecken

Anfang Januar 2007 machte ich mich auf den Weg, Europa zu verlassen. Es wurde höchste Zeit, denn auf jeden Fall wusste die Polizei mittlerweile, dass mir das Einwohnermeldeamt einen Reisepass ausgestellt hatte. Das konnte den einen oder anderen Überraschungsbesuch bei Bekannten und Verwandten mit sich bringen.

Ich fuhr mit einem Intercity-Zug von München nach Zürich. Sicherlich bestand das Risiko, dass Zollbeamte die Fahrgäste mit dem Ziel Schweiz kontrollieren würden, um "Steuer-neutrale" Gelder zu ermitteln. „Doch bestimmt haben sie im Zug nicht die Möglichkeit Ausweisdaten per Computer zu überprüfen", beruhigte ich mich. Gemütlich las ich im bequemen Sessel meine Aufzeichnungen der letzten Monate, während die herrliche Landschaft schnell am Fenster vorbeizog. Hin und wieder blickte ich in den langen, eleganten Reisewagen. Plötzlich betraten drei sehr finster aussehende Herren in schwarzen Lederjacken den Waggon. Mit umherschweifenden Blicken stellten sie sofort die anwesenden Personen fest. Damit gab es kein Entrinnen mehr!

Ich wunderte mich über die Besucher im Auftrag des deutschen Staates, da wir noch über eine Stunde Fahrzeit bis zur Grenze vor uns hatten. Zu dritt kontrollierten sie einen jungen Mann. Die Beamten hielten ihm ihre Polizeimarken entgegen. Danach durchwühlten sie sein Reisegepäck. Dabei suchten sie vermutlich nach Bargeldsummen von mehr als 15.000 Euro. „Diese habe ich nicht bei mir", dachte ich, Zuversicht schöpfend. Als nächstes Opfer nahmen sie sich einen älteren Herrn im Anzug vor.

Sie kontrollierten seinen Aktenkoffer, sein Reisegepäck und auch seinen Pass. Da stockte mir der Atem! Einer der Zollbeamten telefonierte mit seinem Mobiltelefon und gab dabei die Ausweisdaten des Herrn durch. Damit hatte ich nicht gerechnet! „Das war´s!", dachte ich - bereits ein wenig resignierend. Jetzt war ich so weit gekommen, um hier der Polizei in die Hände zu fallen.

Verzweifelt blickte ich aus dem Fenster, um eine rettende Haltestelle zu erkennen. Doch der Zug fuhr mit sehr hoher Geschwindigkeit weiter. Die Beamten kontrollierten einen weiteren männlichen Fahrgast. Alle weiblichen Passagiere verschonten sie. Nun kamen die drei äußerst unfreundlichen Herren auf mich zu. Sie blockierten die Wege in beide Richtungen des Waggons. Somit gab es keine Fluchtmöglichkeit. Zudem befand ich mich in einem abgeschlossenen Zug, der nach wie vor mit konstanter Geschwindigkeit in Richtung Schweiz fuhr. Einer der ruppigen Polizisten hielt mir ein Schreiben unter die Nase und forderte mich auf, es durchzulesen. Ich sagte ihm, dass mir die 15.000 Euro-Grenze, um die es in dem Schreiben ging, bekannt sei. Einer der anderen begutachtete meinen neuen Reisepass. Er fragte mich, ob ich am Flughafen in Zürich sofort das Land verlassen würde, da der Zug u. a. am Flughafen halten würde. Ich entgegnete wahrheitsgemäß, dass ich einen geschäftlichen Termin in der Innenstadt wahrnehmen müsste. Tatsächlich hatte ich mir vorgenommen, am nächsten Tag die Bank, die meine gesperrten Konten führte, zu besuchen. Gott sei Dank, war mein Ticket bis zum Hauptbahnhof ausgestellt. Die finsteren Beamten akzeptierten meine Antwort und verschwanden im nächsten Waggon ohne mich weiter zu kontrollieren, und wesentlich erfreulicher, ohne meine Ausweisdaten telefonisch zu überprüfen. Erneut hatten mich Gott durch seine Schutzengel vor dem Schlimmsten bewahrt!

Nach einer Verschnaufpause erreichte der Zug Lindau am Bodensee. Dort sah ich die drei Schreckgespenster am Bahnsteig entlanggehen. Sie mussten an der letzten deutschen Haltestelle den Zug verlassen.

Als nächste Station wurde Bregenz angekündigt. Nun fuhren wir auch noch nach Österreich. Das hatte mir gerade noch gefehlt! Meine gemütliche Zugfahrt entwickelte sich zu einem wahren Abenteuer. „Hoffentlich steigen dort keine österreichischen Beamten ein!", betete ich. Schnell erreichten wir über das kurze Stück am See entlang den Bahnhof von Bregenz. Mühsam hatte ich Wien endlich verlassen, um jetzt nach zweieinhalb Monaten wieder auf österreichischen Boden zu landen. „Hätte ich nicht einen besseren Weg in die Schweiz nehmen können?", fragte ich mich. Sicherlich, allerdings wesentlich umständlicher – doch dafür war es jetzt zu spät. Ich blickte aus dem Fenster und sah keine uniformierten Herren einsteigen. „Würden sie wieder in Zivilkleidung auftauchen?" Der Zug rollte los und verließ Bregenz. Nach kurzer Zeit gelangte ich ohne einen weiteren nervenaufreibenden Zwischenfall in die Schweiz. Dort fühlte ich mich sicher, obwohl ich nicht wusste, ob der europäische Haftbefehl in dem neutralen Land Geltung haben würde. Nun genoss ich endlich wieder die Fahrt durch die herrliche Landschaft.

Am späten Nachmittag kam ich am Flughafen von Zürich an. Entgegen meiner Planung verließ ich bereits dort den Zug. In einem mir bekannten Reisebüro informierte ich mich über Flüge nach Panamá und erstaunlicherweise auch nach Südafrika. Irgendwie zog es mich an die Natur belassene endlose Küste des weitläufigen Landes. Kurzfristig, sprich für den gleichen Tag, gab es keine entsprechenden Verbindungen mehr. Also buchte ich ein Hotelzimmer in der Innenstadt. Eine Schnellbahnverbindung brachte mich zum Hauptbahnhof. Durch häufige, beruflich bedingte Aufenthalte kannte ich mich sehr gut in der schweizerischen Finanzmetropole aus. Schnell erreichte ich zu Fuß das Hotel. Bei einem ausgiebigen Spaziergang am Zürichsee erholte ich mich von den Aufregungen der Reise. Wieder war ein Stück in Richtung meiner endgültigen Freiheit geschafft!

Am nächsten Morgen startete ich mit einem guten Frühstück, das im Hotel serviert wurde. Anschließend machte ich mich auf den Weg zu der Bank, die meine gesperrten Konten führte. Ich hatte keine Ahnung, ob die Staatsanwaltschaft die Banker über meine Flucht aus dem Gefängnis informiert hatte. Ich vertraute auf die berühmte Verschwiegenheit der schweizerischen Bankangestellten. Im Gegensatz zu den Banken in anderen Ländern, stehen, oder besser gesagt standen, die Interessen des Kunden im Vordergrund und nicht die Gewinnmaximierung der Bank, oder gar die Neugier des Finanzamts. Doch seit ein paar Jahren sind auch sie Opfer des oft hochgelobten Investment-Bankings geworden, und sie jagen damit ihre Kunden in risikoreiche Spekulationsprodukte. Dennoch ist die Beratungsqualität immer noch besser als in den Nachbarländern und einigen anderen Staaten. Die schweizerischen Banken hatten sich lange Zeit auf den konservativen Geldanlagebereich spezialisiert, während die deutschen Universalbanken ihr Kreditgeschäft mit für den Kunden oftmals nachteiligen Anlageprodukten finanzieren mussten und es meist immer noch müssen.

Ich betrat das relativ unscheinbare Bankgebäude. In einem kleinen, eleganten Besprechungszimmer wartete ich bei einer Tasse Cappuccino und guten Schokoladentäfelchen auf den Kundenberater. Als er nach kurzer Zeit eintrat, erklärte er mir die gesamte Problematik meiner Konten. Die Bank sei auf die Weisungen der schweizerischen Staatsanwaltschaft angewiesen, diese wiederum auf Informationen von den österreichischen Behörden. Mich wunderte es, dass die Schweiz sich ihre Handlungen von anderen europäischen Ländern diktieren lassen musste. Ich wurde wieder auf meine einzige Möglichkeit hingewiesen, über einen Rechtsanwalt in Wien die Freigabe der Konten zu bewirken. Somit verließ ich die Bank, ohne dass ich einen einzigen Euro, US-Dollar oder Schweizer Franken abheben konnte.

Jetzt stand endgültig fest, dass ich in die Republik Panamá reisen musste, um meine finanzielle Situation zu verbessern, und um Europa bis zur Auflösung meiner juristischen Angelegenheit den Rücken zu kehren. Als nächstes besuchte ich in der Innenstadt mehrere Reisebüros, um einen günstigen Flug nach Panamá-City zu erhalten. Das Vergleichen lohnte sich! Ich erhielt die gleiche Flugverbindung ungefähr 250 Schweizer Franken günstiger als im ersten Reisebüro, das ich betreten hatte. In einer Bank wechselte ich die erforderliche Summe an Euros, die ich – Gott sei Dank – in Deutschland erhalten hatte, in die erforderlichen schweizerischen Franken um. Danach kaufte ich das Ticket nach Panamá - ohne Rückflug. Der Flug sah ein Umsteigen in den USA vor. Bei den dortigen gründlichen, doch auch nicht lückenlosen Einreisekontrollen, würde sich zeigen, ob die Daten meiner Flucht inzwischen bis über den Atlantik vorgedrungen waren. Doch damit war nicht zu rechnen. Zu unbedeutend war mein Fall. Mit dem Ticket für den Flug am nächsten Morgen kehrte ich zufrieden in das Hotel zurück. Ich nutzte die immer noch frühlingshaften Temperaturen zum Joggen am Zürichsee.

Als einer der ersten Frühstücksgäste des Hotels nahm ich am Tag meiner Abreise im Speiseraum Platz. Danach marschierte ich gut gestärkt in der morgendlichen Dunkelheit zum Hauptbahnhof. Mit einer kurzen Zugfahrt erreichte ich wieder den Flughafen.

Schnell fand ich den Check-in-Schalter der nordamerikanischen Fluggesellschaft.

Nach einer kurzen Wartezeit stand ich vor einem Angestellten der Gesellschaft, der bei allen Passagieren die sogenannte Sicherheitsbefragung durchführte. Die Prozedur kannte ich bislang nur vom Verlassen der USA. Mir blieb nichts anderes übrig, als die bohrenden Fragen des Herrn zu beantworten. Er tippte die jeweilige Antwort in sein Notebook ein. Die Daten wurden sicherlich in die USA übertragen. Er begutachtete mein Ticket und meinen Reisepass. Dann stellte er mir sinngemäß folgende Fragen: Warum ich als Deutscher von Zürich aus fliege? Warum ich den Flug erst einen Tag vorher gebucht habe? Warum ich keinen Rückflug besitze?, usw. Mit dieser erneuten Stresssituation hatte ich nicht gerechnet, schon gar nicht beim Check-in. Ich ärgerte mich, dass ich den Flug über die USA gebucht hatte. Doch alle anderen Verbindungen waren über längere Zeit ausgebucht gewesen. Jetzt wusste ich wenigstens, warum das der Fall war. Mühsam beantwortete ich die vielen Fragen des Sicherheitsbeauftragten. Er war mit meinen Antworten anscheinend nicht zufrieden. So beschloss er, seinen Vorgesetzten zu holen.

„Wird die Flucht jetzt noch scheitern?", grübelte ich nervös. Nun überprüfte der hinzugekommene Vorgesetzte mein Ticket und meinen Pass. Ich erklärte ihm, dass ich nicht in die USA einreisen will, sondern geschäftlich nach Panamá reisen muss. Außerdem würde ich zu einem noch nicht feststehenden Zeitpunkt von einem anderen Land aus zurück nach Europa fliegen. Er gab sich mit meinen Ausführungen zufrieden und ich konnte endlich mein Gepäck aufgeben! Ich atmete erneut tief durch.

Mit meiner Bordkarte verließ ich erleichtert den Schalter und ging zur Passkontrolle, das letzte Hindernis vor dem Verlassen Europas. Der Beamte begutachtete meinen Pass und gab ihn wortlos zurück. „Herrlich – jetzt konnte nichts mehr die Reise über den großen Teich verhindern!", freute ich mich.

Am frühen Morgen hob die Maschine Richtung USA ab. Ein geräumiger Platz am Notausgang bescherte mir einen sehr guten Flug. Vom Fenster aus beobachtete ich die gigantischen Eisberge im Meer. Wir flogen weit in den Norden über Teile Grönlands bis das Flugzeug Kurs auf Atlanta nahm. Durch die Zeitverschiebung landete ich bereits am Nachmittag in den USA.

Jetzt wurde es nochmals richtig spannend. Ich reihte mich in die lange Warteschlange an der strengen nordamerikanischen Passkontrolle ein. Nach einer Weile wies mir ein Sicherheitsbeamter einen freien Schalter zu. Der Zollbeamte nahm meinen neuen, maschinenlesbaren Reisepass und die ausgefüllten Formulare entgegen. Dann begann die übliche Prozedur. Ein Fingerabdruck wurde eingescannt und eine Kamera fertigte ein Foto von der Iris meines Auges an. Anstandslos erhielt mein Pass seinen ersten ausländischen Stempel. Zufrieden machte ich mich auf den Weg zum Abflugbereich nach Panamá-City. Erstmals bei einem Flug über die Vereinigten Staaten musste ich nicht mein Gepäck entgegennehmen, um damit die Kontrolle zu durchlaufen. Ein neues Abkommen mit verschiedenen Ländern Amerikas ermöglichte inzwischen die vereinfachte Abfertigung der Transit-Passagiere. Das war eine erhebliche Erleichterung, die ich erfreut zur Kenntnis nahm.

Mit ein wenig Schokolade versüßte ich mir die dreistündige Wartezeit bis zu meinem Weiterflug. Ich versuchte von einem Telefon aus Benny von meiner baldigen Ankunft in Panamá-City zu informieren. Allerdings konnte ich, trotz mehrfacher

Versuche, von dem Münzfernsprecher keine Telefonverbindung herstellen. Es würde also ein echter Überraschungsbesuch werden. Als ich endlich auch noch die Verspätung überstanden hatte, hoben wir in Richtung Panamá ab.

Gegen 23 Uhr landete die Maschine auf dem internationalen Flughafen von Panamá-City in der Republik von Panamá. Schnell ging ich zur Passkontrolle und kam dort als einer der ersten Passagiere an. Obwohl die österreichischen Behörden durch die Beschlagnahmung der gesamten Dokumente meiner Offshore-Gesellschaft und der Kaufverträge meiner Wohnung davon ausgehen konnten, dass ich möglichst bald nach Panamá fliegen würde, machte ich mir bei der Einreise in das nicht gerade gut organisierte Land wenig Sorgen. Es war kaum zu befürchten, dass man sich hier um irgendwelche Nachforschungen bemühen würde.

In der Vergangenheit wurde die Vorlage eines Rückflugtickets verlangt. Über das verfügte ich nicht. Ich hatte mir dafür bereits eine Ausrede mit einem noch zu buchenden Rückflug über das angrenzende Costa Rica zurechtgelegt. Doch erstaunlicherweise verlangte der Beamte am Einreiseschalter diesen Nachweis nicht. Scheinbar verzichtete man mittlerweile bei Passagieren aus der Europäischen Union darauf. Der Angestellte stempelte meinen Pass und das Einreiseformular ab, auch hier keine Probleme – wunderbar!

Erfreut schritt ich zum Gepäckausgabebereich, der inzwischen renoviert und modernisiert worden war. Man hatte tatsächlich begonnen, Panamá für den Tourismus zu erschließen. Das war ein seit langer Zeit wichtiges Ziel der Regierung. Trotz der kurzen Wartezeit bei der Passkontrolle, war mein bescheidenes Gepäck bereits auf dem Förderband zu sehen. Ich nahm meine Tasche auf und verließ über die Gepäckkontrolle die Flughafenhalle.

Es war mittlerweile fast Mitternacht, trotzdem empfingen mich Hitze und hohe Luftfeuchtigkeit, das typische Klima für die Küstenregion am Pazifik. Erneut versuchte ich, Benny telefonisch zu erreichen. Die späte Uhrzeit war dabei nicht so dramatisch, wie es in Europa der Fall gewesen wäre. Der Lebensrhythmus der zentralamerikanischen Stadt ist mehr auf die Nacht ausgelegt, als auf Tätigkeiten während des Tages. Benny meldete sich nach kurzer Zeit. Mit meinem holprigen Spanisch erklärte ich ihm, dass er mich vom Flughafen abholen soll. Natürlich war er sehr erstaunt über meinen unangekündigten Besuch. Doch er stimmte ohne zu zögern zu und teilte mir mit, dass er sich sofort auf den Weg machen würde.

Hin und wieder kühlte ich mich während des Wartens in der klimatisierten Ankunftshalle ab. Meine Kleidung, die in erster Linie für den europäischen Winter ausgelegt war, erwies sich für dieses Land als äußerst ungeeignet. Ich nahm mir vor, gleich am nächsten Tag ein paar sommerliche Kleidungsstücke zu kaufen. Nach einer knappen halben Stunde traf Benny mit seinem 27-jährigen Sohn Juan ein. Der hatte den größten Teil seiner Schulzeit in den USA verbracht und sprach dadurch sehr gut Englisch. Damit konnte ich meine neue finanzielle Situation und die Ereignisse der letzten Monate wesentlich besser erklären.

Juan übersetzte meine Ausführungen für Benny ins Spanische. Wir fuhren direkt zu einem Hotel in der Innenstadt, das ich durch mehrere Aufenthalte in Panamá sehr gut kannte. Benny handelte einen günstigen Tarif aus. Er sicherte mir zu, mich am nächsten Tag abzuholen, um bei einer Bank ein paar Euros in Dollar umzutauschen. Eigentlich hatte ich gehofft, sofort von ihm zumindest einen kleinen Teil des Kaufpreises zu erhalten. Doch darüber wollten wir in Ruhe sprechen, wenn ich nach der langen Reise wieder einigermaßen ausgeschlafen und erholt war.

Wie versprochen holte mich Benny gegen 10 Uhr am Hotel ab. Ich hatte bereits bezahlt und wir konnten sofort losfahren. In der Bank wechselte ich 200 Euro meiner eisernen Reserve in US-Dollar um. Mit dieser Währung, die seit einiger Zeit mehr und mehr an Wert gegenüber dem Euro verlor, wurde auch in Panamá bezahlt.

Anschließend fuhren wir in eine Gegend mit preiswerten Geschäften. Benny erstand eine Matratze, um mich für eine unbestimmte Zeit in seine Wohnung aufzunehmen. Als wir in dem 3-Zimmer-Appartement ankamen, war ich erstaunt, dass es immer noch im sehr guten Zustand war. Zuletzt hatte ich es vor über einem Jahr gesehen, als wir den Kaufvertrag verfasst und unterschrieben hatten. Mittlerweile war das Wohnzimmer mit angenehmen Farben neu gestrichen worden. Schöne Gemälde hatten sie aus Kolumbien mitgebracht. Auch meine HiFi-Anlage, die ich in einem Münchener Fachgeschäft erstanden hatte, funktionierte noch bestens. Das war erstaunlich bei der hohen Luftfeuchtigkeit und der weiten Strecke, die sie zurückgelegt hatte. Sie reiste von München nach Hamburg und dann mit dem Schiff nach Dubai. Und von dort aus per Schiff über Europa nach Panamá.

„Wie lange würde ich jetzt meine ehemalige Wohnung nutzen?", war meine drängende Frage. Das war nicht absehbar. Benny zeigte sich aufgrund seiner angebahnten Großgeschäfte sehr optimistisch. Mit Leichtigkeit könnte er spätestens Anfang Februar, sprich in gut zwei Wochen, den Kaufpreis für die Wohnung bezahlen, führte er erneut aus. Der Zeitraum dafür war überschaubar, und ich konnte inzwischen meine weitere

Reiseplanung durchführen. Keinesfalls wollte ich länger als nötig in Panamá-City bleiben.

Die Republik Panamá verfügt im Norden, an der Grenze zu Costa Rica, über eine fruchtbare Landwirtschaft. Das ganzjährig warme Klima mit intensiven Niederschlägen ermöglicht den Anbau zahlreicher Früchte- und Gemüsesorten, von Kaffeebohnen über Bananen, bis zu Kartoffeln. Trotz der hervorragenden wirtschaftlichen Situation des Landes durch die Kanalgebühren und die Steuereinnahmen von zahlreichen Offshore-Gesellschaften, lebt ein beachtlicher Teil der ungefähr vier Millionen Einwohner in relativer Armut. Auch die Infrastruktur des Landes bietet noch sehr viele Verbesserungsmöglichkeiten. Das wird dem Besucher vor allem in der Hauptstadt Panamá-City schnell bewusst. Der aufgrund zahlreicher Bauprojekte meist stehende Straßenverkehr der Innenstadt zermürbt die Nerven der Bewohner, was sich in einem anhaltenden Hupkonzert äußert. Das öffentliche Verkehrssystem bestand hauptsächlich aus uralten, äußerst lauten, rußenden Bussen, deren Wettfahrten um die Passagiere jährlich zahlreiche Todesopfer forderten. Doch nach und nach ersetzen nun moderne Busse die sogenannten "Diablos rojos" (roten Teufel), die damit bald der Geschichte angehören werden. Zudem hat man mit dem Bau einer Untergrundbahn begonnen. Das wird sicherlich eine erhebliche Verbesserung in der Innenstadt bewirken.

Zweifelhafte Regierungen und Diktatoren verprassten die Einnahmen des Staates für ihre eigenen Interessen und die anspruchsvollen Bedürfnisse ihrer Familien. Doch inzwischen ist Besserung in Sicht und anspruchsvolle Projekte werden die Stadt mehr und mehr bereichern. Somit teilt sich Panamá-City in zwei Extreme: Einerseits die Welt der Luxushochhäuser, Spielkasinos und der eleganten Shopping-Center, und andererseits die armen

Stadtviertel mit zerfallenen Häusern und hoher Kriminalität, vor allem durch Bandenkriege und Drogengeschäfte.

Die üppige Natur des Landes offenbart den Segen Gottes für Panamá. Der intensive, fast tägliche Regen, beschert Panamá eine gigantische Pflanzenwelt. Der undurchdringliche Urwald reicht bis an die unmittelbare Umgebung der Hauptstadt. Als ich in dessen direkter Nähe wohnte, konnte ich in meinem Garten einen großen Leguan und andere mystisch erscheinende Tiere beobachten. Fast 1.000 verschiedene Vogelarten bevölkern den dichten Pflanzenwuchs. Vom höchsten Gipfel des Landes aus, ein Vulkan mit knapp 3.500 Meter Höhe, kann man bei klarer Sicht zwei Ozeane sehen: Pazifik und Atlantik.

Ich war gespannt, wie lange die Abwicklung der großen Geschäfte von Benny dauern würde, bis er die ersten Früchte ernten konnte. Sein argentinischer Geschäftspartner war für die Finanzierung der Projekte zuständig. Die reichten von großen Bauvorhaben in Panamá bis zur Erschließung einer Goldmiene in Kolumbien. Meine Tätigkeit in verschiedenen Banken hatte mir gezeigt, wie schwer solche Großprojekte finanzierbar sind, wenn man nicht über Kontakte zu den entsprechenden Regierungen verfügt. Außerdem benötigt man ein nahezu unerschöpfliches Budget für Geschenke und Zuwendungen aller Art, um die Entscheidungsträger bei guter Laune zu halten. Ich konnte mir nicht vorstellen, dass Benny und sein Geschäftspartner in dieser obersten Finanzliga mitspielten. Doch trotz aller Zweifel hatte ich keine andere Wahl, als auf die Bezahlung der Wohnung zu warten. Überlegungen, die von anderen Personen an mich herangetragen wurden, endlich rechtliche Schritte gegen Benny einzuleiten, verwarf ich aus verschiedenen Gründen. Das hätte sicherlich unsere Freundschaft sofort zerstört. Außerdem wollte ich meine eiserne Reserve nicht für Juristen verschwenden.

Meine Nächte waren durch Hitze, Mücken, Hupkonzerte und ständig lärmende Alarmanlagen sehr anstrengend und führten zu einem permanenten Schlafdefizit. Tagsüber versorgte mich Alicia, die Ehefrau von Benny, mit einigen Tassen Kaffee. Unser gemeinsames Mittagessen bereitete sie täglich frisch zu und ihre kolumbianische Küche verwöhnte uns mit einigen Spezialitäten.

Mein regelmäßiges Joggen litt durch den enormen Verkehr an der Küstenpromenade und unter der hohen Luftfeuchtigkeit, die selbst nach Sonnenuntergang noch für reichlich Transpiration sorgte. So fragte mich Benny, als ich das erste Mal vom Laufen zurückkehrte, ob es stark regnen würde. Auch meine täglichen Spaziergänge zu den Shopping-Centern waren unter diesen Bedingungen alles andere als ein Vergnügen. Ich konnte zwar dort durch meine finanzielle Situation nichts kaufen, jedoch war es momentan die einzige Möglichkeit der Hitze und dem Straßenlärm zu entrinnen.

Nach ein paar Tagen zeigte mir Benny stolz ein Investitionsprogramm seines Geschäftspartners. In englischer Sprache erläutert, stellte es eine utopische Geldanlagemöglichkeit dar. Bei einer Investitionssumme von einer Million US-Dollar sollten daraus in zwei Monaten sage und schreibe sieben Millionen US-Dollar werden. Leider wurde nicht genau erklärt, wie das Wunder vollbracht werden sollte. Ich hatte im Laufe der Jahre von einigen utopischen Geldanlagen Kenntnis erhalten, doch dieses Wunderprogramm übertraf alle mir bisher bekannten Übertreibungen. Ich teilte Benny deshalb nur kurz und sachlich mit, dass meiner Erfahrung nach, das Investitionsprogramm sehr unglaubwürdig aussieht. Enttäuscht über meine fehlende Euphorie, sprach er nie wieder über das Programm. Damit mehrten sich meine Zweifel an der baldigen Bezahlung der Wohnung, die unser Schicksal nun aneinander band.

Mit Juan saß ich mittlerweile fast jeden Abend auf dem Balkon, um mich über sein Studium und zahlreiche andere Themen zu unterhalten. Ich sprach mit ihm über das Investitionsprogramm, das mir sein Vater gezeigt hatte. Auf Englisch konnte ich ihm wesentlich besser und ausführlicher erklären, warum ich arge Zweifel an der dargestellten Investitionsmöglichkeit hatte. In meiner beruflichen Praxis hatte ich es häufig erlebt, dass selbst hochgebildete Menschen utopischen Renditeberechnungen zum Opfer fallen. Bei den undurchsichtigen Anlageformen des sogenannten "grauen Kapitalmarktes" war das investierte Geld oftmals nicht mehr vorhanden, bzw. hatte es ein anderer. Juan, der in Panamá sein Ingenieursstudium absolvierte, nickte nur bestätigend und wollte sich verständlicherweise nicht genauer darüber äußern. Ich konnte nicht erkennen, wie weit er an die in Kürze eintreffenden Millionenbeträge glaubte, von denen sein Vater ständig sprach.

Ich war mittlerweile fast zwei Wochen in Panamá-City, als ich bei meinen Eltern in Deutschland anrief. Mein Vater freute sich, dass ich wieder in Freiheit war, nachdem er mich in dem deprimierenden Untersuchungsgefängnis besucht hatte. Allerdings berichtete er auch von weniger positiven Ereignissen. Tatsächlich hatte die erfolgreiche Beantragung meines Reisepasses die Polizei veranlasst, etwas zu unternehmen. Eine Beamtin der Polizeidienststelle, die die Verlustanzeige meiner Ausweise erhalten hatte, rief bei meinen Eltern an. Sie erkundigte sich nach meinem derzeitigen Aufenthaltsort. Mein Vater konnte darüber keine Auskunft geben, da er tatsächlich nicht wusste, wo ich mich gerade befand. Außerdem teilte er mir mit, dass einen Tag zuvor eine Polizeistreife in der Zufahrt zum Wohnhaus geparkt hatte. Die Polizisten beobachteten die Wohnung, um festzustellen, ob ich mich inzwischen dort aufhalten würde.

Selbst in einem anderen Bundesland wurden die Beamten aktiv. Mit einem Auslieferungsantrag der österreichischen Behörden, die scheinbar immer noch nicht aufgeben wollten, überraschten sie meine Ex-Ehefrau an ihrer Wohnungstür. Jahrelang hatten wir uns nicht mehr gesehen. Doch anscheinend war ein Brief, den ich ihr aus dem Gefängnis geschrieben hatte, für den unangenehmen Polizeibesuch verantwortlich. Auch für sie und ihre neue Familie tat es mir Leid, dass sie durch den einschüchternden und sehr unangenehmen Besuch an mich erinnert wurden. Gott sei Dank, war ich in Panamá-City weit genug von den eifrigen Beamten entfernt. Diese Nachrichten aus Deutschland bestätigten mir, dass ich gut daran getan hatte, Europa so schnell wie möglich zu verlassen.

Wege der Freiheit -   my Pain your Gain

8. Kapitel

Spirituelle Erkenntnisse - Neuanfang

Als ich Ende Januar am späten Nachmittag in die Wohnung kam, saß ein merkwürdiger Typ auf dem Sofa im Wohnzimmer. Er war Mitte 30, relativ klein und stämmig, hatte ein kahl geschorenes Haupt und trug Schuhe, die wie abgeschnittene Cowboy-Stiefel aussahen – echt merkwürdig! Seine Ausstrahlung war ruhig und sympathisch. Alicia stellte mir den kolumbianischen Herrn als Pastor Rive vor. Ohhh - damit traf sie eine äußerst empfindliche Stelle in mir! Meine negativen Erfahrungen mit der Katholischen Kirche, die ich bereits während meiner Berufsausbildung verlassen hatte, riefen sofort eine ablehnende Haltung bei dem kirchlichen Begriff "Pastor" in mir hervor. Ich erklärte dem Pastor, dass ich mich bereits durch zahlreiche Literatur der "Neuen Ära" mit dem Begriff "Gott" auseinandergesetzt habe. Allerdings habe ich damit auch erkennen müssen, dass mir diese falschen Propheten nicht helfen können. Der Pastor nahm meine Ausführungen gelassen zur Kenntnis und genoss weiterhin seinen Kaffee. Anschließend teilte er mir mit, dass er gerne für mich beten würde.

Ich konnte mir nicht vorstellen, wie er das meinte. Doch ich stimmte zu, mehr aus Neugier als aus Überzeugung. Juan, der inzwischen dazu gekommen war, erklärte sich bereit, den Wortlaut ins Englische zu übersetzen. Der Pastor legte seine Hand auf mich und begann eindrucksvoll zu sprechen. Ich war erstaunt, was er alles über mein vergangenes Leben wusste. Ungläubig vergewisserte ich mich bei Juan, ob ich auch tatsächlich alles richtig verstanden hatte. Das war der Fall!

Pastor Rive sprach in seinem Gebet u. a. davon, dass ich mehrfach alles zurückerhalten werde, was mir genommen wurde. Als er nach ein paar Minuten sein Gebet beendet hatte, spürte ich eine schwer beschreibbare Veränderung in mir. Irgendwie fühlte ich, dass sich eine neue Welt für mich öffnen würde.

Dennoch blieben Zweifel an der Prozedur. Zu viele Versprechungen, die sich nie erfüllten, hatte ich durch die "Neue Ära" erhalten. Und zum Gott der christlichen Welt, die Dreifaltigkeit Gottes, hatte ich nie Zugang gefunden. Ich sah dabei immer nur die Bilder der wohl geformten Bischöfe auf ihren großen Konferenzen vor mir. Fern von jeglicher praktischer Erfahrung diskutieren sie Probleme, um sich danach wieder in ihre luxuriösen Elfenbeintürme zurückzuziehen. Nur selten dienen sie als brauchbare Vorbilder mit guten charakterlichen Eigenschaften.

Sicherlich würde nach wie vor die oft geforderte Aufhebung des Zölibats, die verordnete Ehelosigkeit für katholische Priester, einen Schritt zur notwendigen Reform der Katholischen Kirche beitragen. Allerdings darf das nicht dazu führen, dass das verantwortungsvolle Amt eines Priesters zwangsläufig auf die Nachfolgegeneration übertragen wird. Diese Gefahr war einer der Hauptgründe für die Einführung des Zölibats in der Katholischen Kirche. Das Zölibat hat keinerlei Grundlage in der Bibel, weder im Alten noch im Neuen Testament. Die Bibel erklärt, welche Voraussetzungen für eine vorbildliche Ehe der geistlichen Führungskräfte gelten müssen. Nur sehr, sehr wenige Menschen sind dazu befähigt ohne einen Ehepartner, sprich ohne eine sexuelle Beziehung, zu leben. Das macht auch vor den Geistlichen keinen Halt. Gott schließt dabei strengstens eine gleichgeschlechtliche Beziehung aus, die er als Todsünde scharf verurteilt. Doch hat die Einführung der gleichgeschlechtlichen Ehe in zahlreichen Ländern in erster Linie die Absicht, das enorme Bevölkerungswachstum einzudämmen. Das ist keine sehr wirkungsvolle Maßnahme, doch ein Anfang. Dazu gehört auch die Legalisierung der Abtreibung.

Die menschliche Regel des Zölibats hat die Katholische Kirche in zahlreiche sexuelle Missbrauchsskandale geführt. Ein Zustand der sich mit der Aufhebung des Zölibats erheblich verbessern würde. Martin Luther hat, nachdem er seine Mönchskutte an den Nagel hängte, selbst geheiratet und es setzte damals eine wahre Klosterflucht ein. Das bestätigt die enorme Last, die durch die unnütze, ja sogar gefährliche Regelung, auf den Dienern Gottes liegt. Dabei geht es nicht nur um den sexuellen Missbrauch, sondern auch um zahlreiche uneheliche Kinder, die durch die katholischen Geistlichen gezeugt wurden und werden. In der Zeit von Martin Luther wurden die Liebhaberinnen der Gottesdiener als Pfaffenhuren bezeichnet. Diese gibt es natürlich auch heute noch und sie wird es solange geben, bis das Zölibat aufgehoben wird.

Vor einigen Jahren konnte ich Zeuge dieser Tatsache werden. Ich saß beim Mittagessen in einem Gasthaus in der harmonischen Gegend am Chiemsee in Oberbayern. Neben mir befand sich der Stammtisch, reserviert für die "Wichtigen" des Dorfes. Die anwesenden Personen unterhielten sich so laut, dass ein Zuhören unvermeidbar war. Sie unterhielten sich über ihren ehemaligen Dorfpfarrer der Katholischen Kirche, der aufgrund seiner beiden Kinder nach Norddeutschland versetzt wurde. Ja, interessant woher die Kinder, trotz Zölibat, kommen! Das ist die traurige Realität, die u. a. immer mehr für leere Kirchengebäude sorgt.

In einigen evangelischen Kirchen, so habe ich es vor allem in Argentinien erlebt, versuchen Kircheninhaber mit viel Druck ihre Söhne, oder ihre Töchter, für das zukünftige Amt vorzubereiten, auch wenn diese wenig Interesse, oder dafür keine Begabung haben. Das geht zwangsläufig zu Lasten der Kirchengemeinde und endet in einer leblosen Kirche, deren Mitglieder früher oder später das Weite suchen. Menschliche Regeln und Gesetze enden in der zum Scheitern verurteilten Konstruktion einer Religion.

Das erkannte Martin Luther in erster Linie auf seiner Romreise und bei der Geldmacherei mit den sogenannten Ablassbriefen. Diese dienten dazu, sich von Sünden und vom "Fegefeuer" loszukaufen. Wobei das "Fegefeuer", und auch viele andere Dinge, eine Erfindung der Katholischen Kirche sind, die keine Erwähnung in der Bibel haben. Doch um den Geldsegen für den Papst und die Kirche zu vermehren, war es ein sehr wirkungsvolles Instrument. Die römisch-katholische Kirche hatte sich zu einer großen Geldmaschine entwickelt, deren oberstes Ziel nicht die Erlösung der Seele ist, sondern die Übertragung von Vermögenswerten des Volkes auf die Kirche. Man könnte das auch mit dem Wort "Ausbeutung" beschreiben.

Enttäuscht vom Sittenverfall der römischen Geistlichen, sowie von der enormen Geschäftemacherei durch die Ablassbriefe, Heiligenfiguren, Erbschaftsheuchelei, usw., widmete sich der junge Mönch einer umfangreichen Reform. Diese war dringend erforderlich! Doch fiel sie nicht wie ein Blitz vom Himmel, sondern sie entwickelte sich über mehrere Jahre hinweg. Auch Gespräche mit anderen Reformern, die es u. a. in der Schweiz gab, festigten die Entschlossenheit von Martin Luther, seine berühmten 95 Thesen im Jahr 1517 zu veröffentlichen. Er sandte sie an den höchsten Kirchenfürsten in Deutschland, Erzbischof

Albrecht. Angeblich hat er sie auch an der Kircheneingangstür in Wittenberg befestigt.

Auf jeden Fall sorgte die Erfindung des Buchdrucks durch Johannes Gutenberg, erst ein paar Jahrzehnte zuvor geschehen, für eine rasche Verbreitung der Reformgedanken. Dabei handelte es sich nicht um großartige Neuerungen, sondern vielmehr um eine Rückbesinnung auf die Ursprünge der Kirche. Doch die hohen Herren in Rom und anderen Ländern, allen voran der Papst, wollten nicht von ihren selbstgeschaffenen Regeln abweichen und verurteilten deshalb die Reform. Allerdings hatte die umfangreiche Arbeit von Martin Luther bereits eine beachtliche Eigendynamik entwickelt und war nicht mehr zu stoppen.

Es entstand und verbreitete sich der Protestantismus, sprich die evangelische Kirche, die jetzt keine Reform mehr war, sondern die Geburt einer neuen Kirche. Mittlerweile ist ein halbes Jahrtausend vergangen. Jetzt braucht auch die evangelische Kirche eine grundlegenden Reform!

Doch kann man die Reformation nicht einfach so stehen lassen. Es gibt Tatsachen, die ganz deutlich zeigen, dass sie noch nicht die endgültige Wahrheit gebracht hat. Martin Luther war nicht gerade ein Freund der Juden, um es vorsichtig auszudrücken. Das ist sehr verwunderlich! Denn war nicht der angebliche Sohn Gottes und Gott, Jesus Christus, der König der Juden? So stand es, zumindest laut der Evangelien, in verschiedenen Sprachen am Kreuz geschrieben. Wie konnte da Martin Luther so eine tiefe Abneigung gegen das jüdische Volk entwickeln? War es nicht letztlich auch der Neid auf das auserwählte Volk der Juden, denen sich der einzig wahre Gott, so wie es in den Büchern des Mose und in den 10 Geboten steht, zu erkennen gegeben hat? War die Dreifaltigkeit doch nur ein Teil der Wahrheit, die im

Allmächtigen Gott und Vater liegt und nicht im Sohn Gottes? Oder war es einfach die große Enttäuschung von Martin Luther, dass das auserwählte jüdische Volk die Reformation nicht akzeptierte, und sich somit nicht dem Christentum anschloss?

So kam die dunkle Seite von Martin Luther an die Oberfläche. Seine Hetze gegen die Juden wurde von den Nazis aufgegriffen und u. a. in der sogenannten Reichskristallnacht umgesetzt. Diese fand vom 09. auf den 10. November (1938), Geburtstag von Martin Luther, statt.

Wie auch immer - jetzt saß in Panamá plötzlich ein Pastor vor mir, der einen völlig menschlichen Eindruck machte und für mich betete. Das kannte ich aus meiner Kindheit anders. Damals beauftragte der Pfarrer uns, was und wie oft wir beten mussten. Den Sinn, den das wiederholte Herunterleiern verschiedener vorgegebener Gebete haben sollte, konnte ich nie verstehen. Ich fragte Pastor Rive, warum er so viel über mich wusste, und warum er Dinge über meine Zukunft sagen konnte. Er erklärte, dass Gott direkt zu ihm spricht und er die Informationen in dem Gebet lediglich weiter gibt. Die ebenfalls anwesende Alicia ergänzte, dass er ein Prophet ist. Mit dem Begriff konnte ich zunächst wenig anfangen. Ich hatte zwar gehört, dass Personen mit solchen Fähigkeiten vor langer Zeit existierten, jedoch wusste ich nicht, dass es heute noch Menschen mit der Gabe der Prophezeiung gibt.

Natürlich kennt man allerlei Methoden und Tricks, um einen Blick in die Zukunft zu werfen. Das fängt bei den weit gefassten Horoskopen an und hört beim mystischen Zauber von Kristall-kugeln auf. Weit verbreitet sind auch die verschiedenen Arten von Tarockkarten, mit denen ich auch meine zweifelhaften Erfahrungen gemacht hatte. Eine gute Bekannte hatte mich öfter dazu überredet, die Karten sprechen zu lassen. Nicht ein einziges

Mal traf eine der Prognosen zu. Damit war für mich endgültig das Thema der Tarockkarten und anderer dubioser Hilfsmittel für den Blick in die Zukunft abgehakt.

Nach einer Weile verabschiedete sich der Pastor. Die Zeit sollte beweisen, wie weit seine Prophezeiungen eintreffen würden. Ich war auf jeden Fall tief beeindruckt von dem Besuch, der mein Leben verändern sollte.

Inzwischen waren ungefähr drei Wochen seit meiner Ankunft in Panamá-City vergangen. Benny wartete noch auf seine Geldeingänge, während wir in relativer Bescheidenheit lebten. Ich hatte keine Ahnung, wie er zumindest unser tägliches Essen finanzierte.

Doch brauchte ich hier keine Sorgen vor Polizeikontrollen zu haben. Mein Reisepass hatte sich bereits bewährt und ich befand mich außerhalb der Europäischen Union. Damit konnte ich die zahlreichen schwer bewaffneten Polizisten, die per Auto, Motorrad, Mountainbike und zu Fuß die komplette Innenstadt kontrollieren, gelassen zur Kenntnis nehmen. Eine spezielle Einheit ist für die Ergreifung illegaler Einwanderer zuständig. Sie überprüfen sehr häufig die Reisepässe ausländischer Personen. Den Großteil der Einwanderer mit erloschener Aufenthaltserlaubnis stellten die Kolumbianer da. Allerdings kamen auch die meisten erfolgreichen Geschäftsleute aus diesem Land und trugen einen erheblichen Teil zur Entwicklung Panamas bei. Einige Großprojekte wurden mit ihren Investitionen, die nicht immer aus legalen Geschäften stammten, finanziert.

Meine Aufenthaltserlaubnis als Tourist betrug drei Monate. Folglich musste ich spätestens am 12. April Panamá wieder verlassen. Doch bis dahin hatte ich noch über zwei Monate Zeit. Der Pastor besuchte uns sehr häufig. Meine sehr interessanten

Unterhaltungen mit ihm bereicherten jetzt meinen Alltag. Als er sich eines Tages verabschiedet hatte, kehrte er bald wieder zurück, um ein Geschenk für mich abzugeben. Es war eine auf Englisch verfasste Bibel. Vor eineinhalb Jahren hielt ich diese umfangreiche Sammlung von 66 Büchern, bzw. Schriften, die in einem Buch zusammengeschlossen sind, erstmals in meinen Händen. Ich konnte damals mit den historischen und philosophischen Aussagen überhaupt nichts anfangen. Zu unwirklich erschienen mir die Darstellungen und Berichte.

Ich wunderte mich, dass ich in den vielen Jahren des Religionsunterrichts durch katholische Priester nie eine Bibel zu lesen bekam. Dabei ist das Buch das Fundament des Glaubens an Jesus Christus, in seiner Dreifaltigkeit mit dem Himmlischen Vater und dem Heiligen Geist. Doch existiert diese Dreifaltigkeit Gottes wirklich, oder ist es nicht auch wieder eine kluge menschliche Erfindung, um zu manipulieren? Oftmals ist es ein langer Weg die Wahrheit zu erkennen, bzw. ihr zumindest nahe zu kommen.

Auf jeden Fall war die englische Version der Bibel das erste Exemplar mit dem ich mich intensiv beschäftigte. Viele Dinge darin sind wahrlich nicht leicht zu verstehen. Doch, Gott sei Dank, hatte ich Pastor Rive, den ich mit allerlei Fragen konfrontieren konnte. Durch seine zahlreichen Besuche entwickelte er sich für mich zu einem Mentor, den ich mir immer gewünscht hatte. Als positiven Nebeneffekt unserer Gespräche, sah ich erfreut die langsame, doch stetige Verbesserung meiner Spanischkenntnisse.

Häufiger unterhielt ich mich jetzt auch mit Alicia. Sie war die positive Seele unserer Wohngemeinschaft und versorgte uns ständig mit Kaffee und Mahlzeiten. Eines Abends berichtete sie mir begeistert von einer ausgedehnten Südamerikareise, die

Freunde von ihr unternommen hatten. Sie erwähnte in diesem Zusammenhang hervorragende, komfortable Reisebusse, die eine angenehme Besichtigung der großflächigen Länder ermöglichen würden. Ihre Erzählungen erweckten mehr und mehr meine Neugierde. Schließlich benötigte ich noch einen sicheren und schönen Wohnsitz, bis eine eventuelle Rückkehr nach Europa möglich sein würde. Der Lärm und die Hitze in Panamá-City machten mir wahrlich zu schaffen. Ich konnte es kaum erwarten, das Land wieder zu verlassen! Allerdings fehlten mir dafür nach wie vor die finanziellen Mittel.

Jeden Tag las ich einige Seiten in meiner Bibel und notierte Fragen für den Pastor, der fast täglich bei uns vorbeikam. Außerdem erklärten mir Alicia und Benny zahlreiche Bibelstellen. Unsere gemeinsamen Gebete festigten meinen Glauben. Es war Mitte Februar, als mich der Pastor fragte, ob ich mich taufen lassen wolle. Er würde mit einem Mitglied seiner kleinen Kirche die wichtige Zeremonie in einem Fluss, nahe dem Pazifik, vollziehen. Da holte mich meine skeptische Haltung gegenüber dem Begriff "Kirche" wieder ein. Ich teilte ihm mit, dass ich bereits wenige Tage nach meiner Geburt, noch im Krankenhaus befindlich, getauft wurde; so wie es in der Katholischen Kirche normalerweise praktiziert wird. Das wunderte ihn, da man sich in diesem Alter nicht bewusst für Gott entscheiden kann. Die bewusste Entscheidung für den Glauben ist die echte Taufe. Diese wird dann durch den Vollzug der Taufe mit einem Eintauchen ins Wasser öffentlich bestätigt.

Am darauffolgenden Samstag holte mich der Pastor um 6 Uhr morgens ab. Sein kolumbianischer Bekannter, Wilmar, brachte uns mit seinem Fahrzeug an einen kleinen Fluss, der in den Pazifik mündet. Die Stelle liegt einige Kilometer von Panamá-City entfernt. Auf einem sandigen Weg hielten wir in unmittelbarer

Nähe des dunklen Flusses. Trotz der frühen Morgenstunde brannte die Sonne gnadenlos auf uns herab. Wir wateten in das erstaunlich kühle Wasser. Während der Pastor ein Gebet sprach, tauchte er uns tief in den Fluss ein. Nach der Zeremonie wollten wir die Stelle wieder verlassen, doch das Auto steckte im Sand fest. War das ein Hinweis auf das, was noch enthüllt werden sollte? Steckte das Christentum im Sand fest, oder war nur Sand im Getriebe?

Mit ein paar untergelegten Steinbrocken konnten wir das Auto nach kurzer Zeit befreien. Wir fuhren noch ein wenig die Küste entlang und ich genoss es, eine Weile den Lärm der Stadt entronnen zu sein. Danach brachten wir den Pastor nach Hause. Anschließend lud mich Wilmar auf einen Kaffee ein.

Unser Gespräch drehte sich um die gigantische Freihandelszone am Panamá-Kanal. Er war dort Geschäftsführer einer Textilgesellschaft. Die Ware kaufte der Inhaber in China ein, wo sonst? Anscheinend wird mittlerweile fast alles dort produziert. Danach wird die Ware auf dem Seeweg nach Panamá gebracht. Großkunden in Zentral- und Südamerika kaufen die Textilien für den Einzelhandel. Seit einigen Tagen suchten Juan und ich nach Wegen, die Freihandelszone zu besuchen. Wilmar bot mir an, dass wir mit ihm dort hinfahren könnten. Danach setzte er mich bei meinem vorübergehenden Zuhause ab.

Inzwischen konkretisierten sich meine Reisepläne für Südamerika. Benny sollte für wichtige Unterschriften nach Buenos Aires fliegen. Dort würde er mit seinem Partner die Geschäfte endlich zu Ende bringen und ich könnte den Kaufpreis erhalten. Das hörte sich sehr gut an. Vor drei Jahren, als ich noch in Dubai wohnte, hatte ich einen äußerst positiven Bericht über die Hauptstadt Argentiniens gelesen. Der ausführliche Artikel eines Reisemagazins, mit einigen Fotos ausgeschmückt, betonte die vielfältigen kulturellen Möglichkeiten der südamerikanischen Metropole. Genau das fehlte mir damals im Scheichtum der Vereinigten Arabischen Emirate. Mit zahlreichen Billig-Arbeitern aus armen Ländern, überwiegend aus Indien, wurden große Bauprojekte sehr schnell in die Tat umgesetzt. Jedoch benötigen Kultur und Bildung ihre Entwicklungszeit. Man kann sie nicht von heute auf morgen durch Geld erzwingen!

Die abgebildeten Fotos von Buenos Aires zeigten eine verblüffende Ähnlichkeit zu europäischen Großstädten. „Das würde meinen Wurzeln eher gerecht werden, als das von starken Gegensätzen geprägte Panamá", malte ich mir aus. Außerdem sorgte ein wirtschaftlicher Aufschwung dafür, die Auswirkungen der großen Banken- und Wirtschaftskrise Argentiniens aus dem Jahre 2001, allmählich zu beseitigen. Zahlreiche Bankkunden hatten damals beträchtliche Kontoguthaben verloren. Seitdem ist immer noch das Vertrauen in Geldinstitute gering und viele Bürger verzichten bis heute auf eine Bankverbindung. In Europa undenkbar, doch dort kann man noch ohne Konto leben.

Benny legte mir einen Besuch der Küstenstadt Mar del Plata nahe. Der begehrte Badeort am Atlantik befindet sich nur gut fünf Autostunden von Buenos Aires entfernt. Im Internet suchte ich einige Fotos von der Stadt und der Küste. Das sah alles sehr gut aus und ließ mich bereits vom Windsurfen träumen. „Genau da muss ich hin!", reifte in mir der Gedanke. Damit stand das endgültige Ziel meiner Flucht fest: Mar del Plata, der vornehme Badeort an der langen argentinischen Küste. Benny begab sich inzwischen auf den Weg nach Buenos Aires. Dort sollte ich ihn in vier Wochen treffen, um mein Geld in Empfang zu nehmen.

Doch zuerst fuhr ich mit Juan und Wilmar zur Freihandelszone, die sich 80 Kilometer entfernt am anderen Ende des bekannten

Panamá-Kanals befindet. Pünktlich um 6 Uhr morgens holte uns Wilmar ab. Es war noch dunkel, als wir in sein Auto stiegen. Panamá-City schlief noch. Dadurch erreichten wir schnell die Autobahnauffahrt nach Colon, die Stadt an der Freihandelszone. Wilmar bezahlte die Gebühr für die wenigen ausgebauten Kilometer der abenteuerlichen Strecke. Danach ging die gute zweispurige Straße in eine löchrige, dicht befahrene Landstraße über. Radfahrer, alte Lastwägen und klapprige Busse, die ständig anhielten, um Fahrgäste aufzunehmen, machten die wichtigste Verkehrsverbindung Panamas zu einer der weltweit gefährlichsten Strecken, die jedes Jahr zahlreiche Todesopfer forderte. Ein geplanter Ausbau der Strecke ist seit einiger Zeit von der Regierung versprochen und wird hoffentlich bald in die Tat umgesetzt.

Bereits seit mehreren Jahren fuhr Wilmar fünf bis sechs Mal pro Woche, wie viele andere auch, die zermürbende Strecke, an deren Ende wir jetzt in einen Verkehrsstau kamen. Nach eineinhalb Stunden erreichten wir schließlich seinen Arbeitsplatz. Ein paar Arbeiter warteten bereits darauf, dass Wilmar die Halle aufsperren würde. Er führte uns in sein bescheidenes, jedoch zweckmäßiges Büro. Der Firmeninhaber, der gleichzeitig sein Chef war, befand sich gerade in China auf einer Wareneinkaufstour.

Wilmar zeigte uns die große zweistöckige Halle in der zahlreiche Stoffballen und Textilien gelagert waren. In der oberen Etage markierten zwei Tore einen Fußballplatz. Wilmar erklärte uns, dass er täglich in der Mittagspause mit den Arbeitern Fußball spielte. Das war in der heißen, stickigen Halle sicherlich äußerst schweißtreibend. Doch zum Glück gab es auch einen Waschraum mit einigen Duschen. Nach der kleinen Führung fuhr er uns in den Einkaufsbereich der Freihandelszone.

Juan und ich prüften die angeblich günstigen Angebote. Doch die gab es nur, wenn man in großen Mengen einkaufte. Ansonsten lohnte sich der steuerfreie Einkauf nicht. Man will damit bewusst die Freihandelszone von stöbernden Touristen freihalten.

Die gesamte Region verfügte über kein einziges Restaurant oder Café. Erschöpft setzten wir uns an den Straßenrand und wir waren froh als uns Wilmar wieder abholte. Wir fuhren zu den Lagerhallen zurück. Dort musste Wilmar noch eine Weile arbeiten. Ich spazierte deshalb mit Juan zwischen den riesigen Hallen in Richtung des Containerhafens. Wir beobachteten aus sicherer Entfernung das An- und Ablegen der Ozeanriesen, die den Weg durch den Kanal mit sechsstelligen US-Dollar-Beträgen bezahlen mussten. Gegen 18 Uhr machten wir uns auf den Rückweg nach Panamá-City. Wir bewunderten die unglaubliche Energieleistung die Wilmar täglich bei der Hitze vollbrachte. Juan und ich waren völlig erschöpft. Nie wieder wollten wir in die Freihandelszone fahren. Diese hatte ich mir durch mein früheres Büro in einem der eleganten Marmorgebäude in der Freihandelszone von Dubai ganz anders vorgestellt.

Benny hatte inzwischen aus Argentinien Geld an Alicia überwiesen, mit dem ich meine Südamerikareise finanzieren sollte. Das war ein gutes Zeichen! Über sechs Wochen verbrachte ich mittlerweile in Panamá-City. Aus dem Internet entnahm ich Informationen über die Länder, die ich auf den Weg in meine geplante neue Heimat besuchen wollte. Damit stellte ich mir eine ungefähre Reiseroute zusammen. Mein bescheidenes Reisebudget betrug 2.100 US-$. Den Betrag händigte mir Alicia aus, sozusagen als erste Bezahlung für rückständige Wohnungsmieten.

Am Abend vor meinem Abreisetag besuchte uns der Pastor, um sich von mir zu verabschieden. Er war heiter und gelassen, da er mir ein paar Tage zuvor eine Prophezeiung, sprich Gottes Wort, gegeben hatte: Ich werde sehr bald wieder nach Panamá-City zurückkehren. „Das ist absolut unmöglich. Ich werde auf jeden Fall in Mar del Plata bleiben!", teilte ich ihm daraufhin meinen festen Entschluss mit. Er wusste, wie sehr mir Panamá-City auf die Nerven ging.

Am nächsten Morgen brachten mich Juan und Alicia zum Flughafen. Das an Panamá angrenzende Südamerika war nur per Schiff oder Flugzeug erreichbar. Eine Straßenverbindung in das Nachbarland Kolumbien gab es nicht. Die USA boykottierten solch ein Projekt, um den Drogen- und Waffentransport aus Südamerika auf dem Landweg zu verhindern. Offiziell begründet man die fehlende Verkehrsverbindung mit dem undurchdringlichen Urwald, der sich im Grenzgebiet befindet.

Als ich mein gesamtes Reisegepäck, das inzwischen aus zwei Sporttaschen bestand, aufgegeben hatte, verabschiedete ich mich von Alicia und Juan. Wir waren traurig. Es hatte sich aus unserer Zwangsgemeinschaft eine gute und echte Freundschaft entwickelt. Sie wollten mich in Argentinien besuchen, sobald ich mich dort eingelebt hatte.

9. Kapitel

Abenteuer in Südamerika

Pünktlich startete die Maschine in Richtung Bogotá, der Hauptstadt Kolumbiens. Fasziniert blickte ich beim Landeanflug auf die hohen Berggipfel, die die Millionen-Metropole umgeben. Bogotá liegt auf einer Höhe von ungefähr 2.600 Meter über dem Meeresspiegel. Damit würde mich ein angenehmes, kühles Klima erwarten. Meine letzten Besuche in Bogotá verbrachte ich in eleganten, stilvollen 5-Sterne-Hotels. Mein jetziges Reisebudget ließ diesen Luxus nicht zu. So war ich froh, dass ich eine Woche in der Wohnung von Andi, dem Älteren der beiden Söhne von Benny und Alicia, verbringen durfte. Durch frühere Treffen waren wir gut befreundet.

Als ich das Flughafengebäude verließ, erblickte ich sofort den hochgewachsenen Andi, der mich dankbarerweise mit seinem Auto abholte. Ziemlich genau zwei Jahre hatten wir uns nicht mehr gesehen. Die Wiedersehensfreude war groß. Er war als Schauspieler für verschiedene Theater und für das staatliche kolumbianische Fernsehen tätig. Als ich zuletzt in Bogotá war, wurde eine Fernsehsendung ausgestrahlt, die er produziert hatte und in der er mit seiner Ehefrau auch selbst mitspielte.

Auf dem Weg in sein Appartement hielten wir noch an einem Tonstudio. Dort nahm Andi eine Radiowerbung für sein neues Theaterstück auf. Der Inhaber des Studios fragte mich bezüglich eines Fotos, das auf einer Vitrine stand, ob ich die Person neben ihm kennen würde. Ich überlegte, doch es fiel mir kein Name für das unscheinbare, dunkelhaarige Mädchen ein. „Es ist Shakira, die sogenannte "Latin-Queen", eine der weltweit erfolgreichsten

Sängerinnen", klärte mich der freundliche Herr stolz auf. Auf dem Foto war sie etwa 20 Jahre alt und es fehlten noch ein paar Jahre bis zum internationalen Durchbruch. Als der Werbespot sekundengenau fertig war, verließen wir das Studio, um in die Wohnung von Andi zu fahren.

Der Sicherheitsbeamte öffnete die Haustür und wir fuhren mit dem Lift in die dritte Etage. Das gepflegte Wohngebäude lag in einer guten Gegend von Bogotá, in erhöhter Hanglage. Andi zeigte mir mein kleines Zimmer, das ich bei den vorhergehenden Besuchen nicht wahrgenommen hatte. Es befand sich auf dem Dach des Gebäudes und war über eine Leiter erreichbar. Die gläsernen Seitenwände boten einen wunderbaren Blick über die sich weit ausdehnende Stadt. Herrlich! – es war sogar noch ruhiger und idyllischer als die Zimmer der Luxushotels.

Nach einem gemeinsamen Abendessen zog ich mich in das Dachstudio zurück. Die kalte nächtliche Höhenluft und die angenehme Ruhe, ohne Hupkonzerte und Alarmanlagen, ließen mich sehr gut schlafen. Erholt wachte ich am nächsten Morgen auf und las ein wenig in meiner Bibel. Sie war jetzt mein ständiger Begleiter. Ich nahm mir vor, sie zumindest einmal vollständig durchzulesen, um dann immer wieder zu einzelnen Kapiteln und Versen zurückzukehren.

Am Nachmittag fuhr ich mit Andi in ein Theater. Er hatte die Premiere eines Theaterstücks, in dem er eine Doppelrolle spielte. Gemeinsam begrüßten wir die nach und nach eintreffenden Schauspielkolleginnen und Kollegen. Mit Andi unterhielt ich mich ausschließlich auf Englisch. Das erleichterte die Kommunikation erheblich. Wie sein jüngerer Bruder Juan, war er durch seine Schulzeit in den USA eine positive Ausnahme bezüglich dieser Sprachkenntnisse. In allen Ländern Zentral- und Südamerikas, außer in Brasilien, wird Spanisch gesprochen.

Damit benötigt man praktisch nie eine andere Sprache. Ich ärgerte mich, dass ich während meiner Schulzeit Französisch lernen musste, das ich so gut wie nie benötigte und dessen Verbreitungsgrad, im Vergleich zu Spanisch, äußert gering ist. Als Alternative hatte es damals nur Latein gegeben. Doch dann fiel mir ein, dass ich Dank meiner französischen Sprachkenntnisse gute Zeiten in Paris verbracht und meinen besten Job erhalten hatte. Ja, oftmals weiß man schulische Errungenschaften nicht mehr zu schätzen.

Andi hatte mir die Handlung des Theaterstücks bereits vorher erläutert. Das war wirklich hilfreich! Eine Freundin von Denis, die ich am Tag zuvor kurz gesehen hatte, setzte sich im Theater neben mich. Wir hatten hervorragende Plätze in der vollbesetzten Vorführung. Ich genoss das kulturelle Erlebnis. Mit dem Taxi fuhr ich gemeinsam mit Denis und ihren Freundinnen zurück zur Wohnung, während Andi für eine weitere Vorführung im Theater blieb. Gemeinsam tranken wir eine heiße Schokolade in die Käsestücke eingetaucht wurden, eine kolumbianische Spezialität. Angeregt unterhielt ich mich mit Angela, der Freundin von Denis. Nach einer guten Stunde verabschiedeten sich die Damen und ich war mit Denis allein.

Während wir auf Andi warteten, zeigte sie mir Fotos und Artikel ihrer beruflichen Tätigkeit, auf die sie sehr stolz war. Diese zeigten sie als Nachrichtensprecherin des kolumbianischen Fernsehens, bei zahlreichen Theaterstücken, aber auch als spärlich bekleidetes Modell auf dem Titelblatt eines Magazins. Die Fotos der letzteren Art ließ sie seit ein paar Jahren auf Wunsch ihres Ehegatten nicht mehr machen. Allerdings zeigte es auch, dass niemand frei von Fehlern ist, und dass man jederzeit sein Leben ändern kann.

Das traf ebenfalls auf Pastor Rive zu. Nur zu gut kannte er die Versuchungen und Schattenseiten des irdischen Lebens. Vor seinem Wirken als Pastor war er gern gesehener Gast in der Drogen- und Partyszene von Bogotá. Seine musikalische Ader hat er beibehalten, doch für seine Fröhlichkeit braucht er heute weder Alkohol noch andere Drogen. Das soll nicht heißen, dass er ein perfekter, Fehler freier Mensch geworden ist. Diesen gibt es nicht! Doch durch sein ausschweifendes Vorleben verstand Pastor Rive die Sorgen und Probleme seiner Schützlinge besser. Außerdem verfügte er dadurch über eine höhere Glaubwürdigkeit als die Vertreter der Katholischen Kirche, die ihren Schäfchen ein makelloses Leben vorgaukeln. Skandale, wie die Fotos von homosexuellen Handlungen bei Priesterseminaren in Österreich, der bereits angesprochene Kindesmissbrauch und andere Skandale, zeigen dann die traurige Wirklichkeit.

Inzwischen war es spät geworden und wir kamen zu dem Schluss, dass Andi wohl den Erfolg des Theaterstücks noch ein wenig mit seinen Kollegen feiern würde. Ich stieg die Leiter in mein Nachtlager hinauf und schlief schnell ein.

Am Sonntagmorgen betrachtete ich von dort aus die zahlreichen Jogger, Fußgänger und Radfahrer, die offensichtlich begeistert und motiviert auf den für den Autoverkehr gesperrten Hauptstraßen unterwegs waren. Diese durchaus sinnvolle Maßnahme wurde jeden Sonntag durchgeführt und dankbar vom Großteil der Bevölkerung angenommen.

In der darauffolgenden Woche besuchte ich gemeinsam mit Andi einen Gottesdienst bei dem auch Angela anwesend war. Danach verabredete ich mich mit ihr zu einem Museumsbesuch für den Nachmittag. Sie traf pünktlich am vereinbarten Treffpunkt ein. Das war ein sehr gutes Zeichen, speziell in Südamerika! Wir fuhren gemeinsam mit dem Bus zum bekannten und gut besuchten Goldmuseum am Rande der Altstadt von Bogotá. Danach ging es weiter zu einem kunstvoll mit Pflanzen und Terrassen gestalteten Shopping-Center. Dort fanden wir ein gemütliches Café für eine interessante Unterhaltung bei der ich erstaunlich gut mit meinen bescheidenen Spanischkenntnissen zurechtkam. Ein Taxi brachte mich zurück zur Wohnung von Andi, der ein Abendessen vorbereitet hatte. Denis hatte uns am Tag zuvor mit einem Flug nach Medellín, eine große Stadt im Kaffeeanbaugebiet von Kolumbien, verlassen. Sie spielte dort in einem Theaterstück mit.

Am nächsten Tag kauften wir endlich das Flugticket für meine Weiterreise nach Ecuador. Es war zwar möglich eine zeit-aufwendige Busfahrt an die Landesgrenze zu unternehmen, jedoch war von Reisen auf dem Landweg in Kolumbien abzuraten. Die verschiedenen, schwer bewaffneten Guerilla-Einheiten entführten häufig Reisende, vor allem ausländische Bürger, um Lösegelder von Angehörigen zu erpressen. Die FARC (Fuerzas Armadas Revolucionarias de Colombia) kontrollierte darüber hinausgehend fast das gesamte Drogengeschäft.

Angela rief bei Andi an, um ein letztes Treffen mit mir zu vereinbaren. Ich sollte sie zu Hause bei ihren Eltern besuchen. Andi fuhr mit mir zu seinen Großeltern, die ich bereits vor zwei Jahren kennen gelernt hatte. Wir stärkten uns dort mit Kaffee und Kuchen bei einer angeregten Unterhaltung. Danach brachte er mich zu Angela und zu meinen zukünftigen Schwiegereltern, wie er die Situation aufheiternd analysierte. Beim Genuss kolumbianischer Spezialitäten unterhielt ich mich auch mit ihrem Bruder und ihrer Mutter. Gegen 22 Uhr verabschiedete ich mich. Zurück bei Andi, trank ich noch eine heiße Schokolade zum Abschied. Danach packte ich meine Sachen zusammen.

Sehr früh fuhr ich am nächsten Tag mit dem Taxi zum Flughafen. Als ich mein Gepäck aufgegeben hatte, überbrückte ich die Wartezeit mit einem guten Frühstück. Die anschließende Passkontrolle verlief reibungslos. Ein beeindruckender Flug über die hohen Berge Ecuadors ließ mein Bergsteigerherz höher schlagen. Zur vorgesehenen Uhrzeit landeten wir in der Hauptstadt Quito. Über das Internet hatte ich mir bereits eine preiswerte Pension ausgewählt. Ein freundlicher Taxifahrer brachte mich zu meiner geplanten Unterkunft. Die Regierung Ecuadors hatte bereits vor ein paar Jahren die eigene Währung durch den US-Dollar ersetzt.

Ich klingelte am hohen Eisentor der Pension. Sofort stürmten drei Hunde heran. Hinter ihnen folgte eine junge Frau, die die verschiedenen Schlösser aufsperrte. Gott sei Dank, war noch ein Zimmer frei. Durch ein paar Aufenthaltsräume hindurch trug ich mein Gepäck in das ordentliche Zimmer, das mit 12 US-Dollar, inklusive Frühstück, wahrlich einen sehr günstigen Preis hatte. Nachdem ich meine Sachen verstaut hatte, zog es mich sofort zum Hausberg von Quito. Der Gipfel des Vulkans mit dem Namen "Guagua Pichincha" liegt auf einer Höhe von 4.781 Meter. Durch steil ansteigende Straßen marschierte ich zum Ausgangspunkt einer Seilbahn. Ich war froh, dass ich mich in Bogotá bereits eine Woche lang an die Höhenluft gewöhnen durfte. Quito befindet sich mit seinen über zwei Millionen Einwohnern auf einer Höhe von 2.800 Metern. Da es bereits am Nachmittag war, nahm ich mir die Bergtour für den nächsten Morgen vor.

Nach dem Frühstück verließ ich das Hotel bei einer angenehmen Temperatur von etwas über 20 Grad Celsius. Erneut ging ich die steilen Straßen bis zur Seilbahn hinauf. Ich reihte mich in die internationale Warteschlange ein. Eine auf Englisch sprechende

Touristengruppe fiel mir durch ihre hochsommerliche Kleidung auf. Ich hatte Jacke, Schal und Pullover aus meiner deutschen Winterkleidung dabei. Als ich die Gondel verließ, pfiff mir ein kalter Wind um die Nase und ich war froh um meine wärmende Kleidung. Ich kaufte mir eine Flasche Mineralwasser, erwärmte mich bei einem Kaffee und machte mich anschließend auf den Weg Richtung Gipfel. Die meisten Ausflugsgäste beendeten ihre Wanderung nach ein paar hundert Metern, oder blieben gleich im Restaurant. Unter mir leuchtete die Millionenstadt in der Sonne, über mir die Wolken zum Greifen nah – ein wunderbares Erlebnis!

Nach einer halben Stunde verschwand ich in den Wolken. Die Anstiege der Gradwanderung erhöhten meine Atemfrequenz. Deutlich spürte ich die Belastung durch die dünne Luft. Nie zuvor war ich zu Fuß auf einer Höhe von über 4.500 Metern gewesen. Mittlerweile war ich fast zwei Stunden unterwegs. Jetzt zog sich ein sehr steiler, teilweise sandiger Weg Richtung Gipfel. So vermutete ich zumindest, denn die Sicht in den dichten Wolken betrug nur wenige Meter. Nach einer weiteren halben Stunde hörte ich nach langer Zeit angenehmer Stille die ersten Stimmen. Dann sah ich im felsigen Gelände zwei Alpinisten, die mit Rucksack, Handschuhen und Mütze bestens ausgerüstet waren. Sie waren aus Deutschland und suchten im dichten Nebel einen passierbaren Klettersteig zum Gipfel. Sie waren sichtlich überrascht, als sie mich in meiner normalen Kleidung erblickten. Doch die erfüllte auch hier ihren Zweck, außerdem hatte ich stabile, griffige Jogging-Schuhe an. Nach einem kurzen Gespräch, das erste seit langer Zeit auf Deutsch, stieg ich an ihnen vorbei. Ich erreichte kurz darauf einen Felsen, der praktische Klettererfahrung verlangte. Davon hatte mir mein Vater während meiner Kind- und Jugendzeit bei zahlreichen schmerzhaften Touren in den Alpen einiges vermittelt. Dennoch musste ich kurz daran denken, dass ein Abrutschen tödlich sein würde. Doch ich fand guten Halt an den Felsen und erklomm relativ zügig den Gipfel. Nun stand ich am Zielpunkt - allein im Nebel. Vereinzelte Schneeflocken auf meinen durch den Schweiß inzwischen gefrierenden Haaren machten mir bewusst, dass ich mich auf einer Höhe von fast 4.800 Metern befand. Als ich wenige Minuten das Gipfelgefühl genossen hatte, beschäftigte ich mich mit dem zunächst sehr mühsamen Abstieg.

Der Blick nach unten zeigte mir, dass ich keinen Fehler machen durfte. Nach ungefähr zehn Metern war die schwierigste Stelle überwunden. Ich stieß wieder auf die beiden deutschen Alpinisten, die jetzt mit dem Sortieren ihrer Ausrüstung beschäftigt waren. Ich ging, besser gesagt, ich rutschte gemeinsam mit ihnen den steilen Abhang aus Sand und Geröll hinab. Als wir wieder festen Erdboden unter unseren Füßen hatten, blieben wir kurz stehen. Sie erzählten mir, dass sie sich hier für den Aufstieg auf einen Sechstausender vorbereiten würden. Mich wunderte es, dass sie dann bereits an diesem Berg kurz vor dem Gipfel aufgegeben hatten. Sie schienen meine Gedanken zu lesen und ergänzten, dass dort keine schweren Felspassagen zu erwarten wären. Ich verabschiedete mich von ihnen und marschierte weiter.

Nach einer Weile kam ich aus den Wolken und konnte erneut den Ausblick auf die Millionenstadt genießen. Absolute Ruhe, steil abfallende Wiesen und enorme Weite umgaben mich. Unter mir sah ich in weiter Ferne Flugzeuge im Landeanflug auf Quito. Allmählich begegnete ich wieder schwer schnaufenden Tagesausflüglern. Erschöpft, aber zufrieden, gönnte ich mir im Restaurant, nahe der Seilbahn, eine kleine Mahlzeit. Danach fuhr ich mit der Bahn nach unten. Zwischen den sehr schlichten Häusern ging ich die steilen Straßen zurück zum Hotel.

Am nächsten Tag machte ich mich auf die Suche nach dem Busterminal für meine Weiterreise nach Peru. Dabei gelangte ich in die historische Altstadt von Quito. Sorgfältig renovierte Häuser, wunderschöne Plätze und Gebäude luden mich zu einem längeren Verweilen ein. Heute am Sonntag waren auch in dieser Stadt viele Straßen für den Autoverkehr gesperrt. Ich besichtigte eine der zahlreichen historischen Kirchen. Im Gegensatz zu den europäischen Stein- und Marmorbauten, war hier alles in Holz gearbeitet. Die Wände, Deckengewölbe, alle Verzierungen und Figuren bestanden aus einer kunstvollen Verarbeitung verschiedener Hölzer. Der angenehme Parkettboden erfüllte die Kirche mit Wärme. Sogar die sonst Furcht einflößende Orgel wirkte durch das reichlich verwendete Holz gedämpfter und friedlicher.

Mein weiterer Weg führte mich in ein sehr gut restauriertes Ausstellungsgebäude. Dort konnte ich die faszinierenden Bilder von einem bekannten südamerikanischen Maler bewundern. Der in Quito gebürtige Künstler, Jaime Zapata, mit großer internationaler Erfahrung, stellte seine Werke für einen kurzen Zeitraum in seiner Heimatstadt aus. Besonders treffend und gelungen fand ich sein zeitkritisches Gemälde, das einen Herrn darstellt, dessen Hand ein Mobiltelefon hält und ihm damit an sein Ohr gewachsen war. Es verdeutlicht den Wahnsinn, den dieses an sich nützliche Instrument mittlerweile erreicht hat. Wie auch immer, der Mensch neigt dazu, sich zum Sklaven verschiedener Dinge und Gewohnheiten zu machen. Anstatt mehr Freiheit zu erhalten, grenzt man sich durch eine ununterbrochene Erreichbarkeit, selbst bei den Mahlzeiten und anderen Genüssen, erheblich ein.

Begeistert verließ ich die Ausstellung, um nun, wie geplant, meine Fahrt nach Peru zu organisieren. Als ich mich von der

Altstadt entfernte, wusste ich, warum in vielen Reiseführern Quito als die schönste Stadt Südamerikas bezeichnet wird. Ich erkundigte mich nach einer Busgesellschaft, deren Büro ich nach einer beachtlichen Wegstrecke fand. Bereits am nächsten Tag sollte ein Bus zur Grenzstadt Huaquilas fahren. So war ich gespannt, was da auf mich zukommen sollte.

Nach einem gemütlichen Frühstück brachte mich ein Taxi zu der Abfahrtsstelle des Busses. Jetzt würde sich zeigen, wie weit die von Alicia angepriesenen, bequemen Busreisen der Realität entsprachen. Die Fahrzeit wurde mit 12 Stunden angegeben, und der Preis von zehn US-Dollar für das Ticket schonte meine Reisekasse. Von den komfortablen Liegesitzen war nichts zu sehen! Gott sei Dank, blieb der Platz neben mir frei, während sich der Bus durch die engen Straßen von Quito quälte. Doch ausgerechnet an der letzten Haltestelle setzte sich ein Mann mit großem Körperumfang neben mich. Neben ihm wirkte ich wie ein Kleinkind und bei jeder Linkskurve wurde ich an das Fenster gepresst.

Ich warf einen letzten Blick auf den hohen Vulkan, dessen Gipfel, wie fast immer, in Wolken gehüllt war. Endlos erschienen mir die Serpentinen, die sich durch das kräftige Pflanzengrün der Berge und Schluchten zogen. Die Berge wurden allmählich niedriger und damit die Temperatur im Bus wesentlich höher. Jetzt spürte ich, dass wir uns sehr nahe am Äquator befanden. Die Klimaanlage bestand aus geöffneten Fenstern, in die von draußen die heiße und feuchte Luft hereinzog. Das lautstarke ununterbrochene Schießkonzert eines typisch amerikanischen Spielfilms sorgte für zusätzliche Kopfschmerzen. Plötzlich blieb der Bus an einer einfachen Holzhütte stehen! Die davor gelagerten, alten Reifen ließen nichts Gutes erahnen. Nach und nach stiegen alle Fahrgäste aus und beobachteten, wie ein junger Mann schwer schuftend einen Doppelreifen des Busses abmontierte. Der innere Reifen war beschädigt und der Schlauch wurde mit einfachsten Werkzeugen mühsam ausgetauscht. Nach einiger Zeit setzten wir die schweißtreibende Fahrt fort.

Ein weiterer Videofilm sorgte für zweifelhafte Unterhaltung. Plötzlich übertönte ein lauter Knall die Schusswechsel im Spielfilm! Während der Bus gerade mehrere Fahrzeuge über-holte, war ein Reifen geplatzt. Mühsam lenkte der Fahrer den Bus an den Rand der dicht befahrenen, wichtigen Verkehrs-verbindung. Erneut stiegen wir aus. Es wurde allmählich dunkel und das sumpfige Gebiet, in dem wir uns gerade befanden, sorgte für zahlreiche Mückenstiche. Die sehr schnell vorbei-donnernden Fahrzeuge machten den Reifenwechsel zu einer äußerst riskanten Angelegenheit. Nach einer knappen Stunde war es geschafft und wir konnten die abenteuerliche Reise fortsetzen.

In einer kleinen Stadt erblickte ich eine Temperaturanzeige, die zur nächtlichen Stunde 33 Grad Celsius anzeigte. Mit erheblicher Verspätung erreichten wir kurz nach Mitternacht die trostlose Grenzstadt. In ungefähr 100 Meter Entfernung erblickte ich ein beleuchtetes Hotelschild, das einzige weit und breit. Das freie Zimmer sah einigermaßen sauber aus. Nachdem ich zwei Kakerlaken, die leider in ganz Süd- und Zentralamerika reichlich vorhanden sind, zertreten hatte, legte ich mich auf das Bett und ruhte die wenigen Stunden bis zum frühen Morgen.

Beim ersten Tageslicht erhob ich mich. Ich beschloss, mein Gepäck zunächst im Hotel zu belassen, um die Lage zu Fuß zu erkunden. Die Hauptstraße bis zum Grenzübergang war ein einziges Gewühl aus Fußgängern, Händlern und Zweirädern, die sich zwischen Marktständen und kleinen Geschäften drängten.

Ein wenige Meter breiter Fluss, der hauptsächlich aus Müll bestand, bildet an dieser Stelle die Grenze zwischen Ecuador und Peru. Die Brücke konnte ich ohne Passkontrolle überqueren. Auf der peruanischen Seite tauschte ich in einer Bank US-Dollar in Soles um. Anschließend begab ich mich in ein winziges, gerade öffnendes Reisebüro. Dort kaufte ich für 50 US-Dollar ein Erste-Klasse-Busticket nach Lima, der Hauptstadt Perus. Mittlerweile zeigte das Thermometer 38 Grad an. Ich verbrachte die Zeit bis zur Abfahrt in einem klimatisierten Restaurant und zwischen Schatten spendenden Läden.

Als ich pünktlich um 14:30 Uhr zurück im Reisebüro war, fragte mich die freundliche Dame ganz beiläufig, ob ich die Einreiseformalitäten abgewickelt habe. Ich blickte sie erstaunt an! Verwöhnt durch die Reisemöglichkeiten ohne erforderliche Grenzformalitäten zwischen vielen Ländern Europas, war ich einfach nur über die Brücke spaziert. Der hilfsbereite Taxifahrer des Reisebüros, der mich zur Abfahrtsstelle des Busses bringen sollte, wurde umgehend aktiv. Er sagte nur kurz, ich solle ihm mit meinem Pass folgen. Wir liefen über die Brücke zurück auf die Seite Ecuadors und sprangen sofort in das erste verfügbare Taxi. Auf Anweisung meiner Begleitperson raste der Taxifahrer zur Einreisebehörde, die außerhalb der Stadt lag. Während ich das Taxi bezahlte, rannte mein Begleiter mit meinem Pass an der Warteschlange vorbei in das Gebäude. Als ich ihn wieder eingeholt hatte, musste ich noch ein Formular ausfüllen. Danach erhielt der Reisepass den wichtigen Ausreisestempel von Ecuador. Anschließend fuhren wir mit einem anderen Taxi im Eiltempo zur Grenze zurück. Von dort aus liefen wir zum Reisebüro. Schweiß überströmt nahm ich mein Gepäck auf und wir rasten zur Einreisebehörde auf der peruanischen Seite. Nach Abwicklung der Formalitäten erhielt ich den erforderlichen Einreisestempel und die Fahrt ging sofort weiter nach Tumes, dem Abfahrtsort des Reisebusses. Den erreichten wir durch den selbstlosen Einsatz meines Taxifahrers gerade noch rechtzeitig. Sein entschlossenes Handeln hatte mir viel Zeit erspart und eine illegale Einreise in Peru verhindert. Das hätte mir einigen Ärger einbringen können.

Nachdem ich mein Gepäck abgegeben hatte, nahm ich zufrieden in dem breiten, reservierten Sessel in der unteren Etage Platz. Als die Klimaanlage für angenehme Kühle sorgte, wusste ich, dass das einer der Busse war, von denen Alicia gesprochen hatte. Nach kurzer Fahrzeit erblickte ich die endlose Weite des Pazifiks. Stundenlang fuhren wir an traumhaft weißen Sandstränden entlang, von denen man in Europa nur träumen kann. Vereinzelt sah ich einfache Fischerdörfer an deren Strände Kinder spielten. Die Busbegleiterin servierte das warme, hervorragende Abendessen und irgendwann schlief ich in meinem bequemen Liegesessel ein.

Als ich bei Tageslicht aufwachte, war immer noch der gigantische Ozean zu sehen. Die Küstenstraße verlief auf Sandbergen ein paar hundert Meter über dem Meeresspiegel. Nach einer Weile brachte unsere Busbegleiterin das Frühstück in das schöne, neun Personen fassende Abteil. Danach erreichten wir die ersten Ausläufer der Millionen-Metropole Lima. Im Gewühl der großflächigen Stadt wurde mir schnell klar, dass ich dort nicht lange bleiben würde. Als wir den klimatisierten Busbahnhof der Gesellschaft nach 22 Stunden erreichten, kaufte ich sofort für den nächsten Tag ein Ticket nach Cuzco, der ehemaligen Hauptstadt der Inkas. Ein Mitarbeiter der Agentur erkundigte sich nach meinem weiteren Bedarf. Ich teilte ihm mit, dass ich ein ruhiges Mittelklassehotel unweit des Terminals benötigen würde. „Das ist kein Problem!", antwortete er sofort.

Ein Taxi brachte mich in ein kleines, angenehmes Hotel, das in einer noblen Wohngegend von Lima lag.

In einem schönen Restaurant stärkte ich mich durch ein preiswertes, sehr gutes Mittagessen. Beim anschließenden Spaziergang entdeckte ich in einer der zahlreichen kleinen Parkanlagen Klimmzugstangen, die ich sofort nutzte. „Diese wirkungsvollen Trainingseinrichtungen wären eine sinnvolle Maßnahme in allen Städten", dachte ich mir. Nach der wohltuenden Aktivität erkundete ich weiter die Umgebung. Mir fiel auf, dass die meisten Geschäfte und Restaurants in chinesischer Hand waren. Das stellte ich bereits in Quito fest. Tüchtige chinesische Geschäftsleute, man könnte sie auch mit dem Begriff "Mafia" umschreiben, kauften für ihre Landsleute Pässe des jeweiligen Aufenthaltslandes, um sie für sich arbeiten zu lassen. Das System wurde mir bereits in Panamá erklärt. Zahlreiche Spielkasinos, die ich auch hier zur Kenntnis nahm, lebten von der großen Leidenschaft der Chinesen für das zerstörerische Glücksspiel.

Am nächsten Mittag traf ich wieder am Busterminal ein. Pünktlich verließen wir die Hauptstadt und fuhren erneut einige Stunden an der Küste Perus entlang. Dann bog der Bus in die unermessliche Bergwelt der Anden ein. Die zahlreichen Serpentinen machten einigen Fahrgästen erheblich zu schaffen. Trotz des anbrechenden Morgens waren die hohen Berge durch dichte Wolken kaum erkennbar. Nach 21 Stunden erreichte ich das auf 3.400 Meter liegende Cuzco. Ja, die Entfernungen in Südamerika sind wirklich enorm und nicht mit den über- schaubaren Dimensionen im überbevölkerten Zentraleuropa vergleichbar.

Im Busbahnhof warteten bereits einige Vermittler von Hotel- und Ausflugsangeboten auf die aussteigenden Reisegäste. Ich entschied mich für eine ruhig gelegene Pension unweit des Zentrums. Das Fahrzeug der Hotelvermittlerin bahnte sich den Weg durch den chaotischen Straßenverkehr. Das ständige Hupen und die Abgase der uralten Fahrzeuge zeigten, dass von der angeblich hohen Kultur der Inkas praktisch nichts geblieben war. „Anscheinend entwickelt sich der Mensch, trotz technischer Errungenschaften, in niedrigere kulturelle und geistige Ebenen zurück", waren meine spontanen Gedanken, als ich wenig später durch die ärmliche Stadt spazierte. Entschädigend war der herrliche Blick auf die hohen Berge, die die Stadt umgeben. Ich besichtigte ein dominikanisches Kloster, das teilweise mit den Steinblöcken ehemaliger Inkaruinen errichtet wurde.

Am Morgen wählte ich durch den Blick vom Fenster meines Zimmers zwei Berge aus, die ich in Angriff nehmen wollte. Sofort nach dem frühen, kleinen Frühstück setzte ich das Vorhaben in die Tat um. Bereits der steile Aufstieg über zahlreiche Treppen und unbefestigte Pfade innerhalb der Stadt hatte es in sich. Frauen in einheimischer Tracht, meist mit einem Kind oder Gepäck auf dem Rücken, absolvieren täglich den Marsch in dünner Höhenluft. Nach und nach ließ ich die letzten aus Lehm und Steinen gebauten primitiven Behausungen hinter mir. Als der Pfad aufhörte, stieg ich auf einer Felsplatte direkt dem Gipfel entgegen. Die Kälte verdeutlichte mir, dass ich bereits auf einer Höhe von über 4.000 Metern war. Plötzlich sah ich ein wenig oberhalb von mir eine Person aufgeregt winken. Ich näherte mich dem Mann, der sich als Schäfer einer kleinen Herde entpuppte. Ich unterhielt mich kurz mit ihm und setzte dann den Aufstieg zum Gipfel fort. Der faszinierende Blick auf die unter mir liegende Stadt und auf die Kulisse der Berge lud mich für ein paar Minuten zum Verbleiben ein. Beim Abstieg begegnete ich den Zähne fletschenden Hunden des Schäfers, während ein Wildschwein den Pfad unterhalb von mir blockierte. Jetzt war guter Rat teuer! Doch ein paar Steinwürfe in die Nähe der wütenden Tiere vertrieben diese überraschend schnell. Das befreite mich aus der misslichen Lage.

Ein wenig später traf ich eine Familie, die sich gerade bei einer Mahlzeit von der anstrengenden Feldarbeit erholte. Sofort reichten sie mir einen gut gefüllten Teller. Ich aß einen Teil der gerösteten Maiskörner und gab den Rest, in Anbetracht meines bereits vom Vortag geschädigten Magens, zurück. Bei unserer Unterhaltung schilderten sie mir ihr Leid mit den hohen Steuern (19%) und den enormen Ausgaben für Strom und Wasser. „Die Probleme sind doch auf der ganzen Welt recht ähnlich", folgerte ich. Nach dem kurzen Austausch unserer E-Mail-Adressen verabschiedete ich mich und setzte meinen Weg zur Innenstadt fort. Als ich diese erreichte, begann es zu regnen. Ich blickte auf die wolkenverhangenen Berge, auf denen ich vor kurzem noch war.

Im Hotel angekommen, beschloss ich, auf eine Besichtigung des berühmten Weltkulturerbes aus der Inka-Zeit, dem Matchu Pitchu, aus verschiedenen Gründen zu verzichten. Der kosten-intensive Ausflug dorthin würde mindestens drei Tage in Anspruch nehmen und war nur mit einem Reiseführer möglich. Außerdem wird diese Sehenswürdigkeit mittlerweile in allen möglichen Ländern vermarktet und bringt einen entsprechenden Touristenansturm mit sich. Doch ich konnte zumindest ohne großen Aufwand die Inka-Ruinen in unmittelbarer Nähe der Stadt erkunden. Das tat ich am nächsten Tag.

Ich stieg hinauf zum hoch gelegenen Stadtrand von Cuzco, und sah in einiger Entfernung eine der bedeutendsten Inka-Stätten dieser Gegend. Als ich dort nach einer angenehmen Wanderung ankam, konnte ich mir noch nicht erklären, wie die riesigen, mehrere Tonnen schweren Steine damals bearbeitet und präzise aufeinander geschlichtet wurden. Durch eine kleine Schlucht ging ich anschließend in die sehenswerte Altstadt. Ein wohl schmeckender Tee aus verschiedenen Kräuterblättern beendete meinen letzten Abend im ehemaligen Reich der Inkas.

Um 22 Uhr setzte ich meine Erkundungsreise fort. Schnarchende Fahrgäste und unbequeme Sitze ließen mich kaum schlafen. Um fünf Uhr morgens erreichte der Bus bei Kälte und strömenden Regen die Stadt Puno am Titicacasee. Frierend wartete ich eine Stunde am Busterminal, bis ich von einem Reiseagenten zu einem bescheidenen Hotel gebracht wurde. Ich hatte es von Cuzco aus, einschließlich einer Bootstour, gebucht. Ein kleines Frühstück erwärmte mich. Danach ging es sofort weiter zum Bootssteg. Dort breitete sich der unendlich erscheinende, höchst gelegene Schifffahrtssee der Erde (3.820 Meter über dem Meeresspiegel) vor mir aus. Mit 20 Personen aus verschiedenen Ländern verließ das Schiff den Hafen. Nach ungefähr 20 Minuten erreichten wir die Inseln der "Urus".

Die "Urus" sind die Bewohner, der aus Schilf errichteten, schwimmenden Inseln. Auf den zahlreichen Inseln lebten insgesamt 900 dieser Ureinwohner in kleinen Schilfhütten. Ihre dicken, bunten Trachten schützten sie vor der Kälte in dieser Höhe. Unser Boot hielt an einer der Inseln, die mit der Zeit brüchig werden. Nach etwa 20 Jahren wechseln die aus bis zu zehn Personen bestehenden Familien auf eine neue Insel. Wir betrachteten die einfache Lebensweise der "Urus". Ein paar Hühner und Hasen liefen auf der ungefähr ein bis zwei Meter dicken Schilfbedeckung umher. Allerdings stellte der See die Hauptnahrungsquelle dar. Nach kurzer Zeit verließen wir die Ureinwohner wieder.

Das Schiff fuhr auf den Wasserstraßen, die durch das dichte Schilf führten, hinaus auf den offenen See. Nach gut zwei

Stunden legten wir an einer über fünf Kilometer langen Insel an. Ein schmaler Pfad führte uns in einer Höhe von fast 4.000 Metern bis zur Mitte der Insel. Der Dauerregen wurde von Sonnenschein abgelöst. Es bot sich ein traumhafter Blick über die enorme Weite des Sees. Die knapp 1.000 Bewohner der Insel bauten mit primitivsten Mitteln ihre Steinhäuser. Alle Männer waren mit schwarzen Hosen und Jacken bekleidet. Sie trugen zwei verschiedene Arten von Hüten, an denen zu erkennen war, ob sie verheiratet oder ledig sind. Die Ruhe des idyllisch erscheinenden Lebens wurde nur vom Zurechtklopfen der Steine gestört. Die schweren Brocken wickelten die Frauen in Tücher und schleppten sie damit zu den jeweiligen Baustellen. In der Nähe des Marktplatzes, der für große Versammlungen und Feierlichkeiten genutzt wird, wurde uns ein Mittagessen serviert. Selbstverständlich gab es frischen Fisch. Auf dem Rückweg zum Boot unterhielt ich mich ein wenig mit einem Herrn aus Argentinien. Er empfahl mir, dort die Stadt Mendoza in der herrlichen Weinregion des Landes zu besuchen. Ich merkte mir vorsorglich seine Empfehlung.

Dankbar für den lehrreichen und erholsamen Tag, entfernt von jeglicher Zivilisation, erreichte ich gegen 17 Uhr den Hafen. Nie hätte ich gedacht, dass ich einmal in diese entlegene Gegend kommen würde, die ich nur aus einer früheren, sehr beliebten Kinderfernsehserie kannte. Im Geografieunterricht hatten wir uns intensiv mit der Gebirgskette der Anden beschäftigt. Jetzt war es Teil meiner Wirklichkeit geworden – erstaunlich! Ja, man darf sich nicht begrenzen. Alles ist möglich!

Bereits am nächsten Morgen setzte ich meine Reise Richtung Argentinien fort. Das Tagesziel auf dem Weg dorthin war La Paz, die größte und wichtigste Stadt Boliviens. Der Bus fuhr durch die schlechten Straßen von Puno vorbei an einfachen, unverputzten

Häusern. Als wir die Stadt hinter uns ließen, schlängelte sich die Straße weit hinauf in die umliegenden Berge des Titicacasees. Nach dreieinhalb Stunden, in denen ich immer wieder den atemberaubenden Blick auf den See genoss, erreichten wir die Grenze Boliviens. Alle Fahrgäste mussten aussteigen, um zu Fuß die Grenzformalitäten der beiden Länder abzuwickeln. Ich nutzte die Gelegenheit um Dollar in Bolivianos zu tauschen. Der Bus nahm uns auf der bolivianischen Seite wieder auf und wir setzten die Fahrt nach Copacabana am Titicacasee fort. Kurze Zeit später fuhr der Bus in den Ort. Mein Gepäck brachte ich zur Aufbewahrung bis zur Weiterfahrt in die Reiseagentur.

Als ich von einer guten Mahlzeit und einem anschließenden Spaziergang zurückkam, sah ich mit Entsetzen, wie das Gepäck bereits auf das Dach eines alten Busses geladen wurde. Als der letzte Koffer verzurrt war, setzten wir die Fahrt entlang des Sees fort, der erst nach ein paar Stunden an Fahrzeit aus meinem Blickfeld verschwand. Jetzt zeigten sich in der Ferne die über 6.000 Meter hohen, schneebedeckten Berge Boliviens. Nach weiteren zwei Stunden Fahrzeit durch die meist menschenleere, beeindruckende Bergwelt, kamen wir in die vorgelagerte Stadt "El Alto" (die Höhe), die bis 1985 ein Stadtteil von La Paz war. Heute hat die Stadt etwa eine Million Einwohner. Wir holperten durch zahlreiche Löcher in den Straßen eines Industriegebietes, bis sich plötzlich ein spektakulärer Blick auf die Hauptstadt bot. In einem tiefen Krater liegt die am höchsten gelegene Hauptstadt der Welt. Ein kurzer Stopp des Busses gab den Reisenden die Möglichkeit, diesen faszinierenden Moment mit der Kamera festzuhalten.

Danach fuhren wir hinab in das auf 3.600 Meter liegende Stadtzentrum, während die Außenbezirke auf einer Höhe von über 4.000 Meter liegen. An einer lebhaften Hauptstraße im

Zentrum wurde unser Gepäck abgeladen. Da ich keine Lust hatte, in dem Gewühl lange nach einem Hotel zu suchen, ging ich gleich in die Herberge an der der Bus noch stand. Für knapp neun US-Dollar, inklusive Frühstück und Internetbenutzung, war ein Einzelzimmer zu haben. Ich brachte mein Gepäck nach oben und erschrak, als ich das kleine, finstere Zimmer sah. Dort wollte ich auf keinen Fall länger als nötig bleiben. Also ging ich sofort in das im Gebäude befindliche Reisebüro und buchte für den nächsten Tag eine Weiterfahrt nach Chile. Den Abend nutzte ich noch für einen Rundgang in den steilen Straßen der lebhaften Stadt.

Zurück im Hotel, bat ich um einen Weckruf für 5 Uhr morgens, da ich mich sehr früh am Busterminal einfinden musste. Die Person an der Rezeption notierte sich den Weckauftrag und sicherte mir zu, dass ich bereits um 5:30 Uhr frühstücken könnte. Ein beunruhigendes Gefühl weckte mich sehr früh am Morgen. Da ich während dieser Reise keine Uhr besaß, rief ich bei der Rezeption an. Eine verschlafene Stimme teilte mir mit, dass es bereits kurz nach 5:30 Uhr war. Somit hatte ich die Person aufgeweckt, die mir eigentlich den versprochenen Weckruf erteilen sollte. Eiligst sprang ich unter die Dusche und packte anschließend meine Sachen zusammen. Die Zeit reichte gerade noch für ein schnelles Frühstück. Anschließend brachte mich ein Taxi zügig durch die noch leeren Straßen zum Busbahnhof. Der Reisebus machte nicht den besten Eindruck. Der gesamte vordere Stoßstangenbereich fehlte und zahlreiche Kabel baumelten herunter. Mit einiger Verspätung verließen wir die Stadt auf den nach oben führenden Serpentinen.

Die Fahrt durch die herrliche Bergwelt Boliviens rechtfertigte meinen Umweg über La Paz. Zwei Stunden waren wir unterwegs, als der Bus auf eine mühsame Schotterstrecke ausweichen musste. Langsam holperten wir zwischen ein paar Lehmhütten hindurch, bis wir hinter zwei Lastwägen stehen blieben. Die Fahrgäste stiegen aus, um den Grund für den ungeplanten Halt zu erfahren. Ein langer Transporter, der mit Fahrzeugen beladen war, steckte auf einer Behelfsbrücke fest. Die Krümmung der Brücke war für den Lastwagen zu steil gewesen, so dass er in der Mitte auflag. Der Fahrer und ein paar Helfer versuchten das Ungetüm frei zu schaufeln. Als er erneut versuchte, anzufahren, drehten sich die großen Räder durch. Die Angelegenheit wirkte ziemlich hoffnungslos!

Ungefähr 100 Meter entfernt steckte ein Kleinbus im trockenen Flussbett fest und blockierte damit auch die provisorische Ausweichmöglichkeit. Nach einer Weile wurde er ausgeschaufelt. Ein paar Fahrzeuge absolvierten erfolgreich die Umfahrung der blockierten Umleitung. Nun wollte es unser großer Reisebus ebenfalls versuchen. Gespannt verfolgten wir das Schauspiel! Als der Bus sich vorsichtig dem Graben näherte, war gleich zu erkennen, dass er aufsetzen würde. Der Fahrer brach die Aktion ab und rangierte das Fahrzeug auf die Umgehung zurück. Dort traf jetzt ein großer Sattelschlepper ein. Er versuchte mit einem langen Stahlseil den festsitzenden Lkw von der Brücke zu ziehen. Erstaunlicherweise bewegte sich der Koloss. Das Hindernis wurde beseitigt. Nachdem die tiefen Furchen, die der Lastwagen hinterlassen hatte, ausgebessert waren, schaffte unser Bus die Überquerung der Brücke. Nach dem einstündigen Zwangsaufenthalt in der frischen Bergluft setzten wir die Reise fort.

Auf einer enormen Höhe von 4.660 Metern erreichten wir die Landesgrenze und erhielten nach kurzer Wartezeit unsere Ausreisestempel. Die Reise setzte sich in Chile fort. Wir fuhren stundenlang durch die Atacama-Wüste. Endlos reihten sich die Berge aus Felsen, Geröll und Sand in der angeblich größten

Wüste der Erde entlang. Vereinzelte Kakteen stellen die einzige, karge Vegetation dar. Die trostlose Landschaft setzte sich bis zur Küstenstadt Arica fort. Sie war die Endstation unserer abenteuerlichen Busfahrt.

Das übliche Empfangskomitee aus Reiseagenten und Taxifahrern erwartete uns. Ein älterer Herr machte einen vertrauensvollen Eindruck auf mich. Ich fragte ihn nach einem preiswerten Hotel am Strand. Selbstverständlich hatte er sofort ein entsprechendes Angebot parat. Als ich an einer Wechselstube chilenische Pesos erhalten hatte, fuhren wir mit seinem uralten Taxi in Richtung Strand. Während der Fahrt erklärte er mir freundlicherweise die wichtigsten Sehenswürdigkeiten. Ein Stück außerhalb der Stadt befand sich das Hotel, das sicherlich schon bessere Zeiten gesehen hatte.

Ein freundlicher Herr an der Rezeption, vermutlich der Eigentümer, bot mir an, ein Zimmer zu besichtigen. Es war klein und etwas heruntergekommen, wie das gesamte renovierungsbedürftige Gebäude. Als er jedoch die Balkontüre öffnete und ich das tosende Meer in unmittelbarer Nähe sah, willigte ich für zwei Nächte ein. Ich bezahlte den Taxifahrer und machte mich sofort auf den Weg zum Pool, der vor dem stark zerklüfteten Felsenstrand lag. Dort beobachtete ich die hohen Wellen, die mit großer Wucht auf die Felsen trafen. Als ich das faszinierende Schauspiel eine ganze Weile genossen hatte, ohne eine Menschenseele zu sehen, zog ich mich zum Joggen um.

Am nächsten Tag stand erneut die Organisation meiner Weiterreise auf dem Programm. Ich marschierte in die Innenstadt, die sich anlässlich eines Besuches der Präsidentin herausputzte. Dort kaufte ich einen Sitzplatz im Luxusabteil für die 28-Stundenfahrt zur Hauptstadt Santiago de Chile.

Frühzeitig verließ ich am darauffolgenden Tag das Hotel, um meine lange Reise entlang der chilenischen Küste anzutreten. Sie hat eine Ausdehnung von ungefähr 4.200 Kilometer. Pünktlich betrat ich das kleine, elegant in blau gehaltene Abteil. Erneut fuhren wir stundenlang durch die endlos erscheinende Atacama-Wüste. An einem Kontrollpunkt inmitten der kargen Gegend wurde unser Gepäck ausgeladen und durchsucht. Nach dem warmen Abendessen im Bus schlief ich bis zum nächsten Morgen.

Als ich erwachte fuhren wir immer noch durch vegetationslose Berglandschaften. Danach zeigten sich allmählich die ersten Bäume und Wiesen. Wir näherten uns Santiago de Chile. Nach 27 Stunden erreichten wir den Busterminal. Darin befand sich ein sehr gutes Hotel. Nach einer erholsamen Dusche erkundigte ich die Hauptstadt von Chile. Es war bereits Ende März und der beginnende Herbst setzte seine Zeichen.

An den zu Europa entgegengesetzten Wechseln der Jahreszeiten musste ich mich hier auf der südlichen Erdhalbkugel erst gewöhnen. In der Innenstadt erinnerte mich die breite Fuß-gängerzone mit zahlreichen, gut besuchten Cafés an europäische Großstädte. Ich sah auf einer Landkarte, dass Mendoza, das mir von der Kurzbekanntschaft am Titicacasee empfohlen wurde, direkt auf der Route nach Buenos Aires liegt. Also kaufte ich am nächsten Tag ein Ticket in das Zentrum der argentinischen Weinregion.

Gegen 9 Uhr setzte sich der Reisebus in Bewegung. Bereits kurz nach dem Verlassen der Millionenstadt fuhren wir wieder in die Berge. Steile Felswände, tiefe Schluchten und Täler machten die Fahrt zu einem echten Erlebnis. Nach gut vier Stunden fuhren wir in eine große Halle, die die argentinische Landesgrenze auf über 3.000 Meter Höhe markierte. Dort wurden die Aus- und

Einreiseformalitäten abgewickelt. Frierend beobachtete ich das Durchleuchten des gesamten Gepäcks. Danach setzten wir die Fahrt fort. Einzelne Schneefelder und Liftanlagen zeigten, dass wir uns in einer Skiregion befanden. Allmählich wurden die Berge niedriger und wir fuhren zwischen weit ausgedehnten Weinfeldern hindurch. Ein sicheres Zeichen, dass wir uns der argentinischen Weinhauptstadt näherten.

Der erste Tag in Argentinien machte mich nach der langen Reise durch zahlreiche südamerikanische Länder richtig glücklich. Ich hatte das Gefühl in meiner neuen Heimat angekommen zu sein. Das europäische Flair, das meinen Wurzeln entsprach, gemischt mit südamerikanischer Lebensfreude, begeisterte mich. Ich war gespannt, wie es weitergehen würde!

Am nächsten Tag überprüfte ich nach dem Frühstück meine E-Mails. Von Benny, den ich in Kürze in Buenos Aires treffen sollte, war immer noch keine Nachricht eingetroffen. Das bedeutete nichts Gutes! Ich beschloss, einen weiteren Tag in Mendoza zu bleiben. Dennoch erkundigte ich mich bereits nach einer Reisemöglichkeit nach Buenos Aires. Eine nächtliche 15-Stundenfahrt war für den nächsten Spätnachmittag erhältlich. Ich kaufte das Ticket für umgerechnet 50 US-Dollar und kehrte in das Hotel zurück. Mittlerweile waren über fünf Monate vergangen und ich hoffte, dass ich in Kürze mein neues Zuhause finden würde.

In der Morgendämmerung sah ich durch den strömenden Regen hindurch die ersten Außenbezirke von Buenos Aires. Der dichte Berufsverkehr brachte uns nur sehr langsam in die Innenstadt. Mir fiel auf, dass jede freie Fläche zum Fußball spielen genutzt wird. Die breiten Gehwege, die Architektur und verschiedene Plätze erinnerten mich an meine Besuche in Mailand. Überraschenderweise hielt der Bus nicht in einem Busbahnhof, sondern blieb vor einem kleinen Hotel im Stadtzentrum stehen. Die Fahrt war hier zu Ende und wir nahmen unser Gepäck entgegen. Irgendwie hatte ich die Hoffnung, dass Benny auftauchen würde. Ich hatte ihm vor meiner Abreise per E-Mail die Busgesellschaft und meine voraussichtliche Ankunftszeit mitgeteilt - doch von Benny keine Spur! Da stand ich nun, müde und mit meinen beiden Taschen beladen, im strömenden Regen der mir unbekannten, riesigen Hauptstadt.

Also fragte ich im Hotel, vor dem man mich abgesetzt hatte, nach einem freien Zimmer. „Völlig ausgebucht!", war die kurze Antwort, die ich auch in drei anderen, nahe gelegenen Hotels erhielt. Dann entdeckte ich ein Internet-Café. Ich überprüfte meine E-Mails. Tatsächlich war eine von Benny dabei. Darin teilte er mir eine Telefonnummer mit, die ich sofort wählte. Leider kam ständig das Besetztzeichen.

Ich verließ die Telefonzelle und begab mich mit meinen immer schwerer werdenden Taschen in ein gemütliches Café, um zu frühstücken. Danach fühlte ich mich wesentlich besser. In einem weiteren Internet-Café rief ich erneut Benny an. Jetzt erreichte ich ihn! Er klang ziemlich deprimiert und riet mir, erst mal ein Hotel zu suchen.

Diesbezüglich schlugen auch meine nächsten Versuche fehl. Da entdeckte ich eine Jugendherberge. Diese Art der Unterkunft kannte ich bislang nur von einem Schulausflug. Ich betrat deshalb das Gebäude sehr zögerlich. Überrascht vom angenehmen Ambiente, ging ich zur Rezeption. Meine Frage nach einem Einzelzimmer wurde positiv beantwortet. Das winzige Zimmer mit einem Stockbett erinnerte mich an meine Gefängniszelle in Wien. Doch der entscheidende Unterschied war, dass ich jetzt die Schlüssel hatte und frei war – herrlich!

Vor einem historischen Gebäude, dem "Congreso Nacional", traf ich Benny. Sein Gesichtsausdruck sah nicht nach erfolgreichen Geschäften aus. Benny wollte für die endgültige Abwicklung seiner Geschäfte nach Brasilien fliegen. Ich sollte nach Mar del Plata fahren, um dort auf den Eingang des Kaufpreises meiner Wohnung zu warten. Sein Geschäftspartner würde mir ein angenehmes Hotelzimmer reservieren, das ich natürlich selbst bezahlen sollte. Da ich keine bessere Alternative hatte und sowieso in Mar del Plata leben wollte, stimmte ich seinem Vorschlag zu. Er lud mich noch in ein kleines Restaurant zum Mittagessen ein. Das war wohl das Wenigste, was er für mich tun konnte.

Ich besichtigte die sehr interessante, europäisch wirkende Innenstadt. Dabei spazierte ich zur "Avenida 9 de Julio", der angeblich breitesten Straße der Welt. Als ich dort ankam, zählte ich 18 Fahrspuren, deren unterschiedliche Fahrtrichtungen durch breite Grünstreifen getrennt waren. Ein hoher Obelisk krönt die imposante Verkehrsverbindung. Mein weiterer Weg führte mich in den neu gestalteten Hafenbereich des "Puerto Madero". Die vornehmen Restaurants, Wohn- und Büroanlagen luden zum Verweilen und Spazierengehen ein. Frische Luft, ausgedehnte Jogging-Möglichkeiten und der Blick auf die eleganten, teuren Yachten begeisterten mich. Ein angenehmes Abendessen in einem gemütlichen Restaurant bereitete dem anfänglich schwierigen Tag ein versöhnliches Ende. Am nächsten Morgen verließ ich Buenos Aires bereits wieder, um mein endgültiges Ziel anzusteuern. Es sollte gleichzeitig das Ende meiner Flucht sein!

Der sehr bequeme Bus mit richtigen Liegesesseln bereitete mir eine erholsame Fahrt durch die völlig ebene Landschaft. Die Taxifahrt vom Terminal zum Hotel erfüllte mich nicht gerade mit

Begeisterung. Zahlreiche, stillose Hotels und Geschäfte reihten sich aneinander. Ich bezog mein annehmbares, jedoch nicht gerade luxuriöses Zimmer. Mein Hotel lag unweit vom Meer, sodass ich sofort an der Uferpromenade entlang laufen konnte. Ein starker, kalter Wind hatte alle Menschen vertrieben. Dicht aneinander reihten sich am Strand die leeren Liegestühle. Das ließ erahnen, welche Menschenmassen sich hier im Hochsommer tummeln würden. Die Vorstellung war nicht gerade nach meinem Geschmack. Solche Orte versuchte ich bereits in Europa zu vermeiden. Nach einer Stunde blies mich der Wind zurück in das Hotel.

Ein Spaziergang in das Zentrum war meine letzte Hoffnung, der Stadt doch noch etwas Positives abzugewinnen. Museen, oder andere Sehenswürdigkeiten, entdeckte ich nicht. Somit zeigte mir bereits mein erster Tag in Mar del Plata, dass hier nicht mein neues Leben beginnen würde. Meine Flucht setzte sich also fort! Ein gutes Abendessen in einem schönen Restaurant, das ich nach längerer Suche fand, tröstete mich ein wenig über meine Enttäuschung hinweg. Das Hotelzimmer war für eine Woche reserviert. Die wollte ich keinesfalls abwarten. Mein Reisebudget neigte sich allmählich dem Ende zu. Doch von Benny gab es nach wie vor keine erfreulichen Nachrichten. Ich beschloss, noch eine weitere Nacht zu bleiben, um dann am Morgen nach Buenos Aires zurückzufahren.

Meine Rückfahrt nach Buenos Aires endete im riesigen Busterminal der Metropole. Ich beabsichtigte, sofort weiter in das angrenzende Uruguay zu fahren. Durch die Sperre einer wichtigen Brücke über den sehr breiten Mündungsfluss "Rio Plata", war die Reise am gleichen Tag nicht mehr möglich. Also suchte ich erneut ein Hotel in der Hauptstadt Argentiniens.

Ich kaufte im Hafen das Ticket für meine Reise nach Montevideo, die Hauptstadt von Uruguay. Am frühen Morgen des nächsten Tages gab ich mein Gepäck für das Schnellboot auf. Auf dem modernen Schiff wurde ein gutes Frühstück serviert. Dann legte das Schnellboot ab. Das andere Ufer des Mündungsbereiches lag ungefähr 50 Kilometer entfernt. Es war mit bloßem Auge nicht zu erkennen. Eine knappe Stunde benötigte das Schiff für die Fahrt über das schwarze Gewässer, bis es im Hafen der schönen, historischen Kleinstadt Colonia anlegte.

Ich nahm mein Gepäck in Empfang und sofort setzten wir die Reise mit dem Bus fort. Drei Stunden dauerte die Fahrt durch grüne Weidelandschaften, bis wir die Ausläufer der Hauptstadt erreichten. Während ich meinen Gedanken nachhing, steuerte das Fahrzeug bereits in den Busterminal.

Ich fand eine Touristeninformation. Dort äußerte ich mein Anliegen bezüglich eines ruhigen und preiswerten Hotels in der Innenstadt, das mir die freundliche Angestellte sofort buchte. Die Hauptstadt glich mit ihren niedrigen Gebäuden, breiten Alleen und dem ruhigen Verkehr eher einer Provinzstadt. Das tatsächlich angenehme Hotel lag in der Altstadt, die sich auf einer Landzunge befindet. Zahlreiche Angler versuchten ihr Glück, während ihre gelangweilten Ehefrauen in den daneben geparkten Autos schliefen, oder strickten. Ein kleines Abendessen beendete meinen ersten Tag in Montevideo. Dafür gab es am nächsten Morgen ein reichhaltiges, gutes Frühstück, das bislang auf meiner Reise Seltenheitswert hatte. Ich stärkte mich für die schwierige Situation. Denn ich hatte keine Ahnung, wie es nun weitergehen sollte. Mein kleines Reisebudget näherte sich dem Nullpunkt, und Benny wartete immer noch auf die Verwirklichung seiner Großgeschäfte – wie lange noch?

10. Kapitel

Überraschende Rückkehr

Genau genommen blieb mir nur eine einzige Möglichkeit: Die Rückkehr nach Panamá. Als mir Pastor Rive die Prophezeiung gegeben hatte, dass ich wieder zurückkehren werde, habe ich ihn ausgelacht. „Keinesfalls werde ich wieder in die feuchtwarme Hitze der chaotischen Stadt Panamá-City reisen!", so mein damaliger fester Entschluss. Doch ohne die versprochene Kaufpreiszahlung von Benny sah ich in meiner menschlichen Begrenztheit keine Möglichkeit in Argentinien, oder in einem anderen Land, ein neues Leben zu beginnen. Bei einer Rückkehr in das nach wie vor unbezahlte Appartement konnte ich, quasi als zwangsadoptiertes Familienmitglied, ohne eigene finanzielle Mittel leben.

Also machte ich mich sofort auf den Weg in verschiedene Reisebüros. Die gerade beginnende Osterwoche reduzierte die Aussichten auf einen kurzfristigen, noch dazu günstigen Flug, auf ein Minimum. Die ersten Angebote beliefen sich auf über 1.000 US-Dollar für einen einfachen Flug ohne Rückkehr. Schließlich fand ich eine kompetente Reiseagentur, die mir einen besseren Preis anbieten konnte. Das Paket enthielt einen Weiterflug nach St. Andres, einer kolumbianischen Urlaubsinsel im karibischen Meer, und den Rückflug nach Montevideo. Der Preis dafür betrug, inklusive Steuern, 770 US-Dollar. Damit waren insgesamt vier Flüge wesentlich günstiger als ein direkter Flug zum Zielort. Schwer verständlich – doch es war mit Abstand das beste Angebot, das ich auftreiben konnte. Meine Reisekasse, die ja in Buenos Aires erheblich aufgefüllt werden sollte, reichte dafür bei weitem nicht mehr aus.

Ich schrieb eine E-Mail an Benny, in der ich um eine schnelle Überweisung des US-Dollar-Betrages ansuchte. Da er mich mit seinem Versprechen, mir mein Geld in Argentinien zu geben, in die missliche Lage gebracht hatte, stimmte er sofort zu. Die Hälfte des Betrages schickte sein Sohn Andi einen Tag später an eine Bargeldagentur. Ich nahm das Geld entgegen und begab mich auf den langen Rückweg zum Hotel. Am darauffolgenden Morgen erhielt ich die Bestätigungsnummer eines weiteren Geldtransfers. Benny hatte nun den noch fehlenden Betrag an eine Agentur überwiesen, die erfreulicherweise in der Nähe meines Hotels lag. Damit konnte ich mein bereits reserviertes Flugticket bezahlen.

Die verbleibende Zeit bis zur Abreise verbrachte ich mit Joggen an der endlos erscheinenden Uferpromenade und mit ausgedehnten Spaziergängen. Darüber hinausgehend fand ich mehr und mehr Gefallen am Studium meiner Bibel. Ich notierte einige Fragen für Pastor Rive, der mich sicherlich schmunzelnd empfangen würde. Mittlerweile hatte ich fast eine Woche in Montevideo verbracht.

Am Karfreitag fuhr ich mit dem Taxi zum Flughafen. Auf den Weg dorthin passierten wir schöne Häuser mit großen Gärten in einer parkähnlichen Gegend, die einen starken Kontrast zu der eher verarmten und nicht gerade sauberen Altstadt darstellte. Der Flugplatz war für eine Hauptstadt überraschend klein. Der Gang durch die Sicherheitskontrolle führte ohne Ausweichmöglichkeit in einen Duty-Free-Shop. Am winzigen Abflug-Gate wartete ich auf den Transport zum Flugzeug. Ein Bus brachte uns zu einem der insgesamt drei vorhandenen Flugzeuge. Durch praktisch nicht vorhandenen Flugverkehr starteten wir pünktlich auf die Minute. Mein großzügiger Sitzplatz am Notausstieg bescherte mir einen angenehmen 7-Stunden-Flug.

Früher als geplant erreichten wir in der Abenddämmerung Panamá-City. Ich verließ das Flughafengebäude in der Hoffnung, dass mich jemand abholen würde. Nach ungefähr 20 Minuten entdeckte ich Alicia und zu meiner großen Überraschung stand Benny neben ihr. Ihn wähnte ich noch in Buenos Aires, oder in Brasilien, wie er mir angedeutet hatte.

Wir fuhren gemeinsam in mein schicksalhaftes Appartement. Einerseits war es ein sehr glücklicher Umstand für mich, dass Benny den seit mittlerweile 15 Monaten fälligen Kaufpreis nicht bezahlt hatte, da sich sonst meine gesamten restlichen finanziellen Mittel auf den gesperrten Konten befunden hätten. Andererseits war ich sehr wütend, dass er meine Wohnung nur mit der Hoffnung auf seine vagen Großgeschäfte gekauft hatte. Noch fehlte mir die tiefere Erkenntnis über den Sinn der Zwangsgemeinschaft mit der kolumbianischen Familie.

Wichtig war, das Beste aus der momentan nicht änderbaren Situation zu machen. Am nächsten Tag rief Natali an, eine gute Freundin von Juan. Ich hatte sie noch kurz vor meiner Abreise kennengelernt. Sie freute sich, dass ich wieder in Panamá war und meldete sich für einen Besuch an. Bald darauf traf die sympathische und gut aussehende Kolumbianerin ein. Ich berichtete ihr von meiner Südamerikareise. Das war nun, Dank meiner erheblich verbesserten spanischen Sprachkenntnisse, gut möglich.

Danach fuhr ich mit Benny und Alicia zu Pastor Rive. Dort lernte ich dessen Ehefrau kennen, die als Pastorin in Kolumbien tätig war. Natürlich freute sich der Pastor über unser Wiedersehen. Dass seine Prophezeiung sich erfüllt hatte, war für ihn selbstverständlich, da es eine Botschaft von Gott war. Im Gegensatz zu den Menschen, erfüllt der allmächtige, einzig lebende Gott, seine Versprechen.

Wir beteten gemeinsam, während Curtis, der Freund von Natali hinzukam. Die beiden besuchten mich am Abend, und wir verbrachten eine gemütliche Zeit bei Pizza und kühlen Getränken auf dem Balkon. Dafür war die Temperatur mit 25 bis 30 Grad Celsius äußerst angenehm. Doch sobald der Tag anbricht, sorgen Sonnenschein und extreme Luftfeuchtigkeit für ein sehr belastendes Klima. Das bekam ich bereits am nächsten Morgen beim Joggen zu spüren. Obwohl der Himmel Wolken verhangen war, setzte mir die Schwüle ordentlich zu. Schweiß überströmt erreichte ich nach einer Stunde die Wohnung. Kurz danach prasselte heftiger Regen nieder und überschwemmte sämtliche Straßen. Die lange, bis Dezember andauernde Regenzeit, hatte begonnen. Fast täglich würden sich jetzt die Wolkenbrüche, meist begleitet von heftigen Gewittern, über Panamá-City entladen. Anschließend verdampft der Regen im gnadenlosen Sonnenschein.

Am Abend kehrte Juan zurück. Er hatte das Wochenende bei Freunden auf einer nahe gelegenen Insel verbracht. Damit konnte ich wieder auf eine entspannte englische Konversation umschalten.

Als ich in die Küche ging, bemerkte ich irgendein kriechendes Tier. Ich schaltete das Licht ein und sah eine große Kakerlake, die sich schnell ein Versteck suchte. Diese ekelhaften Insekten können fliegen und so war das Insekt durch das offene Küchenfenster hier gelandet. Ich rief sofort Juan herbei! Er konnte die Kakerlake mit einem Spray vernichten. Das war wichtig, denn sie vermehren sich rasend schnell. Mit Unbehagen legte ich mich danach auf die Matratze im Wohnzimmer zum Schlafen. Den Morgen verbrachte ich, wie üblich, in einem kleinen Park. Dort erhoben sich gerade die ersten Obdachlosen von den Bänken.

An einem Klettergerüst für nicht vorhandene Kinder, machte ich ein paar Klimmzüge. Anschließend las ich in meiner Bibel. Am Abend joggte ich nach Sonnenuntergang erneut die verkehrsreiche Uferpromenade entlang. Da die gesamte Stadt ein einziges Verkehrschaos war, gab es vom Appartement aus keine bessere Strecke. Während des Laufens betrachtete ich die zahlreichen, beleuchteten Ozeanriesen, die auf die Einfahrt in den Kanal warten mussten. Doch die faszinierende Aussicht über das vom Sternenhimmel erhellte Meer konnte mich nicht von meinen aufkommenden negativen Gedanken ablenken. Ich steigerte mich immer mehr in eine Wut über Benny hinein. „Während er im unbezahlten Bett liegt, verbringe ich die Nächte bei Straßenlärm und Mückenstichen auf dem Fußboden!", ärgerte ich mich. Da es das menschliche Gehirn meisterhaft versteht, sich immer tiefer in negative Gedanken einzugraben, wurde meine Wut, trotz der körperlichen Aktivität, immer größer. Aus der Zeit meiner Untersuchungshaft wusste ich, dass weder Meditation, noch erzwungene positive Gedanken, das lodernde Feuer ersticken konnten.

So versuchte ich es mit Ablenkung. Gleich nach dem Duschen ging ich in den kleinen Park und betrachtete die sehr unterschiedlichen Bäume und Pflanzen mit ihren riesigen Blättern. Allmählich kehrte ein wenig Ruhe in mir ein und ich konnte zurück in die Wohnung gehen. Doch bereits am nächsten Tag holte mich meine Frustration wieder ein! Diese teilte ich Alicia anhand einer Bibelstelle mit. Sie nahm ihre spanische Bibel zu Hilfe und las das entsprechende Kapitel. Danach fühlte sie sich persönlich sehr angegriffen. Sie schien nur schwer zu verstehen, dass ich es nicht mehr akzeptieren wollte und konnte, ohne finanzielle Mittel zu leben. „Selten ist die Beziehung zwischen Eigentümern und Mietern von gegenseitigem Verständnis geprägt", dachte ich mir.

Mir fehlte in dieser Zeit die Erkenntnis über den tieferen, gerade stattfindenden Entwicklungsprozess, in dem ich mich befand. Daraus kann uns nur das Licht unseres Schöpfers befreien: "Thinking outside of the box!", wie es so treffend im Englischen ausgedrückt wird. Außerdem die Angelegenheit für Alicia auch nicht leicht. Täglich wartete sie auf positive Nachrichten von Geschäftspartnern, während ich das Wohnzimmer blockierte und mitversorgt werden musste. Das war sicherlich, trotz der ausstehenden Zahlung, keine Selbstverständlichkeit. Doch auf jeden Fall wurde nun die Situation für alle Beteiligten immer belastender. Es musste eine Lösung her!

Alicia bot mir an, die ausstehenden Mieten an mich zu bezahlen. Danach würden sie sofort ausziehen. Ich konnte mir zwar nicht vorstellen, wo sie plötzlich das Geld dafür hernehmen sollten, dennoch akzeptierte ich den Vorschlag. Das stimmte mich einerseits traurig, andererseits war damit ein Zeitpunkt der Unabhängigkeit für mich greifbar.

Ich beschloss, einen Teil der versprochenen Mietzahlungen, sofern ich sie tatsächlich erhalten würde, für die Erneuerung von Bad und Küche zu verwenden. Außerdem plante ich, zwei Zimmer mit neuen Fenstern und Klimaanlagen auszustatten. Das würde sofort für mehr Ruhe sorgen und für eine angenehmere Temperatur beim Schlafen und Arbeiten. Ich stellte einen Investitionsplan auf, der meine laufenden Kosten bis zum Jahresende berücksichtigte. Somit würde ich genügend Zeit haben, das Appartement an Interessenten zu verkaufen, die tatsächlich über Geld und nicht nur über Illusionen verfügten.

Inzwischen hatte ich aus Deutschland eine E-Mail erhalten, dass mein Buchentwurf jetzt abgetippt war. Er bedurfte noch einiger Änderungen und Verbesserungen. Mit dieser Arbeit konnte ich nun endlich beginnen. So wandelte sich meine Wut in Tatendrang um. Das war sehr wichtig! Denn der Erfolg hat drei Buchstaben: TUN. Am nächsten Tag begann ich zunächst mit den notwendigen Erkundigungen für meine geplante Wohnungsrenovierung. Ich schaute mich nach Küchenzeilen um und fand mich wohl oder übel damit ab, noch eine Weile in Panamá-City bleiben zu müssen.

Selbstverständlich gibt es auch in dieser Stadt einige positive Aspekte und Sehenswürdigkeiten. Allerdings erreicht man diese nur mit einem Fahrzeug. Als ich ein paar Jahre zuvor in Panamá-City gewohnt hatte, verfügte ich über ein eigenes Auto. Allerdings nutzte ich es durch den meist stehenden Verkehr kaum. So überlegte ich mir jetzt, ein Motorrad zu kaufen, wobei die löchrigen, gefährlichen Straßen für eine Geländemaschine sprachen. Ich besaß den erforderlichen Führerschein, allerdings befand sich dieses Dokument auch in den beschlagnahmten Unterlagen. „Doch sicherlich könnte ich die erforderliche Fahrerlaubnis hier erwerben", dachte ich mir.

Doch als ich in die Wohnung zurückkam, gab es eine große Überraschung! Es tagte der Familienrat. Alicia, Benny und Juan saßen wie bei einer Geschäftsbesprechung zusammen. Juan erklärte mir sofort, dass sie einen sehr positiven Anruf erhalten haben. Die beachtlichen Summen für die Finanzierung ihrer Projekte würden jetzt bereitstehen. Selbstverständlich würde ich nun endlich den gesamten Kaufpreis der Wohnung erhalten. Sie wirkten tatsächlich sehr erfreut und erleichtert. Ich konnte die Euphorie nicht ganz mit ihnen teilen, da sie inzwischen mit den nicht erfüllten Versprechungen den Bogen überspannt hatten. Ich wollte erst einmal abwarten, bis das Geld auf meinem Konto war. Das sollte, laut Benny, bereits in einer Woche der Fall sein.

Am Abend besuchten uns, wie mittlerweile fast jeden Abend, Natali und Curtis. Sie verfügten über keine eigene Wohnung und waren froh, dass sie sich bei uns treffen konnten. Für mich wurde das mehr und mehr zur Belastung, da ihre Besuche sich bis weit nach Mitternacht ausdehnten. Ab sechs Uhr morgens konnte ich durch die extrem wärmende Sonne, deren Strahlen sich durch die großen Fenster und Terrassentüren ihren Weg bahnten, nicht mehr schlafen. Folglich wurde mein Schlafdefizit immer größer und ich immer ärgerlicher über meine Abhängigkeit von diesem schicksalhaften Appartement.

In Anbetracht des zu erwartenden Geldsegens holte jetzt Benny Angebote für die Renovierung von Bad und Küche ein. Er beschäftigte sich intensiv damit, wie er die Millionenbeträge ausgeben und investieren könnte, anstatt den tatsächlichen Geldeingang abzuwarten. Teure Autos und großzügige Luxuswohnungen wurden mit Alicia und Juan besichtigt. Ja, sogar mit der Gründung einer Stiftung verbrachte man kostbare Zeit. Diese hätten sie sinnvoller mit dem Geldverdienen, als mit der Investition in Luftschlösser verbringen sollen. Meine Planung wurde damit über den Haufen geworfen und ich blickte immer häufiger auf die Weltkarte, die von meinem Büro in Deutschland über Dubai bis nach Panamá gereist war.

Am Abend besuchte uns Pastor Rive. Er war ein echter Segen für mich, und er half mir oft über meine Zweifel und über meine Frustration hinweg. Er erklärte uns Bibeltexte und betete mit uns. Ohne seine Erklärungen waren einige Passagen der Bibel für mich nicht zu verstehen gewesen. Unsere Gebete waren individuell und in ihrer lebhaften Form eine echte Hilfe und Motivation. Die Gespräche mit Pastor Rive veränderten mein Leben mehr und mehr. Viele Dinge sah ich aus einem neuen Verständnis heraus. Bereitwillig beantwortete er mir alle Fragen. So interessierte mich, warum Gott die jahrzehntelange, sehr grausame Apartheidpolitik in Südafrika zugelassen hatte.

Die schwarze Mehrheit wurde lange Zeit gnadenlos unterdrückt. Der daraus resultierende Hass ist noch heute, vor allem in den großen Städten, zu spüren. Der Pastor erklärte, dass Gott Länder, die von der eigenen Bevölkerung nicht entsprechend genutzt werden, oder bei denen die Bewohner Praktiken der schwarzen Magie, Hexerei, abergläubischer Kulte, wie Menschen zu opfern, usw., ausüben, diesen weggenommen werden. Das bestätigt sich im Alten Testament: Das auserwählte Volk Israel erhielt das gelobte Land, indem der einzige wahrhafte Gott, Hashem, die dort angesiedelten Völker durch Israel vernichtet hat; nicht weil Israel so vorbildlich war, sondern weil die Völker Menschenopfer für ihre Götter darbrachten und andere abscheuliche Gewohnheiten praktizierten.

Somit schickte Gott eine Bevölkerung christlichen Glaubens in das Gebiet von Südafrika, die es vom Aberglauben, Menschenopfern und anderen Praktiken, die gegen den Willen Gottes sind, befreien sollte. Das waren, wie bekannt, die Engländer. Doch diese wiederum missbrauchten ihre Macht und behandelten die einheimische Bevölkerung wie Sklaven. Die Folgen der langen Apartheidpolitik rächen sich bis heute durch gewaltsame Raubüberfälle und brutalste Verbrechen, die leider in den großen Städten an der Tagesordnung sind. Doch ist die Situation jetzt bedeutend friedlicher als in den Zeiten der Apartheidpolitik, die eine totale Unterdrückung, Erniedrigung und Entmündigung der schwarzen Bevölkerung darstellte.

Nelson Mandela wurde durch einen langen Gefängnisaufenthalt auf die enorm schwierige Aufgabe vorbereitet, eine Demokratie für das im Bürgerkrieg versinkende Land einzuführen. Er gewann im Gefängnis neue Ansichten und erkannte, dass sein vorheriger Weg der Gewalt nur Gegengewalt erzeugt hatte. So war er fest entschlossen, den Weg des Friedens und des Verzeihens zu gehen. Das war nicht einfach! Denn viele, auch von seiner eigenen Partei, wollten sich nun wiederum an den Weißen rächen. Doch mit eiserner Disziplin und Geduld schaffte er es, nach seinem Regierungsantritt im Jahre 1994, das Land auf einen neuen Weg zu führen.

Auch bei der einen oder anderen Naturkatastrophe sollte man sich die Praktiken des Aberglaubens und die Lebensart der betroffenen Menschen anschauen. Nur damit kann man die eigentlichen Ursachen erkennen, die immer im geistlichen Bereich liegen. So werden auch heute noch bei gewissen satanischen Ritualen Menschenopfer dargebracht, was viele Leute nicht verstehen können, oder nicht akzeptieren wollen. Doch es ist die Wahrheit. Als ich in Südafrika wohnte, erhielt ich Informationen über das Opfern von Säuglingen, um sich von der damals meist tödlichen Aids-Infektion zu befreien.

Die wahren Erklärungen finden sich nicht im wissenschaftlichen Bereich, da dieser höchstens den Ablauf des Desasters erläutert. Nur wenn man die tiefgreifenden Wurzeln erkennt und beseitigt, kann man eine dauerhafte, sinnvolle Lösung und Hilfe anbieten. Die Katastrophen werden sich häufen! Man hat bereits jetzt eine erhebliche Zunahme von starken Erdbeben und anderen Naturereignissen registriert. So brauchen wir dringend und schnell einen geistlichen Klimawandel!

Doch wie man von Zahnarztbesuchen her weiß, schmerzt die Behandlung an den Wurzeln des Übels, und sie wird deshalb durch kurzfristige, unzureichende Therapien ersetzt. So muss die Bevölkerung zu einer vollständigen Änderung bereit sein, indem sie sich abwendet von grausamen Ritualen und der Zerstörung der Natur, bereit den Weg zum Guten, der geistlichen Wahrheit zu gehen.

Das wirft die Frage auf: Ist Jesus Christus als Gott und Sohn Gottes die Wahrheit? Ist die Dreifaltigkeit Gottes die Wahrheit, oder gibt es nur einen einzigen wirklichen Gott? Ist es der Gott Israels, Hashem – Adonai, den die Christen als Himmlischen Vater bezeichnen? Einiges im Alten Testament spricht für Letzteres. Zudem ist es wenig glaubwürdig, dass Gott seinen Sohn als Menschensohn am Kreuz opferte, wenn er doch strengstens alle Menschenopfer verbietet und verachtet. Sollte ich jetzt mit Jesus Christus wieder nur einen Götzen erhalten haben, der von geschickten Manipulatoren zu einem Gott erhoben wurde? Die Welt war und ist voll von solchen falschen Göttern, die einerseits sich selbst zu Göttern gemacht haben, wie im Kaiserkult, u. a. des römischen Reiches, oder die von anderen zu Göttern erhoben wurden. Mein weiterer Weg würde mich hoffentlich zur Wahrheit, oder zumindest in deren Nähe führen!

Eine weitere wichtige Frage für mich an Pastor Rive bezog sich auf die Unterschiede seiner Kirche zur Katholischen Kirche, die natürlich auch in Panamá eine große Präsenz hat. Er erläuterte, dass seine Kirche "Casa de Oración Moriah" (Haus des Gebetes Moriah) und andere Kirchen, die das vollständige Evangelium predigen, die gleichen Glaubensprinzipien haben, wie es die Katholische Kirche in ihren Anfängen hatte. Als Evangelium wird die gute Nachricht bezeichnet, dass Jesus Christus angeblich zur Erlösung unserer Sünden gestorben und am dritten Tag auferstanden ist. Das Alte Testament stellt im wesentlichen durch die fünf Bücher des Mose die Entstehung von Himmel und Erde, die Historie von Abraham, Isaak und Jakob, sowie den Auszug des auserwählten Volkes Israels aus Ägypten mit der Wanderung in der Wüste und der Eroberung des gelobten Landes dar. Im weiteren Verlauf wird die Geschichte Israels, auch durch die Schriften der Propheten, erläutert. Es werden die mächtigen

Taten unseres Schöpfers aufgezeigt und wir erhalten damit eine Vorstellung von Gott und wissen, u. a. durch die zehn Gebote, was er von uns erwartet. Die fünf Bücher des Mose bilden den Kern der "Torah" (Gesetz, Lehre, Lebensbotschaft), der jüdischen Schrift, sozusagen die Bibel des Judentums.

Die Katholische Kirche hat sich im Laufe ihrer langen Geschichte durch eigene, menschliche Regeln, die oft im Gegensatz zur göttlichen Wahrheit stehen, verändert und wurde mehr und mehr zu einer Institution. Damit legt man den Gläubigen Regeln und Lasten auf, z. B. die Sakramente, die keinen Ursprung im Willen und im Wort Gottes haben, und die oftmals von den Geistlichen selbst nicht eingehalten werden. Ganz nach dem Spruch: Zuerst formen wir Regeln und dann formen die Regeln uns.

Da die Beschreibungen Gottes in der Bibel für unsere Vorstellungen selten ausreichen, haben sich zahlreiche Symbole und Fehlentwicklungen in der römisch-katholischen und auch in der evangelischen Kirche, sowie in anderen zahlreichen Religionen und Glaubensrichtungen, entwickelt. So steht beispielsweise im Zentrum des Gebäudes der Katholischen Kirche in Panamá eine riesige Statue von Maria, der angeblichen Mutter von Jesus Christus. Die Marienverehrung hat keinerlei Bezug zur Bibel. Im Gegenteil, sie steht sogar im Widerspruch zu den zehn Geboten, die Gott an Mose aushändigte. Doch da der Mensch meist etwas Greifbares, Sichtbares zum Anbeten braucht, stehen zahlreiche Marienfiguren und Kreuze in den Haushalten und an sonstigen Lokalitäten. In der "Neuen Ära" werden diese Figuren durch Buddha-Statuen und andere Symbole ersetzt.

Beschäftigt man sich intensiv mit Geschichte und Gesellschaft, wird man feststellen, dass die Grundprobleme die gleichen geblieben sind. Die Suche nach dem Lebenssinn, Krieg, Mord,

Gewalt, Ehebruch, Drogen, Krankheiten, usw., hat es zu allen Zeiten gegeben. Es ist nur die Frage, wie man damit umgeht, und ob man bereit ist, zu lernen und zu wachsen, vor allem in geistlicher Hinsicht. Lernen aus eigenen Fehlern und aus Fehlern anderer ist ein wichtiger Bestandteil in unserem Wachstumsprozess. Menschen, die nach dem Motto leben: "Ich bin wie ich bin!", blockieren ihren Wachstumsprozess und werden sich der Wahrheit nie annähern.

Am nächsten Morgen ging ich wieder in den kleinen Park. Ich saß auf einer Bank als vier junge Männer auftauchten. Sie blieben ungefähr zehn Meter von mir entfernt an einer Mauer stehen. Sie machten einen merkwürdigen Eindruck auf mich. Ich fühlte mich von ihnen beobachtet. Da ich weder Bargeld bei mir hatte, noch ein Mobiltelefon, oder andere Wertgegenstände besaß, brauchte ich mir keine großen Sorgen zu machen. Dennoch beschloss ich instinktiv, den Park zu verlassen. Die Vier verließen daraufhin auf der nicht weit entfernten, gegenüberliegenden Seite den Park. Plötzlich fuhr ein Polizeiauto direkt vor ihnen auf den Gehsteig und Polizisten sprangen heraus. Sofort packten sie zwei von den Männern und legten ihnen Handschellen an. Die beiden anderen konnten flüchten. Einer lief in die Richtung meiner Wohnung. Als ich dort wenig später ankam, hatten ihn bereits zwei Polizisten, die per Mountain Bike unterwegs waren, festgenommen. Kurz darauf trafen zwei weitere, mit Maschinenpistolen bewaffnete Polizisten, auf einem Geländemotorrad ein. Sie machten sich auf die Suche nach der letzten noch fehlenden Person. Der Vorfall verdeutlichte mir, dass bei meiner Flucht in Wien Gott und seine zahlreichen Schutzengel meine erneute Festnahme verhindert hatten.

Die Freude über meine Freiheit, auch wenn sie durch die finanzielle Situation etwas begrenzt war, tröstete mich über die schlechten Nachrichten hinweg, die Benny von seinem Geschäftspartner aus Argentinien erhalten hatte. Angeblich hatte ein ebenfalls in die Transaktionen involvierter Partner versucht, die Gelder mit der Vorlage gefälschter Dokumente auf sein eigenes Konto umzulenken. Die misstrauisch gewordenen Bank bemerkte die Ungereimtheiten und benötigte jetzt neue Dokumente, um die Überweisung der Beträge in die Wege zu leiten. Ich wusste nicht, wie weit ich diesen abenteuerlichen Geschichten noch Glauben schenken sollte. Auf jeden Fall bedeutete es, dass ich noch weitere Zeit in Panamá-City verbringen musste.

Am Sonntag fuhren wir nach dem Gottesdienst mit Alicia und Pastor Rive zu einem spanischen Restaurant, um den Muttertag zu feiern. Es war das erste Mal, dass wir ein schönes Restaurant besuchten. Ein Eis essen am Yachthafen schloss den angenehmen Nachmittag ab. Der Geldsegen schien also tatsächlich näher zu rücken! Etwas Hoffnung keimte in mir auf.

Auch von Angela aus Kolumbien gab es eine kleine Überraschung. Sie schickte mir durch Freunde, die ein paar Urlaubstage in Panamá verbrachten, ein T-Shirt mit dem Aufdruck eines der bekanntesten kolumbianischen Kaffeeproduzenten und eine romantische Ansichtskarte. Hin und wieder beschäftigte ich mich mit der Frage, ob ich nach Eingang der Zahlung zu ihr nach Kolumbien reisen würde. Doch ich konnte mir kaum vorstellen in Bogotá zu leben. Ein freies Leben war durch die Militäreinheiten, speziell für Ausländer, in dieser Zeit praktisch unmöglich. Dennoch freute ich mich über das Geschenk und wir tauschten weiterhin E-Mails aus.

Meine dreimonatige Aufenthaltserlaubnis in Panamá neigte sich dem Ende entgegen. Da die Zahlung von Benny nach wie vor ausblieb, wollte ich mit einem kurzen Grenzübertritt meinen

Aufenthalt um drei Monate verlängern. Dafür bot sich eine Busreise in das benachbarte Costa Rica an. Aus einem Reiseführer entnahm ich die nötigen Informationen und Benny versorgte mich mit dem notwendigen Taschengeld.

Am nächsten Morgen fuhr ich um 6 Uhr zum Busterminal. Bereits 15 Minuten später sollte ein Bus in die Hauptstadt der Provinz Chiriqui fahren. Ich kaufte das Ticket und begab mich in den bequemen, klimatisierten Bus. Nach über sieben Stunden Fahrzeit durch die dichte Pflanzenwelt Panamas erreichten wir die Stadt David. Ich löste sofort eine Weiterfahrt nach Sereno, eine kleine Stadt an der Grenze zu Costa Rica. Der Bus schlängelte sich langsam durch die hügelige Landschaft. Jetzt fuhren wir an zahlreichen Kaffeepflanzen vorbei. Die kleinen Bäume, bzw. Büsche, trugen eine reiche Ernte, die eine weitere gute Einnahmequelle für Panamá darstellt. Kurz nach 17 Uhr erreichten wir den verschlafenen Grenzort. Ich spazierte knapp zehn Minuten bis zum Grenzübergang, der sich an einer schlechten Schotterstraße befand. Skeptisch blickte ich auf die merkwürdige Grenzstation, die weder einen Schlagbaum noch sonstige, dafür typische Zeichen erkennen ließ.

Da kam ein Herr aus einem kleinen Gebäude, das mit der Flagge von Costa Rica versehen war. Er fragte mich irritiert, was ich hier wolle. Ich teilte ihm mit, dass ich nach Costa Rica reisen wollte. Er erklärte mir, dass die Grenze ab 17 Uhr geschlossen sei. Allerdings könnte ich den Beamten im Grenzgebäude der Republik von Panamá fragen, ob ausnahmsweise noch eine Ausreise möglich sei. Eine Grenze mit festen Öffnungszeiten, das war mir neu! Ich ging die paar Meter zum Gebäude mit der Flagge von Panamá. Dort erklärte ich dem Grenzbeamten mein Anliegen. Dabei fügte ich sofort hinzu, dass ich eigentlich nur die Aus- und Einreisestempel benötigen würde, um meinen

Aufenthalt in Panamá zu verlängern. Mein Minigepäck bestätigte sowieso, dass ich keine große Reise vorhatte. Der unerwartet freundliche Beamte teilte mir mit, dass ich mindestens drei Tage ausreisen müsste, um eine Verlängerung zu erhalten. Allerdings wäre diese, durch eine vor kurzem erlassene Gesetzesänderung, nur für einen Monat möglich. Das war keine gute Nachricht! „Was sollte ich in der verlassenen Gegend drei Tage lang unternehmen?", fragte ich mich. Er stempelte den Pass ab und ich kehrte zurück zu dem Herrn, der für die Einreise nach Costa Rica zuständig war. Dort erhielt ich den Einreisestempel und ich war froh, dass ich durch das Entgegenkommen der Beamten nicht noch einen vierten Tag warten musste.

Ein Bus fuhr an einem 50 Meter entfernt gelegenen Imbiss nach Costa Rica ab. Nach kurzer Wartezeit holperte das alte Fahrzeug die Schotterstraße zwischen Kaffee- und Bananenplantagen hindurch. Wir erreichten nach ungefähr 15 Minuten ein kleines Dorf, das gleichzeitig die Endstation des Busses war. Ich stieg aus und entdeckte auf der Hauptstraße des Ortes ein Hotel. Dort bezog ich ein kleines, sauberes Zimmer, das ich, Gott sei Dank, in US-Dollar bezahlen konnte. Ein Spaziergang und ein paar Kekse aus einem Supermarkt beendeten frühzeitig meinen ersten Reisetag. Das Grenzgebiet liegt auf über 1.000 Metern Höhe, sodass ich bei kühler Luft erstmals wieder richtig gut schlafen konnte.

Am nächsten Morgen beschloss ich, zurück nach Panamá zu fahren, um dort den Vulkan Baru, der mit über 3.400 Meter Höhe den höchsten Punkt Panamas markiert, zu besichtigen. Ich fuhr mit dem Bus zurück zur Grenze. Danach spazierte ich, allerdings ohne offizielle Einreise, zu meiner Ankunftsstelle des Vortages. Von dort aus erreichte ich nach zwei Stunden den Ort "Cerro Punto". Das einsame, kleine Dorf, das ich aus einem

Reiseführer entnommen hatte, liegt in den dicht bewachsenen Bergen, die den Vulkan umgeben. In einem ruhigen Hotel, vermutlich das einzige des Ortes, buchte ich zwei Nächte. Anschließend spazierte ich in der herrlich kühlen Höhenluft in den Ort Vulcan. Dabei tauchte immer wieder der Gipfel des gigantischen Berges aus den Wolken auf. Ich malte mir gedanklich bereits eine mögliche Route aus. Als ich nach einer guten Stunde an einem Hotel vorbeikam, erkundigte ich mich nach Zugangswegen zum Gipfel des Vulkans. Eine freundliche Dame erklärte mir, dass ein Aufstieg ohne Bergführer unmöglich sein würde. Durch steile Schluchten und undurchdringlichen Pflanzenwuchs hätten sich bereits einige Personen in der Region verirrt. Die Aussage dämpfte meine Euphorie ein wenig. Doch zumindest wollte ich bis zum Fuße des Vulkans gehen. Das nahm ich mir für den nächsten Tag vor.

Am nächsten Morgen bremsten dichte Wolken und Regen-schauer meinen Tatendrang. Ein Bus brachte mich erneut nach Vulcan. Als sich die Wetterlage besserte, marschierte ich von dort aus auf den Vulkan zu. Nach eineinhalb Stunden verließ ich die Hauptstraße. Ein befestigter Weg schlängelte sich hinauf zum Fuße des Berges, dessen Gipfel hin und wieder durch Wolken-lücken sichtbar wurde. Allmählich verschwanden die letzten Häuser. Ich war mit der gewaltigen Natur allein. Unter mir verhüllten die Wolken den Ort. Jetzt sah ich die großen Lavabrocken, die zwischen hohen Kakteen und Disteln lagen. Tiefe Gräben und Schluchten durchzogen das Geröllfeld. Von der Ferne hatten die steilen Hänge wie alpenländische Wiesen ausgesehen. Die Realität war sehr ernüchternd! Ein schmaler Pfad endete an einer Wand aus Pflanzen und Bäumen. Der undurchdringliche Dschungel machte einen weiteren Aufstieg unmöglich. Nun verstand ich, warum der Gipfel von dieser Seite aus nur mit einem Führer erreichbar war. Dennoch setzte ich mich zufrieden auf einen Lavabrocken und genoss die herrliche Aussicht in absoluter Ruhe und in Einigkeit mit der Natur.

Am nächsten Tag war meine offizielle, dreitägige Ausreise aus Panamá erledigt. So fuhr ich wieder zur Grenze, um mir die notwendigen Stempel abzuholen. Danach trat ich die mühsame Rückreise nach Panamá-City an. Nach 23 Uhr betrat ich, zwei Tage später als vorgesehen, die Wohnung. Benny hatte sich bereits große Sorgen um mich gemacht und war erleichtert, als er mich sah. Mit Juan tauschte ich auf der Terrasse noch die Ereignisse der letzten Tage aus.

Er erzählte mir, dass einer unserer Hausbewohner mit drei Schüssen, die man aus unmittelbarer Nähe auf ihn abgefeuert hatte, niedergestreckt wurde, als er die Hauseingangstür aufsperrte. Aufgeschreckt durch die enorm lauten Schüsse, beobachtete Juan vom Balkon aus, wie der Mann noch ein paar Schritte ging, bevor er am Gehweg zusammenbrach. Keiner half dem Opfer, da in Panamá-City niemand etwas mit der oftmals korrupten Polizei zu tun haben will. Nach einer Weile tauchte ein Polizeifahrzeug auf und brachte den schwer verletzten Mann ins Krankenhaus. Wie wir später erfuhren, handelte es sich um keinen Raubüberfall, sondern um einen Racheakt.

Zur Aufklärung der Tat besuchte uns zwei Tage später ein Kriminalbeamter. Darüber war ich nicht sehr erfreut. Man weiß nie, in welcher Datenbank man landen wird. Doch er nahm nur die Personalien von Benny auf und unterhielt sich mit ihm über mögliche Beobachtungen. Ferner teilte er mit, dass der Mann das hinterhältige Attentat Dank seiner athletischen Figur überlebt hat. Das war die medizinische und meist begrenzte menschliche Sichtweise. Tatsächlich war es ein Wunder Gottes.

Schnell kehrte nach meiner Rückkehr aus Costa Rica wieder der Panamá-Alltag ein: Warten auf die großen Gelder bei Hitze und Lärm. Benny sprach weiterhin nur von Millionenbeträgen. Sein Geschäftspartner dagegen erfand ständig neue Ausreden, warum sich die Überweisung, der angeblich bereits genehmigten Zahlungen, verzögerte. Leider bestätigte sich meine praktische Erfahrung mehr und mehr, dass die Hoffnung auf schnellen Reichtum häufig den Blick auf die Realität blockiert. Ein Schuh, den ich mir auch selbst anziehen musste, als ich Gelder, in der Hoffnung einer schnellen Vermehrung, an Freunde überwiesen hatte. So erhielt Benny regelmäßig äußerst positive Nachrichten, die sich nach zwei bis drei Wochen wieder in Luft auflösten.

Inzwischen war die einmonatige Aufenthaltsfrist, die mir bei der Ausreise nach Costa Rica avisiert wurde, verstrichen. Allerdings enthielt der Einreisestempel meines Reisepasses, im Gegensatz zu dem Dokument von Benny, kein Datum für den Ablauf der Frist. Somit hatte ich die Hoffnung, dass ich weitere zwei Monate legal in Panamá bleiben konnte. Doch sicherheitshalber wechselte ich möglichst unauffällig die Straßenseite, sobald ich eine Polizeistreife auf dem Gehweg bemerkte. Keinesfalls wollte ich wegen eines abgelaufenen Visums im Gefängnis landen, um zu warten und zu hoffen, bis mich jemand mit Geld auslösen würde.

Ich erklärte dem Pastor in einer stillen Minute, dass ich meine Situation gründlich satt hatte. Er tröstete mich mit der Hoffnung, dass ich die "Wüste" bald verlassen werde. Damit bezog er sich symbolisch auf die Zeit der Israeliten nach der Befreiung aus Ägypten, die im Alten Testament beschrieben ist:

Mose war durch Gott berufen worden, sein Volk aus der über 400-jährigen Sklaverei zu befreien. Zahlreiche Wunder, die er vor den Augen des regierenden Pharaos bewirkte, brachten vernichtende Plagen über die Ägypter. Sie wurden mit dem bestraft, mit dem sie sündigten; denn sie verehrten Ungeziefer, wie z. B. Heuschrecken, als Götter. Das führte schließlich dazu, dass Israel, ausgestattet mit Reichtümern, das Land verlassen konnte. Die zur Verfolgung aktivierte Armee des Pharaos wurde von den Wassermassen des Roten Meeres begraben, während Mose mit seinem Volk auf trockenem Fuß das andere Ufer erreichte. 40 Jahre mussten sie in der Wüste umherwandern, bis Josua sie in das gelobte Land führte. In dieser Zeit erhielten sie die zehn Gebote und setzten sich mit zahlreichen Problemen, Auflehnungen gegen Gott, und dessen Strafen auseinander.

Pastor Rive erklärte mir, dass mein "Ägypten" meine Zeit im Gefängnis und die gottlosen Jahre davor waren. Hier in Panamá befände ich mich jetzt in der symbolischen Wüste, um mich intensiv mit Gott und seinen Geboten auseinanderzusetzen. Danach würde ich mein "Gelobtes Land" erreichen. In Panamá fühlte ich mich tatsächlich in der Wüste, vor allem kulturell. Und ähnlich wie die damaligen Israeliten spürte ich hin und wieder, bedingt durch das schwierige Leben und durch zahlreiche Hindernisse, das Verlangen, wieder in mein früheres Leben, sprich nach Ägypten, zurückzukehren. Doch, Gott sei Dank, hielt mich der Pastor davon ab. Geduldig zeigte er mir die positiven Seiten meines neuen Lebens auf und stärkte meine Hoffnung auf das baldige Erreichen des "Gelobten Landes".

Selbstverständlich gab es auch einige sehr erfreuliche und wichtige Veränderungen, die mein Leben, trotz der schwierigen Umstände, verbesserten.

So heilte Gott meine chronischen Entzündungen in beiden Achillessehnen, die mir jahrelang große Schmerzen bereitet hatten. Früher konnte ich am nächsten Morgen nach dem Joggen, oder Tennis spielen, kaum richtig gehen. Die Sehnen waren stark angeschwollen und schmerzten. Ich musste beide Sportarten erheblich reduzieren. Die angeblich besten Sportärzte, u. a. von der deutschen Fußballnationalmannschaft und anderen Stars, konnten mit ihren jahrelangen Behandlungen keine Besserung herbeiführen. Auch die Operation an einer Achillessehne brachte keine Verbesserung. Doch was für den Menschen unmöglich ist, ist eine Kleinigkeit für Gott. Schließlich hat er mit seinem unendlichen Wissen das gesamte Universum und den Menschen geschaffen. So joggte ich und spielte jetzt häufig auf ungedämpften Betonplätzen Tennis – völlig ohne Schmerzen! Eine Tatsache, die ich bei allen meinen Zweifeln nicht leugnen konnte.

Da ich über keine Krankenversicherung mehr verfügte und finanzielle Mittel momentan nicht vorhanden waren, kam meinem stabilen Gesundheitszustand eine wichtige Bedeutung zu, denn wie heißt es so schön: Gesundheit ist nicht alles, doch ohne Gesundheit ist alles nichts!

Meine dreimonatige Aufenthaltserlaubnis näherte sich dem Ende. Für mich stand fest, dass ich auf jeden Fall in zwei Wochen Panamá verlassen würde. Trotz der positiven Aspekte war meine Geduld für ein Leben in der schwierigen Stadt inzwischen überschritten. Aus Europa gab es keine positiven Nachrichten. Die Behörden hüllten sich nach wie vor in Schweigen. Keinesfalls wollte ich das Risiko eingehen, dort bei meiner Ankunft festgenommen zu werden. Mit diesen Gedanken machte ich mich auf den Weg in mein bevorzugtes Reisebüro. Die freundliche Dame freute sich über ein Wiedersehen und servierte mir einen Kaffee. Ich schilderte ihr die Problematik mit meiner Aufenthaltserlaubnis.

Sie legte mir nahe, in der Einwanderungsbehörde zu klären, ob ich noch legal in Panamá wäre. Falls meine Frist bereits abgelaufen war, könnte ich mit der Vorlage eines Flugtickets ohne Probleme ausreisen. Das war eine sehr gute Idee, die ich mit Benny kurz darauf in die Tat umsetzte. Mit einer günstigen Reise konnte sie mir nicht helfen, da sie auf Europa spezialisiert war. Dankbar verließ ich das Reisebüro.

Ich beschloss, nach Santiago de Chile zu fliegen, um von dort aus später wieder nach Mendoza in Argentinien zu fahren. Kurz entschlossen besuchte ich das Büro der entsprechenden Fluggesellschaft und reservierte die Reise in die chilenische Hauptstadt. Alicia, Benny und Juan waren sehr überrascht, als ich ihnen von meinen kurzfristigen Plänen erzählte. Ich wunderte mich, dass sie bezüglich meiner Entscheidung einen traurigen Eindruck machten. Immerhin war unser Verhältnis nicht immer einfach und ich musste mitversorgt werden.

Zwei Tage später packte ich meinen neuen Koffer, um die Reise nach Santiago de Chile anzutreten. Für das Abschiedsessen bereitete Juan eine hervorragende Paella mit frischen Meeresfrüchten zu. Und am Abend brachte er mich zum Flughafen. Ich war gespannt, ob ich tatsächlich problemlos ausreisen konnte. Wortlos nahm der Beamte meinen Pass entgegen. Er suchte nach dem letzten Einreisestempel. Es fehlten noch zwei Tage bis zum Ablauf der Aufenthaltsfrist. Er stempelte meinen Pass ab und gab ihn mir zurück. Ich jubelte innerlich! Mit dem Versprechen von Benny, dass das Geld jetzt umgehend eintreffen sollte, sowie mit meinen restlichen paar Euros, verließ ich erneut Panamá.

11. Kapitel

Argentinien – Endstation?

Am frühen Morgen landete die Maschine pünktlich in Santiago de Chile. Spontan entschloss ich mich, der riesigen Stadt sofort wieder zu entrinnen. Nach meiner Zeit in Panamá-City benötigte ich Ruhe und Natur. Davon gab es in der großen und hektischen lateinamerikanischen Metropole, die Hauptstadt von Chile, zu wenig. Ich erinnerte ich mich an den herrlichen Park in Mendoza mit seinen zahlreichen Sportmöglichkeiten. Außerdem hatte ich mir bereits in Panamá vorgenommen, die Flucht in Argentinien zu beenden.

Im Taxi fuhr ich durch die Dunkelheit der noch schlafenden Stadt. Um 5 Uhr 30 erreichte ich den internationalen Busbahnhof, den ich bereits von meiner Südamerikareise her kannte. In zwei Stunden sollte der erste Bus nach Mendoza abfahren. Ich packte meine dicke Winterjacke aus und wartete frierend bei fünf Grad Celsius auf das Öffnen des Ticketschalters. Ein Kaffee wärmte mich für kurze Zeit und ich war erleichtert, als der Kleinbus endlich den Busbahnhof verließ. Kurz vor der argentinischen Grenze sichtete ich ein paar Skifahrer, die die letzten Schneefelder im anbrechenden Frühling nutzten. Schnell wurden die Grenzformalitäten abgewickelt und wir konnten die Fahrt fortsetzen. Nach und nach wurden die Berge niedriger und erfreulicherweise die Temperatur höher.

Im Oktober 2007 kam ich in Mendoza an. Ich erkundigte mich am Busbahnhof nach einem guten, preiswerten Hotel, da ich den Namen der Unterkunft meines ersten Aufenthalts vergessen hatte. Mit einem Taxi fuhr ich in das empfohlene Hotel. Als ich das kleine, dunkle Zimmer bezog, beschloss ich, mich so schnell wie möglich um eine bessere Unterkunft zu bemühen. Zudem war der Preis dafür keinesfalls gerechtfertigt.

Aus dem Internet hatte ich mir vorsorglich zwei Kirchen mit der gleichen Glaubensrichtung wie das "Casa de Oracion Moriah" von Pastor Rive notiert. Es war mir äußerst wichtig, dass ich meinen geistlichen Entwicklungsprozess fortsetzen konnte. Zur Stärkung meines Glaubens benötigte ich eine Kirche, in der ich mich wohlfühlen würde. Die zu finden, bereitete mir einiges an Kopfzerbrechen. Am späten Nachmittag machte ich mich auf die Suche nach den beiden Kirchen. Dabei stellte sich schnell heraus, dass eine davon ihren Sitz nur in Buenos Aires hatte. Also ging ich mit Hilfe meines Stadtplans zur zweiten Adresse, um mich nach den Gottesdienstzeiten zu erkundigen. Auf dem Weg dorthin entdeckte ich ein kleines, sehr angenehmes Hotel mit akzeptablen Preisen. Ich reservierte sofort ein Zimmer für den nächsten Tag. Die Kirche befand sich in der gleichen Straße. Als ich an dem Gebäude ankam, versammelten sich bereits ein paar Leute im Eingangsbereich. Einer der anwesenden Pastoren erklärte mir, dass in 20 Minuten der Gottesdienst beginnen würde.

Mit einem kleinen Spaziergang überbrückte ich die Zeit bis dahin. Danach ließ ich mich in einem der bequemen Stühle des ehemaligen Kinos nieder. Pünktlich um 19 Uhr begann der Gottesdienst mit einem Gebet, das der Pastor in sein Mikrofon sprach. Es war eine individuelle, kraftvolle Ansprache an Gott. Die Gläubigen blieben stehen, um die Lobeshymnen mit dem beeindruckenden Chor mitzusingen. Dieser bestand aus über 40 jungen Leuten, die, eingehüllt in ihren blauen Gewändern, den Mittelpunkt der großen Bühne darstellten. Begleitet wurden sie von einigen Musikern, die u. a. mit Elektrogitarren und einem großen Schlagzeug bestückt waren. Der Rhythmus der Lieder wurde schneller und die Teilnehmer klatschten begeistert mit. Ob das die richtige Art ist, Gott zu loben und zu preisen, das weiß nur Gott selbst. Viele Gläubige akzeptieren Instrumente, wie Elektrogitarre und Schlagzeug, nicht als Mittel zum Lobpreis.

Nach einer knappen Stunde des Singens übernahm ein Prediger das Mikrofon. Er las aus seiner Bibel eine kurze Passage vor. Die positive Botschaft daraus übersetzte er mit zahlreichen praktischen Beispielen in das tägliche Leben. Das war ein großer Unterschied zu den eintönigen Messen, die ich aus Deutschland kannte. Hier verstand ich, dass bei der Feierlichkeit auch zahlreiche Jugendliche anwesend waren. Innerlich gestärkt und beeindruckt verließ ich nach knapp zwei Stunden das Gebäude.

Vor über 20 Jahren hatte der zielstrebige Pastor die Kirche mit bescheidensten Mitteln und zeitintensiver Arbeit im wahrsten Sinne des Wortes ins Leben gerufen. Eine lebende und lebendige Kirche, das war ein positiver Gegensatz zu den vielen toten Kirchen der heutigen Zeit. Das gesamte Gebäude, einschließlich der hell erleuchteten Bühne, verzichtete im Gegensatz zu den europäischen und anderen katholischen Prachtbauten auf jegliche Symbole, Gemälde und Statuen. Dafür wurde in zeitgemäße Technik investiert. So verfügte die Kirche über einen eigenen Fernseh- und Radiosender. Das Radioprogramm wurde in einem Regieraum des Gebäudes gestaltet. In weiteren Nebenräumen fand praxisbezogener Bibelunterricht für verschiedene Altersstufen statt.

Zahlreiche Helfer unterstützten den Pastor bei der Organisation und Durchführung der wichtigen Arbeit. Dabei wurden die finanziellen Mittel durch freiwillige Geldspenden bereitgestellt. In zwangloser Atmosphäre, begleitet vom Gesang des Chores, warfen die Gottesdienstteilnehmer ihre Kuverts in die dafür vorgesehenen Behälter ein. Jeder muss es mit seinem eigenen Gewissen vereinbaren, inwieweit er die 10-prozentige Pflichtabgabe erfüllt. In der Bibel finden sich einige deutliche Worte über die Pflicht zur Einhaltung dieser göttlichen Weisung. Jedoch geht es damit nicht um die Erlösung der Seele, wie es die Katholische Kirche durch ihre Ablassbriefe, speziell in der Zeit von Martin Luther, darstellte. Die Abgabe ist einerseits eine Glaubensprüfung durch Gott, und andererseits benötigen die Kirchen und Gottesdiener finanzielle Unterstützung für die Abwicklung von Gottesdiensten und zum Leben.

Als ich damals in Panamá Pastor River fragte, warum Deutschland, speziell im Vergleich zu den Ländern Zentral- und Südamerikas, über einen sehr hohen Wohlstand verfügt, antwortete er mir, dass u. a. die finanzkräftige Unterstützung der Kirche durch die Bevölkerung dafür verantwortlich sei. Somit hat die oftmals gescholtene Kirchensteuer durchaus ihre positiven Seiten. Heute betrachte ich die Sache mit der Abgabe aus einer geänderten Perspektive. Natürlich braucht Gott kein Geld, jedoch die meisten seiner Pastoren, Prediger und Helfer, sowie die erforderlichen Einrichtungen und Hilfsprojekte. Außerdem trägt die Abgabe zum persönlichen Wohlstand bei, was durch die oftmals neidvoll betrachtete jüdische Bevölkerung bewiesen wird. Der Großteil von ihnen hält sich streng an die Regeln Gottes und ist dadurch materiell reich gesegnet. Die Torah, aber auch das Alte Testament, helfen uns, das zu verstehen.

Begeistert verließ ich den Gottesdienst. Ich hatte das Gefühl, das meine Batterien wieder aufgeladen waren. Darüberhinausgehend unterstützte mich die Nähe zu Gott auch moralisch in dem fremden Land, in dem ich jetzt ohne ausreichende finanzielle Mittel und ohne Verwandte, oder Bekannte, lebte. Letzteres sollte sich bald ändern.

Jeden Morgen spazierte ich nach dem Frühstück in den großen Park San Martin, der ein echter Segen für die Stadt Mendoza ist. Mit meiner Bibel setzte ich mich in den Rosengarten. Ich beobachtete die Ruderboote, die auf dem künstlich angelegten See ihre Trainingseinheiten absolvierten. Sie gehörten zu einem Sportclub, der eine Vielzahl von Sportarten anbot. Mich interessierten vor allem die gut gepflegten Tennisplätze und die beiden Schwimmbecken, die in dieser Oase mit über 700 verschiedenen Pflanzenarten lagen. Sofort ging ich in das riesige Gebäude des Sportclubs, das direkt am See lag, um mich nach den Aufnahmebedingungen zu erkundigen. Noch in der gleichen Woche bezahlte ich die günstige Beitrittsgebühr und die ersten Monatsraten. Außerdem schaute ich mir verschiedene Miet-objekte an, auch wenn mein finanzielles Budget nach wie vor sehr bescheiden war. Ich leistete mir ein neues, günstiges Mountainbike für umgerechnet 50 Euro, um damit vom Hotel aus in mein allmorgendliches Schwimmtraining zu fahren. Ja, die Preise waren mit Europa, zumindest diesbezüglich, nicht ver-gleichbar.

Meine Lebensqualität verbesserte sich erheblich. Bei einer Pause am sonnigen Rand des Schwimmbeckens fragte mich eine hübsche Argentinierin nach meiner Nationalität. Es entwickelte sich ein interessantes Gespräch bei dem ich ihr auch von meinen regelmäßigen Gottesdienstbesuchen erzählte. Bis zu dreimal pro Woche ging ich voller Freude und Begeisterung in die Kirche. Meine Gesprächspartnerin fragte mich, ob ich trotzdem hin und wieder Alkohol trinken würde. Obwohl ich das erste Mal in einem der besten Weinanbaugebiete der Welt lebte, hatte ich den Genuss von Rotwein und anderer berauschender Getränke eingestellt, ohne dass ich mich dazu zwingen musste. Die tägliche Präsenz Gottes beseitigt automatisch den oftmals exzessiven, oder regelmäßigen Konsum von Alkohol. Für einige, dazu zähle ich mich, ist es meist schwer eine Grenze zu ziehen, wenn man das erste alkoholische Getränk zu sich genommen hat. Daher ist es besser, von vornherein bei alkoholfreien Getränken zu bleiben, die ebenfalls sehr gut schmecken. So antwortete ich meiner Gesprächspartnerin, dass vermutlich nichts dagegen spricht, sich hin und wieder ein Glas Wein oder Bier zu genehmigen, wenn man es bei geringen Mengen belassen kann. Mit dieser Antwort war sie zufrieden.

Die hübsche Dame lud mich für den kommenden Sonntag zu einem Grillfest ein, das an einem entfernten Ort stattfinden sollte. Sie wollte mich mit ihrem Auto abholen und mich am Montag wieder nach Mendoza zurückbringen. Das klang einerseits, nach der relativ langen Frauen losen Zeit seit meines Gefängnisaufenthaltes, sehr verlockend, andererseits wollte ich keinesfalls nach "Ägypten", sprich in mein früheres Leben, zurückkehren. Nie war ich der große Party-Mensch gewesen, doch gelegentliche alkoholreiche Feierlichkeiten veranlassten mich zu Ausschweifungen, die ich im nüchternen Zustand sicherlich vermieden hätte. So bat ich sie um Bedenkzeit und versprach ihr, sie am nächsten Tag unter der Telefonnummer, die sie mir bereits ausgehändigt hatte, anzurufen. Meine Bedenken festigten sich, und außerdem wollte ich die lehrreiche Sonntagspredigt nicht verpassen. So erteilte ich ihr eine telefonische Absage. Wir sind uns nie wieder begegnet.

Bei meinem zweiten Samstagsgottesdienst begrüßte mich nach der Feierlichkeit eine elegante Frau als neues Kirchenmitglied. Bereits am darauffolgenden Tag begegneten wir uns erneut und wechselten im Eingangsbereich ein paar Worte. Die euphorische Musik von Band und Chor übertönte den Großteil unseres kurzen Gesprächs, sodass ich danach praktisch nichts von ihr wusste. Ich verabschiedete mich von ihr, und machte mich auf den Rückweg in das Hotel, in dem ich mittlerweile fast zwei Wochen verbracht hatte. Die lauten Gespräche von Hotelgästen und der Lärm von Fernsehapparaten gingen mir allmählich auf die Nerven. Mehr und mehr sehnte ich mich nach einem eigenen, ruhigen Zuhause. In meinem gemütlichen Stammcafé entdeckte ich beim täglichen Durchforsten der Immobilienanzeigen ein äußerst interessantes Objekt. Der Preis war für die Nähe zum Park relativ günstig, und es wurde als große Ausnahme, direkt vom Eigentümer angeboten. Sofort rief ich die angegebene Nummer an und vereinbarte für den gleichen Tag einen Besichtigungstermin.

Als ich dort ankam, erwartete mich eine ältere Dame, die als Eigentümerin des Hauses alleine im oberen Stockwerk wohnte. Sie führte mich in die neu renovierten Räumlichkeiten. Ein Garten mit Grillplatz und einem kleinen Nebengebäude rundete das Angebot ab. Zufrieden verabschiedete ich mich von der freundlichen Dame und versprach, wie von ihr vorgeschlagen, mich mit ihrem Sohn bezüglich der Formalitäten in Verbindung zu setzen. Dieser rief mich bereits am nächsten Tag im Hotel an. Wir trafen uns am Nachmittag in einem Café in der Fußgängerzone. Es entwickelte sich ein angenehmes Gespräch und wir wurden uns schnell über die Konditionen einig. Einen Tag später überreichte er mir, nach einem gemeinsamen Mittagessen bei seiner Mutter, die Schlüssel. Ich kaufte ein Schlafsofa, das ich nach Eingang eines Geldsegens, woher auch immer, für das Gästezimmer nutzen wollte. Ein Küchentisch mit Stühlen und wenige erforderliche Kleinigkeiten reichten aus, um noch im Monat meiner Ankunft in Mendoza wieder ein eigenes Zuhause zu beziehen. Ziemlich genau ein Jahr war seit meiner Flucht aus dem Untersuchungsgefängnis in Wien vergangen, die ich damit für beendet erklärte. Doch war ich auch bereits am Ziel meiner geistlichen Entwicklung angekommen?

Zunächst deutete einiges daraufhin. Der Lauf der Zeit sollte die Wahrheit ans Licht bringen!

Bei meinem nächsten Kirchenbesuch unterhielt ich mich wieder mit Eva, zu der ich mehr und mehr Zuneigung empfand. Wir vereinbarten für den nächsten Samstag einen Teenachmittag. Bei herrlichen, frühlingshaften Temperaturen holte ich sie vor der medizinischen Fakultät ab. Gemeinsam spazierten wir zu meinem neuen Zuhause. In einer Tasche brachte sie die Utensilien für den Mate mit, eine südamerikanische Tee-spezialität aus Kräutern, die in einem dafür vorgesehenen Becher serviert wird. Daraus trinkt man die frisch aufgebrühte Flüssigkeit mit einem Metallrohr. Anschließend wird wieder ein wenig von den Kräuterblättern hinzugegeben und heißes Wasser aufgegossen. Danach ist die andere Person mit dem Teegenuss an der Reihe. So kommen selbst relativ große Gesellschaften mit einem einzigen Trinkgefäß aus. An sämtlichen Plätzen der Stadt und in den Parks trifft man Leute mit Warmhaltegefäßen und Mate-Bechern an.

Eva lebte seit fünf Jahren, nach der Trennung von ihrem Ehemann, wieder im Haus ihrer Eltern. Die Scheidung war noch nicht gänzlich vollzogen. Ein Graphikdesignstudium an einer Fachhochschule sollte sie auf einen neuen Lebensabschnitt vorbereiten. Die finanziellen Mittel dafür erzielte sie durch kleine Aufträge zur Erstellung von Printprodukten. Das war nach einigen Jahren der Kindererziehung und Haushaltsführung sicherlich keine leichte Aufgabe. Nach der interessanten, aber auch ernüchternden Unterhaltung, begleitete ich sie zu einer Bushaltestelle.

Am nächsten Tag führte mich mein Weg, wie üblich, in das Internet-Café. Hoffnungsvoll öffnete ich meine E-Mail-Eingänge. Es war eine Nachricht von Benny in der elektronischen Post.

Doch erneut war es nicht der sehnlichst erwartete Geldeingang. Immerhin schickte er 500 US-Dollar an eine Bargeldagentur zur Bezahlung meiner Miete.

Nach dem Garten gießen legte ich mich frühzeitig auf mein hartes Schlafsofa zur Nachtruhe. Im Unterbewusstsein registrierte ich plötzlich Klingelgeräusche, die ich zunächst der Traumwelt zuordnete. Doch allmählich registrierte ich, dass es tatsächlich an meiner Haustür klingelte. Ich öffnete vorsichtig den Rollladen in einem meiner leeren Zimmer. Am Gartentor sah ich eine hübsche, schlanke Frau stehen. Sofort öffnete ich die Haustür. Es war Eva, die mir nach ihrer Vorlesung einen Besuch abstattete. Sie setzte sich an den Küchentisch, während ich mich in einem der Zimmer umzog. Wir unterhielten uns eine gute Stunde lang. Sie faszinierte mich immer mehr. Doch keinesfalls wollte ich ein sogenanntes Abenteuer mit ihr beginnen. Nach den häufigen Irrwegen meines vergangenen Lebens, die mich viel Kraft gekostet hatten, war mein neuer Weg jetzt auch diesbezüglich klar definiert. Es sollte eine von Gott gesegnete Frau für den Rest meines irdischen Lebens sein. So begleitete ich sie bald wieder zu der 20 Minuten entfernt gelegenen Bushaltestelle.

„Der Geist ist willig, doch das Fleisch ist schwach!", der Spruch bestätigte sich und ich begann mit Eva eine sogenannte "wilde Ehe", die ich eigentlich durch meine geistlichen Erkenntnisse vermeiden wollte. Mein Mentor, Pastor Rive, mit dem ich noch im lockeren E-Mail-Kontakt stand, schrieb mir, dass dieser Schritt nicht gerade den Segen Gottes bewirken würde. Er prophezeite den Verlust meines neu erhaltenen Wohlstands innerhalb eines Jahres. Eine Verlobung, wie ich sie mit Eva eingegangen war, könnte vor den Augen Gottes keine Ehe ersetzen. Geduld wäre angebrachter gewesen. Wie auch immer, das Kind war bereits in den Brunnen gefallen!

Und zunächst entwickelte sich alles sehr positiv. Benny schickte tatsächlich ein Drittel der ausstehenden Zahlung! Den anderen Teil sicherte er für in spätestens drei Monaten zu.

Das ermöglichte mir, ein großzügiges Haus in bester Lage zu mieten – nahe am Park und das Stadtzentrum bequem zu Fuß erreichbar. Nun konnte ich auch in die erforderlichen Möbel investieren, die durch meine Barzahlung, ungewöhnlich in der heutigen Zeit, erhebliche Preisnachlässe erhielten. Ich startete optimistisch mit meiner Schreibtätigkeit, während Eva weiterhin ihre Vorlesungen besuchte. Gemeinsam gingen wir in die kraftvollen Gottesdienste, im Glauben, den richtigen Weg und die Wahrheit gefunden zu haben. Doch allmählich mehrten sich die Anzeichen, dass unsere glückliche Zeit dem Ende entgegenging. Oder wurde sie nur für eine Weile unterbrochen?

Die von Benny versprochene Restzahlung blieb aus. Daran änderte auch eine Flut von E-Mails nichts, die ich ihm über die Zeit hinweg schickte. Alle Türen des Segens schienen verschlossen zu sein. Wo war nun unser allmächtiger Gott in seiner Dreifaltigkeit: Vater-Sohn-Heiliger Geist? Die Frage stellte ich mir immer häufiger, während Eva keine Zweifel an Jesus Christus tolerierte. Wir reduzierten unsere Ausgaben auf das Notwendigste. Angenehmen Dinge, wie meine Mitgliedschaft im Sportclub und unsere gemeinsamen Restaurantbesuche am Sonntag, fielen unserer neuen schwierigen Situation zum Opfer. Doch wie sollte es weitergehen? Die Ankündigung Gottes durch meinen Mentor, der mich schließlich auf den neuen geistlichen Weg gebracht hatte, schien sich voll zu verwirklichen.

Es blieb uns nichts anderes übrig, als der Verkauf von Möbeln und Gegenständen, die wir nicht unbedingt brauchten. Das war kein leichtes Unterfangen in Argentinien. Dort kann man nicht einfach Dinge inserieren und fremde Leute ins Haus lassen. Denn man weiß nie, in welcher Absicht sie kommen. Zu groß ist die Gefahr, ausgeraubt zu werden, oder gar Opfer einer Gewalttat zu werden. Doch es gab in dieser sehr schwierigen Zeit auch unerwartete Hilfe, ob vom alleinigen Gott, von der Dreifaltigkeit Gottes, oder vom glücklichen Zufall? Die Zeit sollte auch diese Frage beantworten. Nicht immer erhalten wir sofortige Antworten, und oft ist der Weg zur vollen Wahrheit ein mühsamer Entwicklungsprozess, der sich nicht von heute auf morgen vollzieht.

Ein Nachbar, der auf der gegenüberliegenden Straßenseite ein kleines Hotel betrieb, kaufte uns das Gästebett und ein paar große Topfpflanzen ab. Damit war der Bann gebrochen. Bekannte aus der Kirchengemeinde erwarben weitere Gegenstände, sodass wir den schmachvollen Verlust des gemieteten Hauses vorbereiten konnten. Ja, das Geld reichte nicht einmal mehr für die ausstehende Monatsmiete, nachdem ich das gesamte erste Jahr im voraus bezahlt hatte. Wir lagerten die Möbel bei einer Umzugsfirma ein und kamen in einem günstigen Hotel unter. Doch auch dafür reichten die Geldmittel nur noch eine Woche lang.

Am Tag unseres Auszugs war der Vater von Eva ins Krankenhaus eingeliefert worden. Dort verstarb er ein paar Tage später. Nun stand ein weiterer Abschied im Raum. Denn nach wie vor lebten wir in "wilder Ehe" zusammen, was gegen die Regeln Gottes war.

Leben wir im Reich Gottes, müssen wir uns an dessen Gesetze und Regeln halten, um in den Genuss von Schutz und Segen zu gelangen. So wie ich jetzt in Argentinien lebte und die dort geltenden Gesetze akzeptieren musste, während ich von den deutschen Regeln befreit war. Allerdings bekam ich dadurch auch nicht die schönen Sozialleistungen, die ich in Deutschland erhalten hätte – leider, die hätten uns jetzt wirklich sehr geholfen. In Argentinien erhielt ich diesbezüglich gar nichts.

So beschloss ich, meine Beziehung zu Gott zu heilen, indem ich Eva zu ihrer Mutter zurückschickte. Zudem konnte diese, kurz nach der Beerdigung ihres Mannes, die Unterstützung ihrer Tochter wirklich gebrauchen. Ich begleitete die traurige Eva zum Auto ihrer Mutter, als diese sie abholte. Eva wollte meine Entscheidung nicht verstehen! Auch mir fiel der Abschied nicht leicht. Wie sollte es nun mit uns weitergehen? Erst der Verlust des Hauses, dann der Tod von Evas Vater, jetzt unsere räumliche Trennung, und das alles innerhalb weniger Tage. Jetzt konnte es nur noch aufwärts gehen!

Mit Eva blieb ich in einem freundschaftlichen Verhältnis. Wir sahen uns oft, obwohl sie nach wie vor meine Entscheidung nicht verstehen konnte. Doch hatte sie zumindest ihr regelmäßiges Essen und konnte ihre Mutter unterstützen, speziell bei der Abwicklung der zahlreichen Formalitäten, die der Todesfall mit sich brachte. Wie wenig doch so manche Familie auf einen Todesfall vorbereitet ist!

Ich dagegen trat in eine Zeit des Hungers, der Zweifel und oftmals der Frustration und Wut ein. Mein Geld war nach der Bezahlung der ersten Hotelwoche tatsächlich zu Ende. Damit beschränkte sich mein tägliches Essen hin und wieder auf das karge Frühstück des Hotels: Milchkaffee und Croissants. So lernte ich erstmals in meinem Leben kennen, was es heißt, über einen längeren Zeitraum an Hunger zu leiden. Nicht einfach – gerade wenn man den deutschen Wohlstand gewohnt ist. Doch zumindest half mir Eva des öfteren mit guten Mahlzeiten und moralischer Unterstützung.

Von Benny, den ich weiterhin mit zahlreichen, oftmals wütenden E-Mails attackierte, kam kein einziger Cent mehr. Doch erhob sich nach ein paar Monaten Hilfe aus einer anderen Ecke.

Mein Vater schickte zur Vorbereitung seiner Reise nach Argentinien Geld, um das ich ihn in einer E-Mail, nach hartem Ringen mit mir selbst, gebeten hatte. Damit konnte ich die längst fällige Hotelrechnung bezahlen, einen notwendigen Zahnarztbesuch durchführen und ein möbliertes Appartement für den Besuch meiner Eltern mieten. Die neue Unterkunft lag nur wenige Schritte von der schönen Fußgängerzone entfernt und bereitete meiner Mutter sehr viel Freude. Sie hatte trotz ihrer starken gesundheitlichen Beeinträchtigungen die weite Reise auf sich genommen hatte. Bedingt durch ein langes Krankheitsleben, konnte sie zuhause kaum unter Menschen gehen. Die Anfälle, die durch starke Medikamente in der Häufigkeit zurückgegangen waren, führten jedoch zu einer großen Vereinsamung. Nun konnte sie täglich mit uns in die Fußgängerzone gehen, viele Menschen und Geschäfte sehen, sowie Cafés besuchen. Ihre Lebensqualität und Lebensfreude erhöhten sich erheblich, auch wenn ihr Bewegungsradius sehr begrenzt war. Dazu trug hauptsächlich die enorme Unterstützung von Eva bei, die uns täglich besuchte, um zu kochen, und um uns mit ihren Liedern, die sie mit ihrer Gitarre begleitete, zu erfreuen. Das war ein echter Segen für uns alle und ihre Hilfe rettete den Besuch meiner Eltern, der nach zweieinhalb Monaten zu Ende ging.

Ich hatte nur noch wenige Tage bis der kurzfristige Mietvertrag des Appartements auslaufen sollte. Ein Verlängerung ließ meine immer noch angespannte finanzielle Situation nicht zu. Zwar hatte diese durch den Besuch meiner Eltern eine erhebliche Erleichterung erfahren, doch sie hatte sich nicht grundlegend geändert. Das sollte jetzt durch eine selbständige Tätigkeit anders werden, nachdem alle Bewerbungen bei verschiedenen Unternehmen bereits in früheren Zeiten gescheitert waren. So bot ich bei zahlreichen Firmen mit einem Druckstück, das mir Eva günstig erstellte, Sprachunterricht und Seminare an. Obwohl ich die Geschäfte, Unternehmen und Behörden mit erklärenden Worten für meine Tätigkeit zu begeistern versuchte, ergab sich kein einziger Geschäftsabschluss. Die erste Resonanz war immer positiv, doch resultierte daraus nichts Greifbares. Ich zog die Konsequenzen und machte mich nach der Wohnungsübergabe auf den Weg in eine andere Stadt. Würde das meine Beziehung mit Eva, die sich ja bereits auf eine reine Freundschaftsbasis reduziert hatte, endgültig zerstören? Wie würde es mit meinem angeblichen Erlöser, Jesus Christus, weitergehen?

Diese Fragen stellten sich, als wir uns traurig am Busbahnhof verabschiedeten. Höhen und Tiefen hatten wir durchlebt und jetzt sollte alles zu Ende sein?

Eine lange Busreise brachte mich am nächsten Morgen in den Busbahnhof der damals zweitgrößten Stadt Argentinies, Rosario. Sie liegt ziemlich genau 300 Kilometer von der Hauptstadt Buenos Aires, die mit Abstand größte Stadt in Argentinien, entfernt. Dort gab es zahlreiche große evangelische Ministerien, Kirchengemeinden, die meinen weiteren Weg zur geistlichen Erfüllung verbessern sollten. Nach einer Nacht in einem lauten und überteuerten Hostel fand ich ein gutes preiswertes Hotel. Von dort aus spazierte ich jeden Tag an das Ufer des Paraná, ein großer Fluss, der in Brasilien entspringt und bei Buenos Aires in den Atlantik mündet. Die Entfernung zum anderen festen Ufer beträgt, durch zahlreiche Inseln und Dämme unterbrochen, über 50 Kilometer. Für mich war es der "Jordan", der Fluss, den die Israeliten auf den Weg ins "gelobte Land" überwinden mussten. Würde ich nun endlich mein "gelobtes Land" erreichen?

Wann und wie könnte ich diesen gigantischen Fluss überqueren? Gebete und Gottesdienstbebesuche sollten darauf eine Antwort geben.

Die Antwort kam in völlig überraschender Form, zunächst als spirituelle Offenbarung: Als ich eines Nachmittags auf meinem Bett im düsteren Hotelzimmer lag, um über den bevorstehenden Gottesdienst nachzudenken, sah ich plötzlich ein leuchtendes weißes Licht über mir. Sofort zog es meine volle Aufmerksamkeit auf sich! Es schwebte in der Form und Größe eines Fußballs über mir. Langsam entfernte es sich bis zur Zimmerdecke und senkte sich dann wieder herab, bis es etwa einen halben Meter über mir war. Dann bewegte es sich wieder nach oben. Ich war völlig gerührt! Der Vorgang wiederholte sich mehrere Male. Nach einer Weile verschwand die schwebende Lichtkugel und die gesamte Zimmerdecke überzog sich mit einem kräftigen Gelb, in das hellgrüne Farbtöne hineinflossen. Bewegungslos und tief beeindruckt starrte ich zur Decke. In ständig neuer Form flossen die leuchtenden Farben ineinander. Nach ungefähr 15 Minuten verschwand die gesamte Lichterscheinung. Ich wusste sofort, dass ich Besuch vom Geist Gottes erhalten hatte. Der würde mich jetzt führen und er würde mich auch der Wahrheit näher bringen. Das war die wichtigste Erkenntnis aus dem spirituellen Erlebnis!

Die Erscheinung konnte unmöglich von einer externen Lichtquelle kommen, da das düstere Zimmer nur ein Fenster zum geschlossenen Hotelinnenhof besaß. Zudem war das Licht viel zu hell und klar als Kugel definierbar, als es über mir schwebte. Das beeindruckende Farbenspiel von grünen und gelben Farbtönen, wie es erstmals an der Zimmerdecke des Hotels sichtbar war, begleitet mich bis heute.

Ist der Geist Gottes eine eigenständige göttliche Person, wie es in der Dreifaltigkeit des Christentums – Vater, Sohn und Heiliger Geist – den Anschein hat? Ist es eine Kraft, ein Licht, das uns mit unserem alleinigen Gott und Schöpfer, u. a. als Hashem im jüdischen Glauben benannt, verbindet? Ist es eine Führungsquelle in unserem Innersten, die uns als übernatürliche Kraft mit dem Gott des Universums verbindet?

Diese Fragen konnte ich damals nicht beantworten. Doch ich wusste, dass eine neue geistliche Dimension in mein Leben getreten war. In unzählbaren Gebeten hatte ich zu Gott um diese Kraft und Führung gefleht. Doch wie würde sich das jetzt auf mein praktisches Leben auswirken? Zumindest nahm mir das Ereignis die Sorge um meine angespannte finanzielle Situation. Positiv blickte ich nun in die Zukunft; was auch immer passieren würde. Doch wie ging es mit Eva weiter? Auch das lag in den Händen Gottes, wer immer es auch sein mag. Wir tauschten hin und wieder E-Mails aus, die eher kurz und oberflächlich waren.

Zunächst spitzte sich meine finanzielle Lage erneut zu. Ich beschloss, meinen Tennisschläger, den ich seit langer Zeit nicht mehr genutzt hatte, zu verkaufen. In Mendoza war mir das nicht gelungen. Doch nun machte ich einen weiteren Anlauf. Bei meinen Spaziergängen zum Flussufer war mir eine Tennisanlage aufgefallen, die ich besichtigte. Die Ehefrau des sympatischen Inhabers und Trainers sprach sogar ganz gut deutsch. Ich machte mich kurz entschlossen mit meinem Schläger auf den Weg zur Tennisanlage. Am Eingangstor musste ein Klingelknopf gedrückt werden, damit man Zugang erhielt. Das Risiko eines Überfalls machte auch vor den Kassen der Sportanlagen nicht Halt. Der Inhaber eilte gerade herbei, um mit seinem Auto wegzufahren. Schnell ergriff ich die Chance und präsentierte ihm den guten, neuwertigen Schläger, den er zumindest für seine Tennisschüler nutzen konnte. Er wollte das Racket testen und bat mich, am nächsten Tag wiederzukommen. Das tat ich! Erneut traf ich ihn beim Verlassen der Anlage an. Wir wurden uns schnell über den kleinen Handel einig. Und zu meiner großen Überraschung fragte er mich, ob ich nicht mit ihm in das nördliche Bundesland Misiones fahren würde, das an der Grenze zu Brasilien liegt. Seine Schwiegermutter hätte in der Stadt Eldorado eine deutsche Stiftung und sicherlich könnte ich dort eine Weile bleiben, führte er weiter aus. Kurz entschlossen stimmte ich zu – eine bessere Alternative hatte ich nicht.

Anschließend kaufte ich mir im nächsten Supermarkt Bananen und Joghurt, um die fehlenden Kalorien der letzten paar Tage auszugleichen. Zudem hatte ich eine völlig neue Perspektive erhalten. Ich ging am übernächsten Tag wieder zur Tennisanlage, um mich über den Tag der Abreise zu erkundigen. So hatten wir uns abgesprochen. Hermann war anwesend. Jedoch gab er gerade eine Tennisstunde, die er kurz unterbrach, als er mich sah. Er teilte mir mit, dass es im Gebiet seiner Schwiegermutter seit ein paar Tagen stark regnen würde. Wir sollten noch ein paar Tage warten. Ich hinterließ meine E-Mail-Adresse im Büro der Tennisanlage, um den Abreisetag zu erfahren.

Ich spürte, dass die Zeit für mich in Rosario jetzt schneller als erwartet zu Ende gehen würde und machte mich auf den Weg zum Busbahnhof. Von Herman gab es noch kein Zeichen über die genaue Abfahrt. Meine letzten Pesos ermöglichten nur eine kleine Reise, die gerade einmal über den großen Fluss reichen würde. Doch immerhin wäre damit der "Jordan" überquert. So kaufte ich ein Ticket und machte mich mit meinem inzwischen stark verkleinerten Gepäck auf den Weg.

Der Bus überquerte die erste große Brücke über den Hauptfluss und anschließend setzte sich die Fahrt über die wasserreiche

Gegend auf mehreren Brücken und Dämmen fort. Nach einer Stunde erreichten wir die erste Stadt direkt am anderen Ufer, "Victoria" benannt. Ja, es war wirklich ein Sieg, auch wenn ich nicht wusste, wie es weitergehen sollte. Doch nach wie vor machte ich mir darüber keine Sorgen. Der erste Schritt war getan!

Nach einer halben Stunde erreichten wir die Stadt Nogoyá, bis zu der ich das Ticket gelöst hatte. Ein kleiner Busbahnhof empfing mich in der landwirtschaftlichen Gegend. Ich erkundigte mich nach dem Weg ins Zentrum der Stadt, das ich schnell erreichte. Am späten Nachmittag, als ich auf einer Parkbank saß, begann es zu regnen und eine kalte Nacht kündigte sich an. Ich schickte Gebete zum Himmel und bat meinen neuen göttlichen Führer, der sich durch das Licht gezeigt hatte, um Hilfe. Danach ging ich in Richtung Busbahnhof. Da fiel mir ein öffentliches Gebäude auf. Ich trat ein und zur Überraschung grüßte mich eine Person freundlich. Die Dame teilte mir mit, dass in Kürze ein Gottesdienst stattfinden würde. Daraufhin stellte sie mir den jungen Pastor vor. Er lud mich zu der Feierlichkeit ein und ich nahm auf einem der eleganten Stühle des ehemaligen Theaters, das sicher schon bessere Zeiten gesehen hatte, Platz. Schon bald darauf begann der Gottesdienst. Dabei erinnerte ich mich an ein Hotel, das ich bei meinen Erkundigungen am Vormittag gesehen hatte. Ich nahm mir vor, dort zumindest auf einen Kaffee vorbeizuschauen. Als die Feierlichkeit zu Ehren der angeblichen Dreifaltigkeit Gottes zu Ende war, machte ich mich auf den Weg zum Hotel. Die Entfernungen in der kleinen Stadt waren kurz und die wenigen Menschen grüßten freundlich. Das war schon ein Unterschied zu den großen Städten Mendoza und Rosario. Hier kannten sich die Leute und jeder Fremdling fiel sofort auf.

Das Hotel mit dem hoffnungsvollen Namen "Luz" (Licht) machte einen guten Eindruck. Ich nahm am Fenster des Restaurants Platz und bestellte einen Milchkaffee. Es gab sogar eine schnelle Internetverbindung und ich konnte mein Notebook nutzen, um meine E-Mails zu überprüfen. Doch es gab keine Nachricht von Hermann.

Nach und nach betraten geschäftsmäßig angezogene Leute das Hotel, um ihre Zimmerschlüssel entgegenzunehmen. Das weckte in mir die Hoffnung, ein Zimmer ohne die übliche Vorauszahlung zu erhalten. Der freundliche Rezeptionist akzierte meinen Vorschlag, das Zimmer erst bei meiner Abreise zu bezahlen. Tatsächlich hatte ich bei meiner Ankunft in der kleinen Stadt auch eine Bargeldagentur gesehen, über die ich, von wem auch immer, Geld erhalten könnte. Erleichtert ging ich mit dem Zimmerschlüssel zu meiner großzügigen Unterkunft, nachdem der Rezeptionist die Daten meines Reisepasses aufgenommen hatte. Jetzt hatte ich tatsächlich ein schönes Zimmer mit Bad und Dusche, die ich auch sofort nutzte – eine herrliche Überraschung. Ja, nichts ist unmöglich!

Am nächsten Morgen erwartete mich ein gutes Frühstück. Die am Fenster vorbeigehenden Leute machten einen frierenden Eindruck. Ich war froh, dass ich der kalten Nacht im geschützten Hotel entkommen war. Gegen Mittag kaufte ich mir Bananen und Joghurt, eine Nahrung die gut schmeckt und für ausreichend Kalorien sorgt. Danach hatte ich nur noch 55 Cent an Bargeld, praktisch nichts mehr. Zurück im Hotel genoss ich die erstandene Verpflegung und überprüfte meine E-Mails. Hermann hatte tatsächlich geschrieben! Er avisierte mir die Abfahrt nach Eldorado für den nächsten Morgen. Ich sollte um 6 Uhr an der Tennisanlage sein. Aufgeregt suchte ich nach einer Antwort. Hatte ich durch meine vorzeitige Abfahrt eine gute Chance zu neuen Wegen vergeben? Doch hatte ich keine andere Wahl gehabt, da ich das Hotel in Rosario nicht mehr bezahlen konnte. Ich teile ihm mit, dass ich inzwischen in Nogoyá war. Sollte seine Reiseroute durch diesen Ort führen, würde ich gerne mitfahren. „Doch wie kann ich das Hotel ohne Bezahlung verlassen?", fragte ich mich verunsichert.

Es war Samstag und somit gab es keine Hoffnung über die Bargeldagentur Geld aus Deutschland, zur Not wieder von meinem Vater, zu erhalten. Ein paar Stunden später traf die Antwort von Hermann ein. Er fuhr tatsächlich durch den Ort, was auf der Landkarte, die ich mir angeschaut hatte, gar nicht so aussah. Ich nannte ihm als Treffpunkt die erste und vermutlich einzige Ampelanlage der kleinen Stadt, direkt an der Haupt-straße, die er entlangfahren musste. Ich legte ihm nahe, sofort weiterzufahren, wenn er mich dort nicht gleich sehen würde. Schließlich wusste ich ja nicht, wie die Angelegenheit mit dem Hotel ausgehen würde. Dagegen versprach ich, auf jeden Fall zu warten. Aufgeregt packte ich bereits meinen kleinen Rucksack. Das mit dem Zimmer wollte ich am nächsten Morgen mit einem Überraschungsangriff regeln.

Es war noch dunkel als ich mit meinem geringen Gepäck zur Rezeption ging. Der Rezeptionist, der meine Passdaten aufge-nommen hatte, kam gerade mit den restlichen Gästen einer Hochzeitsgesellschaft herein. Erstaunt blickte er auf meinen Rucksack. Sofort erklärte ich ihm, dass wichtige Gründe eine frühere, nicht geplante Abreise erforderlich machen würden. Er solle sich wegen der noch unbezahlten Rechnung keine Gedanken machen. Die würde ich auf jeden Fall bezahlen, ergänzte ich. Er solle sie an meine E-Mail-Adresse schicken, die ich ihm sogleich notierte. Überrascht, fast schon übertölpelt, stimmte er zögerlich zu. Ich bedankte mich und verließ das Hotel. Das war wahrlich ein Wunder!

Einmal hatte ich in Buenos Aires versucht, einen Preisnachlass für mein bereits bezahltes Zimmer aufgrund von Kakerlaken zu erhalten. Da wäre es fast zu Handgreiflichkeiten gekommen. Und hier hatte man mich mit drei unbezahlten Nächten, Kaffee und einem Sandwich, das ich auf die Zimmerrechnung schreiben ließ, gehen lassen – kaum zu glauben!

Gut gelaunt marschierte ich zügig zum Treffpunkt, nahe am Busbahnhof. Ein kalter Wind ließ mich in der frühen Morgenstunde frieren, während ich an der Ampelanlage auf das rettende Fahrzeug wartete. Da sah ich endlich den geräumigen Van herankommen. Ich öffnete die Schiebetür und setzte mich in die freie Mittelreihe. Hinter mir lag der etwa 10-jährige Sohn von Hermann, der durch das Öffnen der Türe aufgewacht war. Hermann saß am Steuer und Guillermo, ein Tennistrainer, befand sich auf dem Beifahrersitz. Er sollte die Tennisanlage, die sich in Eldorado befand, zu neuem Leben erwecken. Das war der eigentliche Sinn der weiten Reise.

Es gab einiges zu erzählen, während wir an langen Nadelwaldaufforstungen vorbeifuhren. Das Bundesland Misiones unterschied sich erheblich von den mir bisher bekannten Gegenden Argentiniens. Dichter Pflanzenwuchs, hügeliges Gelände und blumenreiche Gärten in den Grundstücken langgezogener Ortschaften boten ein abwechslungsreiches Bild. Ein wahrer Gegensatz zu der trockenen Region von Mendoza, die nur in der künstlich bewässerten Stadt üppigen Pflanzenwuchs zeigt. Es war bereits gegen 21 Uhr als wir die Hauptstraße von Eldorado verließen, um über einen Erdweg das Haus der Schwiegermutter von Hermann zu erreichen. Trotz langsamer Geschwindigkeit schlingerte das Fahrzeug auf der schlüpfrigen Erde. „Wo hat es mich da hingeführt? Was sollte ich hier in den Resten des argentinischen Regenwaldes tun?", fragte ich mich, als wir die letzten Meter absolvierten.

Vier Schäferhunde und die Schwiegereltern von Hermann begrüßten uns freudig, nachdem das Fahrzeug vor dem großen Landhaus zum Stehen gekommen war. Wir betraten das Haus und nahmen an einer sehr schön gedeckten Tafel Platz. Ein Geburtstag sorgte für den reichen Segen an deutschen und argentinischen Speisen. Nach langer Zeit konnte ich Schwarzbrot und schwäbische Spätzle, aber auch argentinische Mandioka und andere Früchte der Erde von Misiones genießen. Ja, solch ein Festessen hatte ich schon lange nicht mehr gesehen. War ich jetzt tatsächlich im "gelobten Land" angekommen?

Die Schwiegereltern von Hermann sprachen perfektes Deutsch. Ihre Eltern hatten, wie viele andere auch, das vom ersten Weltkrieg zerstörte Deutschland verlassen, um in der Ferne ein neues Leben zu beginnen. Sicherlich ein Abenteuer in der damaligen Wildnis mit subtropischen Klima: Hohe Luftfeuchtigkeit und große Hitze im Sommer. Es waren noch zwei junge Gäste aus Deutschland anwesend, die ein Jahr der Entwicklungshilfe in der Stiftung von Gisela absolvierten. So erfuhr ich die Neuerungen im deutschen Schulsystem und erhielt Neuigkeiten aus der Heimat.

Auch der nächste Tag begann sehr gut: Schwarzbrot mit selbstgemachter Marmelade im Überfluss. Dabei legte mir Gisela nahe, das Zimmer im Nebenhaus zu mieten, um meine Schreibtätigkeit dort in Ruhe fortzuführen. Der Vorschlag klang gut! Doch woher sollte ich die finanziellen Mittel dafür nehmen? Spontan entschloss ich mich, eine E-Mail an meine Ex-Ehefrau in Deutschland zu schreiben, um über ihren Ehemann Geldmittel zu erhalten. Ihn hatte ich bei seinen Besuchen als Flugkapitän der größten europäischen Airline in Dubai kennengelernt. Sicherlich konnte er mir ein kleines Startkapital zur Verfügung stellen.

Gesagt – getan! Ich nutzte die Internetverbindung im Büro von Gisela und schrieb eine entsprechende E-Mail. Noch am gleichen Tag erhielt ich die Zusage. Ich antwortete dankbar und teilte die Bankverbindung von der Ehefrau von Hermann in Deutschland mit. Davon hatte dieser mir bereits auf der Hinfahrt berichtet. Nachdem nun der organisatorische Teil positiv abgeschlossen war, besichtigten wir die Tennisanlage. Die lag auf einem ebenfalls sehr großen Grundstück mit einigen Hektaren an Pinienwald. Hermann und Guillermo begannen auf dem Tennisplatz ihre Künste zu zeigen. Speziell was Hermann an Präzision und Beständigkeit bei seinen Schlägen zeigte, versetzte mich in Erstaunen. Ja, es war gut, dass ich ihm meinen Schläger verkauft hatte! Man sah seine Erfahrung, die er als Trainer im Profibereich des Tennissports erworben hatte.

Nach wenigen Tagen fuhren sie wieder zurück nach Rosario, während ich, umgeben von Orangen-, Mandarinen- und Avocadobäumen, im Nebenhaus meine Schreibtätigkeit fortsetzte. Der Garten, besser als Park zu bezeichnen, machte seinen Namen "Garten Eden", wie es eine Tafel auswies, alle Ehre. Das war ein deutliches Zeichen, auch hier meine geistliche Entwicklung fortzusetzen. Ein Radioprogramm aktivierte mich, nach einer bestimmten Kirche zu suchen.

Ich machte mich auf den Weg. Und nach einer Weile fand ich das kleine, bescheidene Holzhaus der evangelischen Kirche "Jesucristo vive". Ja, das war die entscheidende Frage: Lebt Jesus Christus wirklich? War er von den Toten auferstanden, wie es in den Evangelien behauptet und beschrieben ist? Oder war alles nur ein großer Schwindel, um das politische Reich von Kaiser Konstantin durch eine einheitliche Religion zu festigen?

Noch fehlten mir die Antworten. Auf jeden Fall kam der Pastor aus der angrenzenden winzigen Holzhütte, um mit mir in die kleine Kirche einzutreten. Nachdem ich kurz den Anlass meines Besuches geschildert hatte, erklärte er mir, dass am Samtag der erste Gottesdienst nach langer Zeit stattfinden würde. Er lud mich ein, gemeinsam mit ihm zu predigen. Gerne nahm ich das Angebot an. Dann betete er für mich. Dabei prophezeite er, dass ich in Kürze einen großen finanziellen Segen erhalten würde. Den konnte ich wahrlich dringend gebrauchen! Erfreut ging ich die ungefähr zwei Kilometer über die Erdstraße zurück zu meiner Unterkunft.

Bereits am nächsten Abend begann unser erster gemeinsamer Gottesdienst. Etwa 15 Gläubige sangen die Lieder mit, die die Ehefrau des Pastors anstimmte. Musikinstrumente fehlten, da die Saiten der einzig vorhandenen Gitarre gerissen waren. Die Pastorin, die durch Fastenzeiten und Gebete über mehrere Jahre hinweg, ebenfalls die Gabe der Prophezeiung erhalten hatte, bestätigte den finanziellen Segen. Das veranlasste mich, meine Bank in der Schweiz anzurufen. Mit großer Überraschung teilte mir der Bankangestellte mit, dass vor kurzer Zeit die Konten freigegeben wurden. Er konnte es angeblich selbst nicht verstehen, hatten sie doch erst kürzlich ein Schreiben von der Staatsanwaltschaft erhalten, dass die Konten weiterhin gesperrt bleiben müssen. Das war auch mein letzter Kenntnisstand durch ein Telefonat mit der Bank von Mendoza aus.

Eine tiefe Freude erfüllte mich, obwohl es sich nicht um Millionbeträge, wie meist in der Schweiz üblich, handelte. Doch die beiden Konten, eins in US-Dollar, das andere in Euro, wiesen insgesamt einen Betrag von ungefähr 100.000 Euro aus. Das meiste davon stammte noch von der Abfindung meines letzten Arbeitgebers. Auf jeden Fall löste das meine mittelfristigen Finanzprobleme, auch wenn ich noch die Auslagen meines Vaters für die Zeit in Mendoza zurückerstatten wollte.

Genau 100 Tage hatte ich insgesamt im "Garten Eden" bei Gisela verbracht, bis die entsprechende Kontokarte aus der Schweiz auf dem Postweg eintraf. Damit konnte ich die gesamte Rechnung bei ihr begleichen, nachdem ich durch die Hilfe von meinen Freunden aus Deutschland bereits eine gute Anzahlung getätigt hatte. In der Zeit nahm ich auch weiterhin an den Gottesdiensten in der kleinen Holzkirche teil. Doch nun brach eine neue Zeit an!

Zunächst spielte ich mit dem Gedanken, in der Gegend sesshaft zu werden. Viel hatte ich bei Gisela bezüglich der örtlichen Gegebenheiten und über die Aufzucht von Pinienwäldern gelernt. So dachte ich wieder über ein Solarhaus mit eigenem Garten nach. Doch in den Gottesdiensten und auch durch das Radioprogramm, das ich nach wie vor begeistert hörte, gab mir das Licht Gottes andere klare Weisungen, die ich nicht ignorieren konnte. Zudem hatte ich es noch nie lange an einem Ort ausgehalten. Das Reisen war ein fester Bestandteil meines Lebens.

Mit diesen Erkenntnissen fuhr ich in die Hauptstadt des Bundeslandes, Posadas. Die Stadt ist mit einer langgezogenen Brücke von über zweieinhalb Kilometern, die sich über den Fluss Paraná spannt, mit Paraguay verbunden. Dort gab es gnügend preiswerte Geschäfte, um einen neuen Koffer mit Kleidung und notwendigen Utensilien zu füllen. Nach einem Monat machte ich mich auf den Weg, geführt durch Gott und sein Licht, Argentinien und umliegende Länder zu erobern.

Doch bereits am Busbahnhof machte ich den ersten Fehler. Ich versprach meinem göttlichen Führer überall hinzureisen, wo er mich hinführen will. Allerdings ergänzte ich: Doch nicht nach Buenos Aires, in die große, laute und gefährliche Hauptstadt. Das war nicht klug! Entweder erfüllt man alles vollständig, oder man macht erst gar keine Versprechungen – erst Recht nicht gegenüber Gott.

Am Nachmittag traf ich mit meinem neuen Koffer am Busbahnhof von Posdas ein. Fast alle Reisen, die in absehbarer Zeit möglich waren, führten nach Buenos Aires. Nach längerer Suche entdeckte ich eine Busverbindung nach Salta, eine Stadt, die weit entfernt von der Hauptstadt liegt. Ich kaufte ein Ticket im bequemen Businessabteil. Bald darauf verließ der Bus pünktlich den Terminal genau in entgegengesetzter Richtung zu der eigentlichen Weisung Gottes. Am nächsten Tag zur Mittagszeit erreichten wir die Stadt im Nordwesten Argentinies. Schnell fand ich ein kleines, angenehmes Hotel in der Innenstadt. Der Rezeptionist wies mich daraufhin, dass das Zimmer nur bis Freitag zur Verfügung stehen würde. Danach sei alles ausgebucht. Das lag an den zahlreichen religiösen Feierlichkeiten, für die die Stadt, vor allem bei katholischen Gläubigen, bekannt war. Auch in anderen Hotels, in denen ich nachfragte, bestätigte sich die Aussage des Rezeptionisten.

So beschloss ich, der Führung Gottes nun doch zu gehorchen, besser spät als nie, und ich kaufte ein Ticket in die Hauptstadt. Eine sehr weite Reise begann. Schließlich erreichte ich die Ausläufer der enormen Stadt. Mühsam kämpfte sich der Bus bis zum riesigen Terminal in die Innenstadt vor. Ich hatte mir bereits im Bus Gedanken gemacht, wo ich genau hingehen sollte.

Eine der bekanntesten evangelischen Kirchen "Rey de Reyes", befand sich in der Straße mit der beruhigenden Bezeichnung

"Ciudad de la Paz" (Friedensstadt). Ein Pastorenehepaar, das durch die kraftvolle Präsenz des Heiligen Geisten in ihren Gottesdiensten weit über die Landesgrenzen hinaus bekannt war, hatte die Kirche vor einigen Jahren gegründet. Inzwischen verfügte diese über eine eigene Universität und über ein modernes Auditorium für ungefähr 2.500 Gottesdienstbesucher. Diese mussten am Sonntag in einer langen Schlange warten, um sich einen Platz in der begehrten Kirche zu ergattern. Ich bezog ein ruhiges Hotelzimmer in der Nähe des Auditoriums.

Die Gottesdienste am Wochenende begeisterten mich. Ja, die Präsenz Gottes war nicht zu leugnen. Man konnte tatsächlich glauben, dass Christus, wie es auch hier gepredigt wurde, auferstanden war. Oder war es nur eine Konzentration des Glaubens, die durch die zahlreichen Gläubigen zustande kam? War es nur der Allmächtige Gott und Vater, Hashem, der mit der Gegenwart seines Geistes die zahlreichen Heilungswunder und andere Dinge bewirkte, die beim besten Willen nicht zu leugnen waren?

Denn Leute fielen unter der Kraft Gottes zu Boden, ohne dass sie jemand berührt hatte. Einige weinten, berührt von einer über-natürlichen Kraft, wiederum andere sprangen vor Freude auf, weil sie ein körperliches Heilungswunder erhalten hatten. Das konnte und wollte ich nicht ignorieren. Ich beschloss, längere Zeit in Buenos Aires zu bleiben. Denn jetzt wusste ich, dass dies tatsächlich der Wille Gottes war.

Ich mietet für einen Monat ein möbliertes Appartement, um die Gottesdienste zu besuchen. Es waren erst wenige Tage ver-gangen, als ich gegen 8:00 Uhr morgens in der guten Gegend in einem Café saß, um meine E-Mail-Eingänge zu überprüfen. Eva schrieb in unregelmäßigen Abständen. Es schien, als würden wir für immer unterschiedliche Wege gehen. Als die Bedienung kam, meinte ich zu ihr, wie ungewöhnlich ruhig es doch sei. Ich war offensichtlich der einzige Gast in dem kleinen Café.

Plötzlich zog mich jemand am Oberarm! Ich blickte auf, und direkt in die Mündung einer Pistole! Oft hatte ich mich gefragt, wie ich in solch einer Situation reagieren würde. Ich folgte dem Mann, der nach wie vor die Pistole auf mich richtete. Sein Komplize öffnete gerade die Kasse und entnahm den Inhalt, während ich mich auf den Fußboden in der Küche legen musste. Dort lagen bereits die vier oder fünf Angestellten, u. a. eine schwangere Frau. Der Mann hielt uns mit der Pistole in Schach und forderte uns auf, unser Geld herauszugeben. Ich zog einen Geldschein aus meiner Hosentasche. Es war, wie erhofft, einer der weniger wertvollen. Daraufhin schnauzte mich der Mann an und forderte mehr. Ich bot ihm noch mein Kleingeld an, auf das er harsch antwortend, verzichtete. Dann rief er noch ein paar Drohungen, bis er mit seinem Komplizen, der inzwischen seine Arbeit erledigt hatte, das Lokal verließ. Die heikle Sache war überstanden – keine Verletzten!

Wir erhoben uns. Einer der Mitarbeiter rief die Polizei an. Wir gingen in den Hauptraum zurück. Sie waren weg – leider auch mein Notebook. Damit war es der teuerste Kaffee meines bisherigen Lebens gewesen. Doch hätte die Sache noch wesentlich schlimmer ausgehen können. Bald traf die Polizei ein. Auch der Inhaber des Cafés kam hinzu. Es wurden keine Fingerabdrücke von der Kasse oder von anderen Gegenständen genommen. Die Polizei tat nichts, absolut gar nichts! Es handelte sich offenbar um eine sogenannte "befreite Zone". Das heißt, dass die Polizei selbst den Überfall gedeckt hatte. Meine Zeugenaussage, die ich danach mit dem Inhaber auf dem Polizeirevier abgab, untermauerte die Vermutung. Ich musste die vorgefertigte Aussage unterschreiben und gegen meinen

Willen bestätigen, dass ich die Täter nicht wiedererkennen würde. Zudem wurde in der darauffolgenden Woche die gegenüberliegende Apotheke auf gleiche Weise überfallen. Die korrupte Polizei, speziell in Buenos Aires, arbeitete mit den Verbrechern zusammen, oder führte die Überfälle selbst durch. Damit ist die Kriminalität natürlich schwer einzudämmen. Somit fühlte ich meine Abneigung gegen eine Reise in die Hauptstadt bestätigt. Doch einige Zeit später erhielt ich die Erkenntnis, dass es gerade meine Ungehorsamkeit gegenüber meines neuen geistlichen Führers war, die mich in die Situation gebracht hatte. Ich lernte daraus!

Der Monat in Buenos Aires verlief ohne weitere Schwierigkeiten und es begann ein Jahr ausgedehnter Reisen. Zunächst führte mich eine Fahrt von insgesamt 60 Stunden bis zur südlichsten Stadt der Erde, Ushuaia, auf dem Feuerland gelegen. Nach ein paar Tagen in der dortigen Kälte ging es zurück in den warmen Norden, nun per Flugzeug. Weitere Busreisen führten über Chile in die hohen Berge Boliviens. Von La Paz ging es über Paraguay und Argentinien nach Uruguay. Anschließend bereiste ich mit Aufenthalten in allen 23 Bundesländern das gesamte weit-räumige Gebiet von Argentinien. Dabei kam ich sogar wieder in das Hotel "Luz" in Nogoyá und konnte den noch ausstehenden Betrag bezahlen. Ja, Gott macht keine halben Sachen!

Insgesamt verbrachte ich die Nächte von etwa drei Monaten im Bus. Dann häuften sich mehr und mehr die Anzeichen, dass ich nach Mendoza zurückkehren sollte. Gab es einen Neuanfang mit Eva? Erhielten wir die Gelegenheit, es beim zweiten Anlauf besser zu machen?

Erneut in Buenos Aires weilend, doch dieses Mal nur für wenige Tage, erhielt ich den Impuls, ein schönes Damenarmband zu kaufen – für wen auch immer. Von dort aus reiste ich mit der glitzernden Errungenschaft weiter zu den Wasserfällen nach Puerto Iguazú, wie die Stadt auf argentinischer Seite des Drei-Länder-Ecks, Brasilien-Paraguay-Argentinien, benannt ist. Bei einer Einkaufstour in der chaotischen Stadt "Ciudad de l'Este" (Stadt des Ostens) in Paraguay erwarb ich ein paar elektronische Gegenstände, wie eine kleine Musikanlage mit Projektor. Das deutete offensichtlich daraufhin, dass ich bald wieder ein Zuhause erhalten sollte. Nachdem mich der Bus durch die brasilianische Stadt "Foz do Iguacu" auf die argentinische Seite zurückgebracht hatte, bestätigte die anschließende Gebetsnacht meine Reise nach Mendoza.

Bereits am nächsten Morgen fuhr ich mit dem Taxi schwer bepackt zum Flughafen. Eine Flugbuchung hatte ich nicht. Dafür war in den letzten Tagen alles viel zu schnell gegangen. So ging ich zum Schalter der inländischen Airline und erkundigte mich nach dem nächsten Flug nach Mendoza. Auf der Straße würde die Reise für die nahezu 2.000 Kilometer zwei Tage in Anspruch nehmen und hatte damit natürlich auch ihren entsprechenden Preis. So war ich froh, dass ich ein Ticket für den nächsten angekündigten Flug erhielt, dessen Preis nur wenig über den Bustarifen lag. Bereits in knapp zwei Stunden sollte es losgehen! Ich hatte einiges an Handgepäck zu verstauen, als wir unsere Sitzplätze im Flugzeug einnehmen konnten. Nach einer technisch bedingten Verzögerung, die nicht gerade vertrauenserweckend war, starteten wir über das endlos erscheinende Grün des Nationalparks hinweg in Richtung Südwesten. Aufgeregt verließ ich den Flughafen in Mendoza. Wie würde es jetzt weitergehen? Ein Neuanfang mit Eva? Eine veränderte geistliche Richtung?

Doch zunächst ging ich gewohnte Wege. Ein Taxi brachte mich zu einem mir bekannten Hotel in unmittelbare Nähe meines geschätzten Parks. Das kannte auch Eva. Dort hatten wir zwei, drei angenehme Wochen vor dem Bezug unseres schönen Hauses verbracht. Somit war mir ein Rabatt bereits gesichert. Zudem war keine Ferienzeit. Ich bezog das mir bekannte, ruhige und geräumige Zimmer und begann mit dem Auspacken meiner neu erworbenen Sachen. Doch wie sollte ich mich jetzt gegenüber Eva verhalten? Erst musste ich wissen, ob sie bereit sein würde, unsere Beziehung in gesegnete Bahnen zu lenken. Ich beschloss, ihr nicht mitzuteilen, dass ich wieder nach Mendoza gekommen war. Bei einem Gottesdienstbesuch würde ich sie sicherlich treffen, oder es würde sie eine der anwesenden Personen über meine Rückkehr informieren. Und als kluge Frau würde sie schnell herausfinden, in welchem Hotel ich eingebucht war.

So nahm ich mir vor, die Probe auf das Exempel zu machen. Würde sie am Tag nach dem Gottesdienst unaufgefordert und ohne Verabredung in das Hotel kommen, sollte das ein Zeichen für ihr Interesse an einem Neuanfang sein. Das hieß auch, dass ihre Scheidungsunterlagen nun vorliegen müßten. Wenn nicht, dann war das Armband für eine andere Frau bestimmt.

Mit Spannung wartete ich nach dem guten Frühstück, das wie früher auf das Zimmer gebracht wurde, was passieren würde. Das Armband hatte ich schon zurechtgelegt. Ja, es sah wirklich sehr schön aus! Der Vormittag war schnell vergangen. Doch kein Besuch! Sollte die weite Reise eine Jagd nach dem Wind gewesen sein? War ich zu optimistisch gewesen, oder wollte mich jemand vor einem Schritt ins Unglück schützen? Spätestens am Tagesende wollte ich darüber Klarheit haben. Plötzlich klopfte es! Mein Herz klopfte auch. Tatsächlich war es Eva. Freudig begrüßten wir uns. Ziemlich genau 15 Monate waren vergangen, seit wir uns am Busbahnhof traurig verabschiedet hatten. Es gab viel zu berichten!

Schnell wurde uns klar, dass wir es nochmals versuchen sollten. Es gab schließlich auch keine persönlichen Gründe, die uns getrennt hatten. Es war meine Entscheidung gewesen, die Gnade Gottes durch die Einhaltung seiner Gebote und Weisungen zurückzuholen, indem ich Eva zu ihrer Mutter zurückgeschickt habe. Jetzt war sie wiedergekommen. Doch wie lange würde der finanzielle Segen aus der Schweiz reichen? Zumindest hatte ich zwei umfangreiche Bücher fertiggestellt und ein weiteres war in Arbeit. Das gab Hoffnung! Zudem wollten wir die Sache nicht zu kompliziert machen. Ich brachte sie zur Bushaltestelle. Der erste Schritt war getan!

Sie besuchte mich auch am nächsten Tag. Ich machte ihr einen Heiratsantrag. Der Weg dafür war geebnet. Sie hatte die entsprechenden Unterlagen. Und sie akzeptierte meinen Antrag! Doch wies ich sie auch daraufhin, dass ich ihr nicht versprechen könnte, für immer in Mendoza zu bleiben. Sie stimmte dem zu. Hoffentlich war es nicht nur ein Versuch, nicht zu sehen, was man nicht sehen will. Denn dafür war die Sache zu bedeutend. Erstmals wollte ich die Verpflichtung einer Heirat mit dem Glauben an die Dreifaltigkeit Gottes eingehen – nicht nur vor dem menschlichen Gesetz. Das erhöhte um einiges meine Verantwortung. Zwei Ehen waren bereits in Deutschland gescheitert. In erster Linie, weil ich keine Kinder gewollt hatte. Meinen Ehepartnerinnen gefiel das zunächst, doch dann setzte sich natürlich der Wunsch, Mutter zu sein, durch. Das ist letztendlich auch der Sinn einer Ehe – eine richtige Familie zu gründen. Eva hatte bereits Kinder, fünf an der Zahl. Sie lebten beim Vater und deren Lebensgefährtin. Zudem war der Jüngste bereits 12 Jahre alt. Sie hatte also ihren Kinderwunsch reichlich erfüllt. Daran sollte es jetzt nicht mehr scheitern.

Nun ging es um die praktische Abwicklung der Feierlichkeiten. Der Zeitpunkt war in erster Linie vom Standesamt abhängig. Ein Termin für Mitte Juli wurde festgelegt. Es blieben noch sechs Wochen für die Organisation. So lange blieb ich im Hotel und Eva bei ihrer Mutter. Jetzt wollten wir Gott nicht mehr erzürnen. Darüber waren wir uns nun einig. Schnell verging die Zeit mit den Vorbereitungen, die vom Aidstest für das Standesamt, bis zum Ablauf einer kleinen Feierlichkeit in der Kirchenvorhalle reichten.

Dann war es soweit! Herrlicher Sonnenschein begrüßte uns am Freitagmorgen für den Akt im Standesamt. Ein anschließendes Mittagessen mit den beiden Trauzeugen schloss den bedeutenden Vormittag harmonisch ab. Am nächsten Tag überraschte mich Eva mit einem wunderschönen Hochzeitskleid und einer kleinen Krone auf dem Kopf – eine wahre Prinzessin! Nach der Feierlichkeit im Foyer der Kirche brachte uns das Brautauto zum schönsten und elegantesten Hotel in der Innenstadt. Dort rundete ein alkoholfreier Cocktail in Zweisamkeit bei ruhiger Pianomusik die Feierlichkeit ab.

Ein spätes Frühstück im Hotelzimmer gab uns neue Kräfte für die noch am Abend bevorstehende Hochzeitsreise. Eine Woche im kalten Süden war genau das Richtige, um am offenen Kamin zu sitzen und gutes Essen zu genießen. Die Reise in einem komfortablen Bus brachte uns die Nacht hindurch zurück nach Mendoza. Dort war es hauptsächlich meine Aufgabe ein neues Zuhause für uns zu finden. Nach meiner Vorauswahl besichtigten wir gemeinsam die Häuser. Als wir ein entsprechendes Objekt gefunden hatten, das nahezu alle Wege innerhalb der Stadt zu Fuß ermöglichte, ging es um die vertragliche Abwicklung. Dabei gab es eine richtige Überraschung!

Als wir mit dem Vermieter, ein Allgemeinmediziner, bei dem von ihm auserwählten Notar saßen, wurde noch ein zweiter Mietvertrag präsentiert. Der eigentliche Mietvertrag, wie er mit der Makleragentur und dem Vermieter abgestimmt war, sah eine monatliche Miete von 1.400 US-Dollar für das großzügige und gut ausgestattete Haus vor. Der Betrag musste auch in Dollar bezahlt werden. Was ich für die erste Miete und für die Kaution direkt im Notarbüro mit einer Barzahlung erfüllte. Der zweite Mietvertrag wurde mit der vagen Begründung "falls irgendetwas schief gehen sollte" präsentiert. Darin war eine Miete von 1.400 Argentinischen Pesos festgelegt. Das entsprach damals einem Wert von ungefähr 350 Dollar, also erheblich weniger. Der Grund war offensichtlich, auch wenn er verschwiegen wurde. Der zweite Vertrag sollte für die Finanzbehörde sein, um wesentlich weniger Steuern auf die Mieteinnahmen zu verursachen. Wir unterschrieben beide Verträge, denn im Zweifelsfall war ja die erheblich geringere Miete auch nicht schlecht.

Bereits bei der nächsten ausstehenden Miete, die der Mediziner persönlich bei uns abholen wollte, geschah das absolut Unvorhersehbare! Die Regierung hatte kurzfristig ein Gesetz verabschiedet, das einen Erwerb von US-Dollar für Ausländer unmöglich machte und für Einheimische stark einschränkte. Man wollte damit die Abwertung der Landeswährung verhindern, oder zumindest verlangsamen. Ich besuchte mehrere Banken und Geldwechselagenturen, doch konnte ich tatsächlich keine Pesos in Dollar umtauschen. Die Bankautomaten gaben, wie immer, auch nur die Landeswährung heraus, obwohl mein Konto in der Schweiz auf Dollarbasis geführt wurde. Als nun der Vermieter zu uns ins Haus kam, konnte ich ihm statt der 1.400 vereinbarten US-$ nur Pesos präsentieren, umgerechnet 6.000. Die akzeptierte er nicht, obwohl ich durch die Gesetzesänderung keine andere Wahl hatte. Und so ging er mit leeren Händen wieder nach Hause. Damit war nun tatsächlich etwas "schief" gegangen, Unvorhersehbares war eingetreten. Es kam logischerweise der zweite Mietvertrag, der ja auf Pesos festgeschrieben war, zum Zug. Dollar gab es nicht mehr zu kaufen, das annulierte den ersten Mietvertrag. Damit hatte sich der Vermieter ein Eigentor geschossen. Wie auch immer – wir beschlossen auszuziehen!

War das wieder der Anfang einer Leidenszeit, wie beim Verlust des ersten gemeinsamen Hauses? Stand in der Dreifaltigkeit Gottes, der wir nach wie vor dienten, ein großer Götze, der unser Glück verhinderte? War Jesus Christus, als wichtigster Teil der Trinität, tatsächlich nur eine Erfindung von Mensch und Politik? Wie sollte es nun weitergehen?

Auf jeden Fall war meine Flucht aus dem Gefängnis mit meiner neuen Zeit in Argentinien zu Ende gegangen. Das bestätigte auch die Öffnung meiner Konten in der Schweiz, die auf Veranlassung der österrichischen Justiz gesperrt worden waren.

Doch war es auch das Ende meiner geistlichen Wahrheitssuche?

Eine enorme Überraschung brachte Klarheit – ein richtiger Hammer!

Wege der Freiheit - my Pain your Gain

12. Kapitel

Spirituelle Erneuerung – Frieden

Die juristische Auseinandersetzung mit dem Vermieter war kurz und schmerzlos. Die Rechtsanwälte einigten sich schnell und der Mediziner musste einsehen, dass er die Sache selbst vergeigt hatte. Er konnte keine weiteren Forderungen mehr geltend machen. Zumindest half dabei unser Gott, wer immer es auch war. Schmerzhafter war dagegen der Auszug. Wieder mussten alle Möbel eingelagert werden. Wir hatten nur ein halbes Jahr in dem Haus gewohnt. Dabei verbrachten wir die Hälfte der Zeit mit dem Einrichten, Streichen und der Auswahl von Gartenpflanzen.

Während der verbleibenden Zeit im Haus hatte ich ein geistliches Brettspiel entworfen, das durch viele Fragen- und Antwortkarten auf spannende Weise Bibelkenntnisse vermitteln sollte. Es steckte einiges an Arbeit in dem Projekt, die vom Zeichnen des Spielbretts, über die genaue Formulierung der Spielanleitung, bis zum Entwurf der 80 Karten reichte. Bei Letzterem half mir auch Eva, die ansonsten weiterhin mit ihren Printaufträgen und dem Haushalt beschäftigt war. Als dann endlich das gesamte Spiel in einer aufwendig gestalteten Schachtel verpackt war, beschloss ich, das Brettspiel als geistiges Eigentum in Panamá registrieren zu lassen.

Der leidvolle Umzug, der durch den wütenden Eigentümer eher einer Flucht glich, war vollzogen und es konnte losgehen. Bereits am nächsten Tag hob die Maschine von Santiago de Chile, das wir per Bus erreichten, Richtung Panamá-City ab. Die zwei erholsamen Wochen taten nach dem Stress in Mendoza wirklich gut. Das ließ wieder auf bessere Zeiten hoffen. Auch hatte die Zeit genau ausgereicht, um das Spiel durch eine Anwaltsagentur registrieren zu lassen.

Zurück in Argentinien, stellte sich die Frage, wie wir ein neues Zuhause erhalten konnten. Das Ende meines Geldsegens war vorhersehbar und neue Geldquellen gab es bislang nicht. Die beiden Bücher warteten nach wie vor auf einen guten Verlag, Bewerbungen verliefen im Sand.

Es gibt, wie bereits erwähnt, nur zwei Stellschrauben zur Verbesserung einer finanziellen Situation: Einnahmen erhöhen, Ausgaben reduzieren. Da Ersteres scheiterte, blieb erneut nur das Reduzieren unserer Ausgaben. Als ersten Schritt holten wir unsere eingelagerten Möbel ab, um sie in den Innenhof meiner Schwiegermutter zu bringen. Dort verpackten wir alles sorgfältig mit Plastikfolien. Das sparte die monatlichen Einlagerungskosten und ermöglichte uns auch, das ein oder andere Teil zu verkaufen. Der nächste Schritt fiel mir äußerst schwer! Nachdem wir den letzten Hotelaufenthalt bereits mit dem Projektor bezahlt hatten, blieb uns nichts anderes übrig, als in das Haus von meiner Schwiegermutter zu ziehen. Damit wurde für mich der argentinische Albtraum zur Realität: Mehrere Generationen in einem Haus zusammenlebend, der Not gehorchend. Man könnte es auch mit dem unschönen Wort "Armut" bezeichnen.

Fast jeden Tag floh ich in die städtische Bücherei oder in den weitläufigen Park. Der Albtraum zermürbte mich! Es gab selbstverständlich auch positive Seiten in dieser Zwangsgemeinschaft: Das hervorragende Essen, das die beiden Frauen, Mutter und Tochter, jeden Tag frisch zubereiteten, gemeinsame Gebete und hin und wieder freudige Unterhaltungen. Doch mehr und mehr kamen wir an die Grenze des Ertragbaren. Eva und ihre Mutter wollten und konnten es nicht verstehen, dass ich nicht arbeitete.

Das Bücher schreiben betrachteten sie nicht als Arbeit, da es ja bislang keine Einnahmen erzielte. „Warum zahlt mir mein Chef und allmächtiger Gott, Jesus Christus, nicht meinen Lohn?", die Frage stellte ich mir damit immer häufiger. Steht nicht im Neuen Testament, dass der Arbeiter seines Lohnes würdig ist?! Und zwar noch am gleichen Tag, nicht erst in zehn Jahren. Ich gab in meinen Büchern Zeugnis von den Wundern, die angeblich Jesus Christus vollbracht hatte. Doch war er als Gott vielleicht tatsächlich nur eine Erfindung, ein Götze, ein toter Mensch, der nie auferstanden war? Dann war es klar, dass er kein Interesse an einem Zeugnis der Wunder haben konnte.

Und natürlich verbrachte ich einige Zeit in der Bibliothek - nicht nur mit dem Lesen schöner Bücher. Wiederum verschickte ich zahlreiche Bewerbungen an Unternehmen in ganz Amerika. Nichts, absolut nichts, keine positiven Ergebnisse! Ich brauchte eine andere Lösung und ich spürte, das ich erneut Mendoza verlassen musste – sowie bei unserer ersten Krise. Da half es mir, dass Eva eine unserer beiden Esstischgarnituren verkaufen konnte. Wir teilten den willkommenen Geldsegen. Jetzt hielt mich nichts mehr zurück! Es war erneut Zeit zu gehen, auch wenn ich nicht wusste, wohin ich gehen sollte.

Ein Taxi brachte mich mit reichlich Gepäck zum Busterminal. Wieder war ein nutzloser Tennisschläger, den ich mir noch in Panamá gekauft hatte, im Gepäck – doch nicht lange. Als ich vier Nächte hintereinander ohne finanzielle Mittel am Busbahnhof von Rosario festsaß, zerschlug ich ihn am frühen Morgen auf einer einsamen Wiese. War das der Friede, den der Friedensfürst, Jesus Christus, versprochen hatte? Außerdem sagte er angeblich: „Ich bin gekommen, damit sie das Leben haben und es in Fülle haben." War das die versprochene Fülle, in anderen Bibelversionen als Überfluss bezeichnet? – Sicher nicht!

Ich musste weitere Sachen verkaufen: Fotoapparat, Gürtel, Kleidung und letztlich mein Notebook, um zu überleben, und um wieder in den wärmeren Norden zu reisen.

Es folgten sieben magere Jahre. Ich zog von Stadt zu Stadt - oft hunderte von Kilometern zu Fuß. So marschierte ich in einer Woche fast 300 Kilometer von Puerto Iguazú nach Posadas, immer nachts, wegen der niedrigeren Temperaturen und des geringeren Verkehrs. Tagsüber erholte ich mich ein wenig, auf einer Parkbank sitzend, oder unter einem schattigen Baum liegend. Essen und Trinken fehlte nie – wenigstens das! Viel Zeit überbrückte ich bei einem gutmütigen Pastor, der mich immer freudig aufnahm, wenn ich erschöpft und mittellos ankam. Dreimal wurde mir mein Gepäck, einschließlich Reisepass, den ich natürlich über die deutsche Botschaft wiederbeschaffen musste, geraubt. Auch andere Personen halfen mir. Erfolgreiche Kleinunternehmer in Brasilien zahlten mir für drei Monate ein Hotelzimmer und Essen. Das war echt ein Wunder! Allerdings gab es auch weniger gute Unterkünfte, wie Obdachlosenheime in Argentinien und Brasilien. Kakerlaken, gewalttätige Personen, Streitereien, Neid und Frust kennzeichneten diese Unterkünfte. Zahlreiche Nächte an Busbahnhöfen, an Flussufern und in gefährlichen nächtlichen Parks prägten die Zeit der Armut. War das die Strafe für meine Flucht aus dem Gefängnis? Wollte mir Gott die Hölle auf Erden präsentieren?

Wie auch immer – für mich war diese harte Zeit immer noch besser als der Freiheitsverlust im Gefängnis, oder gar das Leiden in einem Krankenhaus. Und irgendwie schützte mich eine übernatürliche Macht. Denn trotz der Überfälle von Dieben und Wegelagerern, Attacken aggressiver Hunde bei den nächtlichen Märschen und sonstiger Gefahren, wurde ich nie verletzt. Meine Schutzengel hatten viel zu tun und verhinderten Schlimmeres.

Als ich nach dem ersten Jahr zu Eva, die wegen ihrer Familie in Mendoza geblieben war, zurückkommen wollte, teilte sie mir mit, dass sie inzwischen mit einem anderen Mann ausgehen würde. Diese elegante Formulierung ließ keinen Zweifel daran, dass sie nicht mehr meine Frau war. Ich forderte sie auf, die Scheidung zu organisieren. Das war durch ein neues Gesetz ohne Anwalt und ohne den betroffenen Ehepartner möglich. Ja, ein herber Schlag für mich, keine Frage! War das der Segen vom Gottessohn, zu dem ich immer noch jeden Tag flehte? Ich war stinksauer! Dennoch hielt ich die Treue zur Dreifaltigkeit Gottes. Wie lange noch? Heißt es nicht: Der Krug geht so lange zum Brunnen bis er bricht?!

Das Letzte der sieben mageren Jahre ließ auf Besserung hoffen. Eine weite Busreise von Argentinien über Chile, Bolivien, Peru und Ecuador, brachte mich nach Bogotá, der kolumbianischen Hauptstadt. Kaum am Busterminal angekommen, entschloss ich mich, in die Innenstadt zu fahren. Es war noch früh am Morgen. Ich wusste, dass nur eine Flugreise mich retten konnte. Denn ich war wie in einer Sackgasse!

Eine Weiterreise in Richtung Norden, nach Zentralamerika, war auf dem Landweg nicht möglich, da es bis heute keine Straße durch das von Drogenbanden beherrschte Urwaldgebiet gibt. Eine Grenzübertritt nach Venezuela war durch die dortigen Unruhen äußerst gefährlich. Bereits an der Grenze von Ecuador und Kolumbien waren mir die zahlreichen Flüchtlinge aus dem hungerleidenden Volk aufgefallen. Sie verteilten sich inzwischen über ganz Südamerika. Und eine Umkehr wäre, angesichts des großen Aufwands bis hierher gekommen zu sein, schwachsinnig gewesen. Zudem spürte ich, dass es mein göttlicher Führer war, der mich soweit hat reisen lassen. Da musste es einen Sinn geben! Doch welchen?

Tatsächlich – es öffnete sich eine große Türe! Einer der vielen Pastoren einer großen evangelischen Kirche, die ich in der Nähe des Busterminals besucht hatte, zahlte mir völlig überraschend einen Flug nach Deutschland. Die nationale kolumbianische Fluggesellschaft hatte eine sehr gute Direktverbindung nach München eingerichtet und bewarb diese mit äußerst günstigen Preisen. Nach ein paar Tagen und Nächten, die ich noch im Busbahnhof verbringen musste, war es endlich so weit! Ein angenehmer Flug brachte mich in die Heimat zurück. München erstrahlte durch den ersten Schneefall im weißen Licht. Der November neigte sich seinem Ende zu, als die Maschine dort pünktlich am späten Nachmittag landete.

Es begann ein Jahr der Erholung. Die Almosen von Hartz IV reichten aus, um neue Kräfte schöpfen zu können. Obwohl ich über 20 Jahre lang in die deutsche Sozialversicherung meist den Höchstbeitrag einbezahlt hatte, gab es kein Arbeitslosengeld für mich. Dafür sind, warum auch immer, die letzten Jahre entscheidend. Nachdem ich eine Zeit in der Nähe meiner Eltern verbracht hatte, besuchte ich die Lutherstadt Wittenberg und einige andere deutsche Städte. Eine überraschende Arbeitsstelle in Kiel, die ich für kurze Zeit ausübte, sorgte für die notwendigen Mittel, um Deutschland wieder verlassen zu können. Es war erneut November, als ich mit dem Zug aus Rostock kommend, am Münchener Flughafen eintraf. Dort musste ich fünf Tage und Nächte warten, bis mein Gehalt eintraf, und bis ich überhaupt wusste, wohin ich reisen sollte. Ich dachte an Argentinien oder Bolivien, auch Kolumbien zog ich in Betracht. Doch nichts davon! Es ging nach Panamá!

Die selbe Airline, die mich vor ziemlich genau einem Jahr von Bogotá nach München gebracht hatte, brachte mich wieder zurück nach Bogotá – mit einem Anschlussflug für Panamá-City.

Trotz Bewölkung schlug mir Hitze entgegen, als ich am Morgen den mir wohlbekannten Flughafen verließ. Ich fuhr mit dem Bus, der sich durch das immer noch vorhandene Verkehrschaos mühte, in die Innenstadt. Mein Ziel war es, den Pastor zu finden, der mich vor fast 13 Jahren, nach der wundervollen Flucht aus dem Gefängnis, zum Glauben an Jesus Christus gebracht hatte. Seit Jahren hatten wir keinen Kontakt mehr. Aus dem Internet hatte ich mir die Adresse seines Ministeriums "Casa de Oración Moriah" entnommen.

Ich suchte das entsprechende Gebäude. Den Koffer schiebend, schwitzte ich bei der enormen Luftfeuchtigkeit. Doch nichts, kein Gebäude mit diesem Namen! Ich fragte Passanten - erfolglos! Dann erkundigte ich mich in einem Hotel. Der freundliche Rezeptionist suchte im Computer die benannte Adresse. Seine Antwort: „Das Gebäude gibt es nicht!" Enttäuscht ging ich zum Auditorium einer großen evangelischen Kirche, den Koffer weiterhin in der Hitze schiebend. Dort wurde ich von Pontius zu Pilatus geschickt, wie man so schön sagt. Schließlich empfahl mir einer der Pastoren, in das gute und günstige Hotel auf der gegenüberliegenden Straßenseite einzuchecken, um Ruhe zu finden. Dann sollte ich den Gottesdienst am nächsten Tag besuchen. Ich folgte seinem Rat!

Die Erholung im Hotel tat gut und beseitigte die Strapazen der langen Reise. Zusätzlich half mir mein kleines Fitnessprogramm, den Körper, speziell Rücken und Wirbelsäule, wieder mit neuen Kräften zu versorgen und Spannungen zu beseitigen. Dagegen war der Gottesdienst eine große Enttäuschung!

Die Geldmaschine musste am Laufen gehalten werden. So ging es hauptsächlich um das Einsammeln von Spendengeldern. Vorzeitig verließ ich die Veranstaltung zu Ehren der Dreifaltigkeit, sofern es die überhaupt gab. Sollte ich hier endlich die ersehnten Antworten erhalten? Gab es in meiner geistlichen Hauptstadt ein spirituelles Reset?

Am dritten Tag machte ich mich auf den Weg zur Meerespromenade. Zahlreiche Schiffe warteten auf dem ruhigen Pazifik auf die Einfahrt in den Panamá-Kanal, als ich dort um 6 Uhr morgens ankam. Die herrliche Aussicht erfreute mein Auge und mein Herz. Zahlreiche Jogger, Walker und Biker nutzten den Samstag, um ihre sportlichen Aktivitäten durchzuführen. Ich entdeckte Klimmzugstangen. Diese hatte es bei meinem letzten Aufenthalt vor über neun Jahren noch nicht gegeben. Nach der Übung spürte ich den starken Impuls, die Suche nach dem Pastor nochmals anzugehen.

Die Sache hatte ich eigentlich schon abgehakt. Doch die Präsenz meines geistlichen Führers, mein göttliches GPS*, war so stark, dass ich sie nicht ignorieren konnte. Ich ging zu dem Gebäude, wo ich die ersten Gottesdienste des Pastors vor vielen Jahren besucht hatte – nichts! Da sah ich ein Juweliergeschäft mit einem Diamanten als Logo. Der Name wies eindeutig auf einen jüdischen Inhaber hin. Ich fragte Gott, warum das auserwählte Volk der Juden geschäftlich so erfolgreich ist, während wir Christen, durch den angeblichen König der Juden, Jesus Christus, gerade in Zentral- und Südamerika, meist arm und verbittert sind. Meine letzten sieben Jahre bestätigten das. Sollte ich darüber bald neue Erkenntnisse erhalten?

Ich konzentrierte mich wieder auf die Suche nach dem Pastor. Ein kleines Stück weiter entdeckte ich ein Gebäude, das einen sehr ähnlichen Namen wie das von mir am ersten Tag gesuchte Gebäude hatte. Ich fragte einen älteren Herrn, den ich im Treppenhaus antraf, nach dem Ministerium. Eine Kirche gäbe es hier nicht, meinte er. Doch er kannte das Gebäude, das ich suchte. Es war in der Gegend, in der ich bereits unmittelbar nach meiner Ankunft mit dem Koffer unterwegs war. Er zeigte mir den genauen Weg. Und tatsächlich – nach ein paar Minuten stand ich davor! Es stellte sich heraus, dass am Nachmittag eine Veranstaltung des Ministeriums stattfinden sollte. Doch der Pförtner kannte auch das Wohngebäude des Pastors, das nur etwa 300 Meter entfernt in der gleichen Straße lag. Er brachte mich dort hin.

Freudig begrüßten wir uns, als ich sein großzügiges Appartement im 27. Stock erreicht hatte. Sein Ehefrau, die früher meist in Kolumbien geblieben war, begrüßte mich ebenfalls herzlich. Und es gab enorme Neuigkeiten – der Hammer!

Der Pastor, der mich vor fast 13 Jahren zum Glauben an Jesus Christus geführt hatte, war nun zum "ursprünglichen Weg", wie er es nannte, gekommen – der altbewährte Weg. Er hatte tatsächlich Jesus Christus mitsamt dem Kreuz aus seinem Herzen gerissen, wahrlich kein leichter Schritt! Hatte ihn doch der Glaube an Jesus Christus seit seiner Kindheit begleitet und war zu seiner Leidenschaft und Berufung geworden.

Und mir war, als hätte mir jemand einen Eimer kalten Wassers übergegossen! Dann erholte ich mich allmählich. Irgendwie war ich auf die Nachricht vorbereitet gewesen. Diese große Neuigkeit war sicher der Grund, warum mein göttlicher Führer mich nach Panamá in das "Casa de Oración Moriah" (Gebetshaus Moriah) geschickt hatte.

Als ich die fünf Tage und Nächte am Flughafen in München gewartet hatte, begann ich bereits wütend die schweren Steine meines alten Lebens aus dem Koffer zu entfernen. Der Grund dafür lag nicht im langen Warten.

Bei meiner morgendlichen Wäsche gegen 3 Uhr 30 in einem Flughafen-WC, noch bevor die ersten Passagiere eintrafen, hatte ich einen Ausschlag auf meinem Oberkörper festgestellt. Das erzürnte mich. „Willst Du mir jetzt auch noch meine Gesundheit nehmen?" rief ich zu meinem Gott, angeblich Jesus Christus. Bereits alles andere hatte ich verloren, von der Ehefrau über mein Zuhause, bis zu allen finanziellen Mitteln. „Sieben magere Jahre und jetzt auch noch das, obwohl ich seit Jahren Tag und Nacht zu Dir flehe!" rief ich. Ich war richtig sauer und maßlos enttäuscht. Nach dem Waschen öffnete ich meinen Koffer und entfernte alles Nutzlose.

Ich zerbrach mein relativ neues, aber technisch überaltertes Handy, und warf es mitsamt Telefonchip in den Mülleimer. Eine Uhr, die auf einen funkelnden, schweren Edelstein aus dem Norden Argentiniens aufgesetzt war, warf ich ebenfalls in den Müll. Lange genug hatte ich diesen Ballast im Koffer. Ein neues schweres Vorhängeschloss mit vier Schlüsseln, ebenfalls aus Argentinien, landete auch im Abfalleimer. Dazu kamen noch ein drahtloser Lautsprecher, Kopfhörer und Kleinteile, die ich lange nicht verwendet hatte. Hätte ich das nicht verkaufen können? Irgendwie schon – mit viel Aufwand. Doch ich war wütend und musste sofort handeln! Und ich fühlte mich danach erleichtert. Auf jeden Fall war es auch mein Koffer.

Ja, manchmal müssen wir unser Leben entrümpeln – auch unser Herz. Dazu gehören alte, negative Freundschaften und Beziehungen, sowie falsche Ansichten, negative Gefühle, wie Neid und Hass, Selbstzweifel und auch Götzen – falsche Götter!

Und es hatte eine weitere Vorbereitung auf die enorme Überraschung in Panamá gegeben: Nach den Tagen am Flughafen verbrachte ich noch eine sehr schöne Woche bei meiner Tante, besser als gute Freundin zu bezeichnen. Ihr Mann fragte mich: „Und wenn es deinen Jesus Christus gar nicht gibt?"

Damit war ich jetzt in Panamá ernsthaft konfrontiert. Der Pastor, jetzt als Rabbiner (Rabbi) benannt, beantwortete mir jetzt diese Frage. Erstaunlich, denn durch ihn hatte ich als ehemals hartnäckiger Gottesgegner endlich zum Glauben und, wie ich dachte, zur Wahrheit gefunden. Jetzt auf einmal wankte und schwankte alles erheblich. Mein Fundament, Jesus Christus, wurde bis auf die Grundmauern erschüttert und zerbrach letztendlich.

Schnell gewöhnte ich mich an die neuen Begriffe und Ansichten, die eigentlich gar nicht so neu waren. Denn das Alte Testament, ein großer und wichtiger Bestandteil der Bibel, Basis des Christentums, hatte ich sehr häufig gelesen. Und oft fragte ich mich dabei, warum man die zehn Gebote nicht in die Praxis umsetzte und sie sogar, entsprechend der jeweiligen christlichen Glaubensrichtung, verändert hatte. So sagt das erste Gebot ganz klar aus, dass es nur einen Gott gibt: *Ich bin der Herr, dein Gott, der dich aus Ägypten geführt hat, aus dem Sklavenhaus, Du sollst neben mir keine anderen Götter haben.* Wie kann es da sein, dass Jesus Christus auch ein Gott ist?

Auch steht im 2. Buch Mose geschrieben: Kapitel 23, Vers 19: *Gott ist kein Mensch, der lügt, kein Menschenkind, das etwas bereut.* Wie kann da Jesus Christus als Mensch auf Erden ein Gott sein? Das wäre eindeutig ein Widerspruch! So gibt es zahlreiche Hinweise und Beweise im Alten Testament, das Jesus Christus kein Gott sein kann. Doch warum hatten der Pastor, viele andere und ich das vorher nicht erkannt? Man wischte alle Zweifel und Widersprüche mit dem Argument des Glaubens vom Tisch. Heißt es nicht deshalb auch, dass Glaube blind macht?

Die Dreifaltigkeit, Himmlischer Vater – Gottessohn (Jesus Christus) – Heiliger Geist, war ein Beschluss des Konzils von Nicäa (325 n. Chr.) von über 200 Bischöfen unter der Führung des römischen Kaisers, Konstantin der Erste. Der Herrscher wollte eine einheitliche Religion installieren, um sein Reich zu festigen. Der Beschluss, die Trinität als Kern der christlichen Religion durch das nicäische Glaubensbekenntnis festzulegen, ist durch eine vorhandene Unterschriftenliste nicht zu bezweifeln.

Was bewegte Kaiser Konstantin zu dieser Maßnahme? Er hatte vor einer bedeutenden Schlacht eine Vision. Dabei sah er im Himmel ein Kreuz mit dem Hinwies: Durch dieses Zeichen wirst du siegen! Anfangs verstand er nicht klar, was das zu bedeuten hatte. Doch ein darauffolgender Traum brachte ihm weitere Enthüllungen: Darin erklärte ihm eine Person, Christus, er müsse das Zeichen des Kreuzes in seiner Armee verwenden, um zu siegen.

Das tat Kaiser Konstantin der Erste! Er ließ das Kreuzzeichen auf den Schutzwaffen seiner Soldaten anbringen. Und er siegte in dieser wichtigen Schlacht im Jahre 312 n. Chr.! Das veranlasste ihn, die Christenverfolgung einzustellen und das Christentum als offizielle Religion im römischen Reich einzuführen. Es kam nun zu einer Vermischung heidnischer Bräuche und Titel, sowie verschiedener Glaubensrichtungen. Er selbst ernannte sich zum "Pontifex Maximus", und er war damit nicht nur der oberste weltliche Herrscher, sondern auch der oberste Priester.

So legte der machtvolle Kaiser im Jahre 321 n. Chr. den gesetzlichen Ruhetag zu ehren des Sonnengottes fest: dies solis (lateinisch), Tag der Sonne (Sonntag, Sunday), bzw. des Sonnengottes. Damit war der in den 10 Geboten vom wahrhaften Gott festgelegte Sabbat verschoben, bzw. als ewiges Zeichen und Bund zwischen Gott und Mensch, beseitigt worden.

Wie weit jedoch Kaiser Konstantin kluge Schreiber und Gelehrte beauftragte, um die Evangelien zu verfassen, ist nicht bekannt. Doch sicherlich gab es gebildete Personen, die auf der Basis der jüdischen Schriften und mit Hilfe von Mythen verschiedener Religionen das Neue Testament entwerfen konnten. Außerdem ist es erstaunlich, dass die Evangelien und die Briefe zunächst in griechischer Sprache verfasst wurden, obwohl die meisten Apostel nur aramäisch sprachen. Zudem gibt es angeblich in den jüdischen Unterlagen und Aufzeichnungen keinerlei Hinweise auf das Leben von Jesus Christus. Alles wurde von "Rom" aus gesteuert.

In der griechischen und in anderen Mythologien finden wir zahlreiche Menschen, die zu Göttern erhoben wurden. Auch der römische Kaiserkult verehrte die menschlichen Herrscher als Götter. Ist es da nicht auch möglich, dass man einen Propheten und Meister, Jesus Christus, zu Gott erhoben hat? Was wäre der Sinn dahinter? Das Volk einzuschüchtern, vor allem mit dem Konzept von Himmel und Hölle? Armut und Genügsamkeit, durch den Sohn Gottes gegeben, im Volk zu festigen? Den Menschen in der Entfaltung seiner Persönlichkeit zu bremsen, um ihn System-tauglich zu machen? Eine endgültige Antwort darauf werden wir nicht finden, schon gar nicht bei einer Person, die vor ungefähr 2000 Jahren gelebt haben soll.

Viele Informationen gibt es, eine unüberschaubare Flut. Wir leben im sogenannten Informationszeitalter, oder ist es ein Manipulationszeitalter? Wie schwer ist es, die Wahrheit zu finden!? Das sieht man selbst bei Persönlichkeiten, die heute noch leben. Und das, obwohl deren gesamtes Leben von Kameras, Mikrofonen und Journalisten aufgezeichnet wird. Man kann sich der Wahrheit annähern, indem man verschiedene Quellen liest. Auf jeden Fall ist es sehr schwierig, sich ein einigermaßen objektives Bild zu machen, und das erst recht im spirituellen Bereich.

So fragte ich das ehemalige Pastoren-Ehepaar, wie denn die enorme Veränderung Ihres Glaubensweges zustande kam. Sie berichteten von einem überraschenden Besuch eines Pastors aus Nicaragua, dem sie nie zuvor begegnet waren. Dieser hatte in seinen Gebeten den Auftrag erhalten, das ihm unbekannte Pastoren-Ehepaar in Panamá zu besuchen und sie darauf hinzuweisen, dass ihr praktizierter Götzendienst nicht im Sinne Gottes sei. Das bezog sich auf Jesus Christus. Auf wunderbare Weise fand der Pastor das Ministerium. Und wenige Tage nach der Erfüllung seines göttlichen Auftrags reiste der Pastor ab. Jetzt war es an dem Pastoren-Ehepaar und an ihrer Kirchengemeinde, das Gesagte zu untersuchen, um Klarheit zu erhalten.

Nach und nach kamen die Hinweise und Bestätigungen, dass es nur einen Gott gibt, den Gott von Abraham, Isaak und Jakob, der auch im Alten Testament u. a. so benannt ist. Zudem wurden sie in Visionen ermahnt, den Sabbat einzuhalten, wie er im vierten Gebot festgelegt ist, und nicht wie ihn Kaiser Konstantin der Erste festlegte (erster Teil): *Gedenke des Sabbats: Halte ihn heilig! Sechs Tage darfst du schaffen und jede Arbeit tun. Der siebte Tag ist ein Ruhetag, dem Herrn, deinem Gott geweiht. An ihm darfst du keine Arbeit tun.* Eine klare Anweisung des Schöpfers, der am siebten Tage selbst ruhte und den Tag heiligte. Die Katholische Kirche hat, mit dem Hinweis auf die angebliche Auferstehung von Jesus Christus am Sonntag, die Verschiebung des Tages akzeptiert und gefestigt – ein klarer Bruch des Bündnisses mit Gott.

Als ich den Pastor gefunden hatte, war es genau ein Samstag – Sabbat. Wir feierten beim Mittagessen durch Lesungen und Gebete diesen Festtag. So bekam ich direkt einen Einblick in diese äußerst wichtige Erkenntnis zu der auch das Essen in seiner durch Gott befohlenen reinen Form gehört - koscher.

Zudem hat man aus verschiedenen Gründen, u. a. wegen der Geschäftemacherei, das zweite Gebot ganz gestrichen und dafür das zehnte Gebot in zwei Gebote aufgeteilt, oder man hat es verändert. Das zweite Gebot verbietet unbestreitbar jeglichen Götzendienst, die Verehrung von Göttern, die keine sind: *Du sollst dir kein Bildnis noch irgend ein Gleichnis machen, weder des, das oben im Himmel, noch des, das unten auf Erden, oder des, das im Wasser unter der Erde ist. Bete sie nicht an und diene ihnen nicht. Denn ich, der HERR, dein Gott, bin ein eifriger Gott, der da heimsucht der Väter Missetat an den Kindern bis in das dritte und vierte Glied, die mich hassen; und tue Barmherzigkeit an vielen Tausenden, die mich liebhaben und meine Gebote halten.*

Allerdings musste ich nun in Panamá erkennen, dass ich selbst im Glashaus gesessen und mit Steinen um mich geworfen hatte. Jetzt brach mein Glashaus zusammen – tausend Scherben! Ich warf meinen Götzen, Jesus Christus, über Bord.

Zu schwerwiegend waren die neuen Erkenntnisse, die eigentlich gar nicht so neu waren, weil ich sie ja aus dem Alten Testament kannte. Doch es blieb ein Teil meines Glaubens: Der alleinige Schöpfer des Universums, jetzt u. a. Hashem, der Ewige und Adonai genannt. Auch blieb der Heilige Geist, als Geist Gottes ein Teil von Hashem. Und es blieben die fünf Bücher des Mose, jetzt als Torah (Gesetz, Lehre, Lebensbotschaft) bezeichnet, sowie andere Schriften des Alten Testaments. Allerdings müssen dabei die Änderungen, bzw. Verfälschungen, zu Gunsten der Religion, die in Rom installiert wurde, beachtet werden. Denn unser Schöpfer ist keine Religion. Religion ist eine menschliche Konstruktion, die begrenzt, entzweit und nicht funktioniert. Der Schöpfer vereint und schafft Frieden.

Die Torah ist ein Baum des Lebens für die, die sie ernsthaft lesen und studieren. Freiheit und Frieden sind in ihr enthalten. Und vor allem die Kommentare, die in sehr guten Ausgaben der Torah enthalten sind, erklären tiefgreifend und klar die gesamte Menschheitsgeschichte. So führt der "altbewährte Weg", den sie aufzeigt und beschreibt, zu unserem Schöpfer. Sie verbindet uns mit dem Licht und der Kraft Gottes. Und die Schriften des "altbewährten Weges" haben eine enorme Tiefe und Weisheit. Allerdings sind sie nur geeignet für Menschen, die sich nicht durch religiöse Schwätzer, oder weltliche Besserwisser manipulieren lassen. Menschen die offen sind für die Wege der Freiheit, die ihre Beschränkungen sprengen wollen und bereit sind, die Wahrheit wirken zu lassen.

Denn außer der schriftlichen Torah, gibt es auch eine mündliche Torah, die von Gott, Hashem, dem Adam mitgeteilt wurde. Danach wurde sie von Generation zu Generation weitergegeben. Heute liegt sie natürlich auch in schriftlicher Form vor. Und sie hat mir bereits einige Fragen, die ich bereits seit Jahren Gott in Gebeten präsentiert hatte, beantwortet; so beispielsweise die Entstehung der verschiedenen Rassen (schwarz, weiß, rot, gelb) nach der großen Sintflut. Ja, da müssen Sie einiges von ihren alten Ansichten und Glaubensmustern über Bord werfen, wie ich es auch tat: Thinking outside of the box! Mich hat es zutiefst erstaunt. Da sieht man erst, wie oberflächlich unsere Glaubenskonzepte sind und man versteht, warum das jüdische Volk so beneidet war und ist. Doch anstatt Neid und Antisemitismus blühen zu lassen, sollten wir dieses Wissen lieber nutzen, den wahren Gott kennenzulernen, um damit Frieden, Hoffnung, Wohlstand, und nicht zuletzt, die Erlösung unserer Seele zu erhalten.

Es verabschiedeten sich mit Jesus Christus das einschüchternde Himmel-Hölle-Konzept und das Neue Testament. Jetzt ging es um die Weiterentwicklung meiner Seele, der Hauch Gottes, den auch Adam erhalten hatte, nachdem Gott ihn aus dem Staub der Erde geformt hatte. Damit sind wir Teil Gottes und seiner Schöpfung. Die geistliche Weiterentwicklung erfolgt durch das Lesen der Torah, Gebete und Meditationen, die uns mit Licht und Weisheit erfüllen. Die wichtigste Erkenntnis dabei ist: Es gibt nur einen Gott!

Ich fragte den Pastor, jetzt Rabbiner, woher denn all die Wunder gekommen sind, die wir zweifelsohne gesehen und selbst erlebt hatten: Meine Flucht aus dem Untersuchungsgefängnis, die Heilung meiner Achillessehnen, die übernatürlichen Heilungen und Befreiungen bei vielen anderen Gläubigen. Gibt es eine Anwort darauf?

Er meinte, dass allein die Gnade des einzigen Gottes, "Hashem - ich bin, der ich bin", die Wunder bewirkt hat und bewirkt. Doch schränken wir durch die falschen Götter, wie Jesus Christus, das Potential unserer Seele erheblich ein. Dennoch reicht die geringe Ausschöpfung des Potentials aus, um übernatürliche Ereignisse zu bewirken, oftmals verstärkt durch die Konzentration des Glaubens bei Veranstaltungen. Das ist vergleichbar mit einem Auto, bei dem wir aus Unkenntnis heraus nur den ersten von fünf Gängen nutzen. Dennoch bewegen wir uns vorwärts.

Eine weitere Frage, die ich dem Rabbiner stellte, bezog sich auf die vielen Priester und Pastoren des Christentums: „Leben diese alle in Unkenntnis darüber?" <Nein, nicht alle!>, antwortete er. Viele sind Teil des großen "römischen Systems" und profitieren erheblich davon. Es ist ihre Einnahmequelle, ihr Beruf. Martin Luther hat mit seiner Reform einen Teil davon eleminiert, z. B.: Die Ablassbriefe, den Verkauf von Heiligen Figuren, Bildnissen,

Weihwasser, usw.; jedoch ist ein Großteil geblieben. So gibt es Pastoren und Priester, die gar nicht an Gott glauben, andere sind in Unkenntnis über ihre Götzen und ein paar davon kennen die volle Wahrheit. Doch sie geben es nicht zu, weil sie sonst ihr Einkommen aufgeben würden. Der Lebensunterhalt ist ihnen wichtiger als die Wahrheit.

Eine sehr gute Erklärung! Sie räumte meine letzten Zweifel aus! Viele Pastoren hatte ich erlebt, speziell in Argentinien und Brasilien, die Multimillionäre durch das System "Jesus Christus" geworden sind. Und auf meiner Reise durch Deutschland bestätigte sich, dass das Kirchenamt für viele Pastoren und Priester nur ein sehr gut bezahlter Job ist, ohne Glauben, ohne geistliche Erkenntnisse.

Für das ehemalige Pastoren-Ehepaar in Panamá war es ein längerer Prozess, Jesus Christus als Götzen über Bord zu werfen. Der "altbewährte Weg" wurde von einigen Gläubigen ihrer Kirchengemeinde abgelehnt. Sie verließen das Ministerium nach und nach, denn sie hatten sich so sehr an Jesus Christus und das Neue Testament gewöhnt und wollten sich einfach nicht mehr ändern: Zunächst formen wir Gewohnheiten, dann formen die Gewohnheiten uns.
So brach das "Einnahmen-System" des Pastoren-Ehepaars, in dem sie viele Jahre gearbeitet hatten, nun ebenfalls zusammen. Doch für den Rabbiner und für seine Ehefrau gab es kein Zurück mehr. "Hashem" wird sie dafür belohnen. Auch für mich gab es keine Umkehr mehr! Zu klar waren und sind die Argumente, die für einen einzigen Schöpfer sprechen. Zu eindeutig ist die Stimme Gottes, meines geistlichen Führers. Und ich bin über-zeugt von dem Zitat von Henry Ford zu Beginn des Buches: "Misserfolg ist lediglich eine Gelegenheit, mit neuen Ansichten noch einmal anzufangen."

Allerdings geht es nicht darum, sich mit Ehrgeiz und Anstrengung das Judentum überzustülpen. Das geht auch gar nicht! Für mich bedeutet es, nur einen einzigen Gott zu haben, und damit die ursprünglichen, nicht veränderten zehn Gebote einzuhalten. Das heißt auch, den Sabbat zu würdigen und "koscher" zu essen. Alles andere wird sich durch das weitere Studium der Torah, der Prophetenbücher und anderer jüdischer Schriften ergeben. Doch vor allem werden die neuen Gebete und Meditationsübungen den "altbewährten Weg" nach und nach enthüllen.

Unser Leben ist ein beständiger Weg des Wachstums und neuer Erkenntnisse. Wenn wir die volle Wahrheit von ganzem Herzen begehren und suchen, werden wir sie auch finden. Doch das kann uns niemand abnehmen. Jeder einzelne ist dafür selbst verantwortlich!

Alles Gute und viel Erfolg bei Ihrem Weg zur Wahrheit und in die Freiheit – Shalom, Friede!

Wege der Freiheit - my Pain your Gain

Nachwort – Brief an die Bundeskanzlerin

Der Brief entstand vor meiner Reise nach Panamá-City, also bevor ich die Entscheidung getroffen habe, den "altbewährten Weg" zu gehen. Doch gerade durch den erneut aufflammenden Antisemitismus in Europa gewinnt der Brief an zusätzlicher Bedeutung. Zudem wurden meine negativen Erfahrungen mit Behörden in mehreren Bundesländern bestätigt.

Sehr geehrte Frau Bundeskanzlerin, Dr. Angela Merkel,

als ich im Jahr 2017 das erste Mal nach über 9 Jahren wieder nach Deutschland zurückkam, hörte ich fast nur ausländische Stimmen auf der Straße. Frauen in Kopftüchern, meist begleitet von zahlreichen Kindern, prägten mit anderen Ausländern das Stadtbild. Ich konnte es nicht glauben: Mein Heimatland war verraten und verkauft worden! Die Ängste von Martin Luther hatten sich nun erfüllt. Der Islam hat Deutschland und Westeuropa erobert - nicht durch einen Krieg, wie damals befürchtet, sondern durch ein trojanisches Pferd.

Noch im Ausland lebend, erhielt ich gewisse Hinweise darauf: In einer argentinischen Zeitung ging es um deutsches Essen. Dabei wurde als das beliebteste Essen der Deutschen der "Döner" genannt — traurig, aber wahr. Als ich in Santos, der größten Hafenstadt Brasiliens, auf einer Bank saß und auf den Ozean blickte, sprach eine ältere Brasilianerin zu mir: „Sie müssen für Ihr Land beten, Deutschland wird verschwinden." Wie recht sie doch hatte!

Als die Soldaten ihn für die Auspeitschung festbanden, sagte Paulus zu dem dabeistehenden Hauptmann: "Ist es bei euch denn erlaubt, einen römischen Bürger auszupeitschen, noch dazu ohne Gerichtsverfahren?" Als der Hauptmann das hörte, lief er zum Kommandanten und sagte: "Weißt du, was du da tust? Der Mann hat das römische Bürgerrecht!" Da ging der Kommandant selbst zu Paulus und fragte ihn: "Stimmt es, dass du römischer Bürger bist?" - "Ja, das stimmt", erwiderte Paulus. "Mich hat es eine Menge Geld gekostet, dieses Bürgerrecht zu bekommen", sagte der Kommandant. "Und ich besitze es seit meiner Geburt", entgegnete Paulus. Die Männer, die ihn verhören sollten, ließen sofort von ihm ab. **Und der Kommandant bekam es mit der Angst zu tun, weil er einen römischen Bürger hatte fesseln lassen.** *(Neue Evangelistische Bibel, Apostelgeschichte 22:25-29)*

In einigen Ländern bedeutete und bedeutet das Bürgerrecht etwas. Heute ist das deutsche Bürgerrecht einen Dreck wert. Als deutscher Bürger/Bürgerin, haben sie weniger Rechte als sogenannte Flüchtlinge, die sich an den gedeckten Tisch setzen. Dabei spreche ich von einer Geburt in Deutschland mit deutschem Familienhintergrund, und nicht von Leuten mit einem geschenkten oder gekauften Pass. Der Tisch wurde durch jahrzehntelange Beitragszahlungen in Steuer- und Sozialversicherungssysteme fast vollständig durch deutsche Bürger gedeckt. Heute werden die Leute, die teilweise über 20 Jahre lang in die Arbeitslosenversicherung einbezahlt haben, mit den Almosen von Hartz IV abgespeist, weil sie in den letzten Jahren, aus welchen Gründen auch immer, nichts einbezahlt haben. Dieser geringe Anspruch wird auch noch so oft wie möglich gekürzt. Zudem leben viele deutsche Rentnerinnen und Rentner am absoluten Existenzminimum.

Jeder islamische Pseudo-Flüchtling, Feind der Juden und Christen, wird besser gestellt als diese Deutschen, denn er bekommt neben Hartz IV noch Sprachkurse, Möbel, Führerschein, die Übersetzung aller Unterlagen und natürlich eine Wohnung, usw. bezahlt.

Mein Gespräch mit einem syrischen Arzt, der seit eineinhalb Jahren in Deutschland lebt, bestätigt das:

Ich hatte den Mann in meiner neuen Kirchengemeinde, eine freie evangelische Kirche, kennengelernt. Er bat mich nach dem Gottesdienst, ihm bei seinen Hausaufgaben für den bei einer Volkshochschule stattfindenden Deutschunterricht zu helfen. Er war in Syrien in einer kurdischen Familie vor über 45 Jahren geboren worden. Als die Probleme in Syrien anfingen, lebte er in Saudi Arabien und arbeitet dort als Arzt. Sein Visum erstreckte sich auf 10 Jahre. Eine Verlängerung, die nur bei schwerwiegenden Gründen möglich ist, hat er nicht erhalten. So ist er nach Italien geflogen und von dort aus in Deutschland eingereist. **Nach den Deutschhausaufgaben hat er beim gemeinsamen Essen das Folgende gesagt:**

Ich bekomme von den deutschen Behörden, Jobcenter, alles bezahlt! Und das, seit ich in Deutschland bin. Sie haben mir die Übersetzung aller meiner Zertifikate mit Kosten von über 1.500 Euro bezahlt. Die Möbel, die du hier siehst, hat das Jobcenter bezahlt - kein Darlehen, geschenkt. Natürlich wurde auch die Kaution für die schöne 2-Zimmer-Wohnung bezahlt. Miete, Nebenkosten und Heizung werden vom Jobcenter übernommen. Selbstverständlich erhalte ich Hartz IV, derzeit 424 Euro im Monat. Seit ich in Deutschland bin mache ich Sprachkurse, die auch vom Jobcenter bezahlt werden. Meine Ex-Ehefrau, von der ich getrennt lebe, erhält auch alles. Und selbsverständlich auch unsere beiden Kinder, die noch in den Kindergarten gehen. Nur mein Auto, das ich mir gebraucht für 9.000 Euro gekauft habe, musste ich selbst bezahlen. Das Jobcenter ist ein Paradies, das gibt es nur in Deutschland!

Warum ist die deutsche Regierung, die Frau Merkel, so dumm und bezahlt das für alle Ausländer? Warum nehmen sie alle diese Flüchtlinge auf?, fragte er mich und führte weiter aus:

In arabischen Staaten, z.B. Saudi Arabien, erhalten Personen aus Kriegs- und Krisengebieten **kein** Visum. Die Gründe dafür sind einfach. Leute aus Kriegs- und Krisengebieten haben entweder ein Trauma, sprich mentale Probleme, oder sie gehören zu den Kriegstreibern, sprich zu den radikalen Islamisten. Beide Gruppen bereiten nur Probleme. Die Probleme vermeiden wir, die arabischen Staaten! Warum suchen die Deutschen diese Probleme? Sind sie dumm?

Ja, diese Fragen gebe ich an Sie weiter, Frau Bundeskanzlerin!

Er führte noch weiter aus, dass mindestens 2 Millionen Leute allein aus Syrien nach Deutschland gekommen sind. Davon seien über 10 Prozent radikale Islamisten. Zudem meinte er, dass viele seiner Landsleute nur zuhause rumsitzen und für die Familie monatlich einen Scheck vom Jobcenter, oft von mehr als 3.000 Euro, abholen. Er kann nicht verstehen, das hat er oft betont, wie so etwas möglich ist. Auch konnte er nicht verstehen, dass viele Deutsche kein eigenes Haus, oder zumindest eine eigene Wohnung haben. Er sagte, dass in Syrien selbst der Ärmste (vor den kriegerischen Auseinandersetzungen) ein Haus hat. Das wird vom Staat gefördert. Man unterstützt die eigene Bevölkerung. In Deutschland unterstützt man nur Ausländer.

Ja, leider hat er recht. Wenn **er** es schon nicht versteht, wie sollen deutsche Bürger das verstehen, wenn sie nicht zufällig Politiker sind?

Ich habe über 15 Jahre im Ausland gelebt, davon 3 Jahre in Dubai (V.A.E.) und kann das bestätigen. Dort zahlen die einheimischen Bürger kein Wasser, keinen Strom, keine Telefongebühren, keinen Bus. Sie erhalten Grundstücke, enorme Geldsummen bei Heirat mit einer einheimischen Frau, zinslose Darlehen, usw. Klar - die Einheimischen sind dort nicht sehr viele und sie haben Öl. Doch wird auch viel Geld den Ausländern durch hohe Gebühren, Mieten, usw. abgenommen und für die Einheimischen verwendet. Nur bei uns ist es umgekehrt.

Als ich im Jahr 2000 für meinen damaligen Arbeitgeber erstmals nach Dubai flog, drehte sich die erste Frage, die mir nach meiner Ankunft im Taxi gestellt wurde, um meine Staatsangehörigkeit. „Deutsch", antwortete ich dem Taxifahrer. Er sagte: „Sehr gut! Die Deutschen haben Millionen von Juden vernichtet." Ja, es ist kein Geheimnis, dass die arabische Welt die Juden hasst. Eine lange Historie bestätigt das. Sie wollen den Staat Israel ausradieren. Wie geht die deutsche Regierung damit um? Sie ernährt die Feinde Israels! Und wie viele Christen werden in arabischen und kommunistischen Ländern (oder ehemals kommunistischen), auch in der Türkei, verfolgt, gefoltert oder getötet?! Auch diese Verbrecher sitzen jetzt am gedeckten Tisch der deutschen Regierung. Und das bei einer Regierung, die auch noch das Wort "christlich" im Parteinamen hat.

Ich habe zahlreiche politische Biographien, auch von Ihnen, gelesen. Mich wundert, dass Sie als Tochter eines evangelischen Pastors, kein geistliches Wissen haben. Ich kann mir nur vorstellen, dass Ihre lange Zeit in der Politik, die Jagd nach Wählerstimmen, das Bestreben es allen recht machen zu wollen, Sie in eine Fahne im Wind, oder noch schlimmer: In eine Jesebel (siehe Bibel) verwandelt haben.

Ich habe auch eine Antwort auf die Frage meines syrischen Bekannten, warum die deutsche Regierung so dumm ist:

Sie, Frau Bundeskanzlerin, und Ihre wohl behüteten Minister leben in einer absoluten Scheinwelt. Sie kennen arabische und andere Länder nur von großen Staatsbanketten, plaudern mit anderen Präsidenten und Ministern nur in vornehmer Atmosphere, und wenn Sie den Elfenbeinturm einmal verlassen, dann nur um eine gestellte Welt zu sehen. Sie haben keine Ahnung von der Realität! Gehen Sie durch eine deutsche Fußgängerzone, am besten in Ingolstadt, so werden Sie feststellen, dass Deutschland sich in ein islamisches Land verwandelt hat. Und Sie werden die Stimmen von deutschen Rentnern, Harz IV-Empfängern und normalen Bürgern hören, die hasserfüllt über die Flüchtlinge sprechen. So wird auch in absehbarer Zeit eine islamische Regierung, natürlich mit deutschen Pässen eingegliedert, die Schicksale der deutschen Bürger bestimmen. Wo sind die Grundprinzipien Ihrer Partei, wie abendländische Kultur, geblieben? Die treten Sie und Ihre gottlosen, arroganten Minister mit Füßen.

Jeder kann Fehler machen, keine Frage. Wenn ich mit dem Auto fahre, und ich bücke mich bei hoher Geschwindigkeit nach meinem Handy, da kann es sein, dass ich an einem Baum lande –

ein tödlicher Unfall! Da nützt es mir nichts, dass ich als guter Fahrer 14 Jahre unfallfrei gefahren bin. Sicher haben Sie als Politikerin auch gute Arbeit gemacht. Doch nützt das nichts, denn Sie haben das Schicksal der Deutschen in die Hände der Islamisten und der Atheisten gegeben. Das müssen Sie verantworten, nicht vor Menschen, sondern vor dem einzig lebenden und wahrhaften Gott, das ist mein Trost.

Natürlich ist das nicht Ihre alleinige Schuld. Die Deutschen haben Gott in der Mehrheit verlassen, deshalb hat er sie in die Hände der Feinde gegeben.

Zusammenfassend will ich nochmals feststellen, dass es nicht um Rassismus geht, sondern es geht um die Islamisierung, den Antisemitismus und den Verrat der abendländischer Kultur. Zudem geht es um soziale Ungerechtigkeit, weil Sie und Ihre Minister das Geld der Deutschen in den Rachen der Flüchtlinge, fast alle Feinde der Christen und Juden, werfen, während der wahrhaft deutsche Bürger in Ämtern und Behörden wie Dreck behandelt wird. Selbstverständlich gibt es sowohl bei den Behörden als auch bei den Flüchtlingen ein paar positive Ausnahmen. Doch es geht um die große Masse.

Abschließend teile ich Ihnen mit, dass ich den Brief eigentlich gar nicht schreiben wollte, weil er vermutlich eh nicht bis zu Ihnen gelangen wird, und weil sich nichts ändern wird. Doch der Geist Gottes hat mich dazu gedrängt.

Mit freundlichen Grüßen

Quellenhinweise

- Die Bibelzitate stammen aus der "Einheitsübersetzung Altes und Neues Testament" vom Herder Verlag und aus der "Luther Bibel 1912", wenn sich nicht direkt ein Quellenhinweis im Text befindet.

- Die Bezeichnung "Katholische Kirche" bezieht sich immer auf die römisch-katholische Kirche.

- GPS = Global Positioning System, zu Deutsch: ein weltumfassendes System zur Positionsbestimmung.